49가지 마케팅의 법칙

49가지
마케팅의
법칙 플러스

정연승 지음

서브리미널 효과
킵치코드의 법칙
차이가르닉 법칙
콩코드 법칙
크네쇼트 효과
프레이밍 효과
디드로 효과

한스미디어

소비자의 진심과 본능으로 인도하는
49개의 황금열쇠

최근 많은 기업들이 소비자의 무의식과 감정을 자극하는 것을 목표로 하는 마케팅 전략과 기법들을 속속 도입해서 활용하고 있다. 대학에서도 마케팅 관련 과목들에서 빠지지 않고 등장하는 것이 감성 마케팅, 체험 마케팅, 감각 마케팅으로 이런 마케팅 이론들이 빠지면 유행에 뒤처진 강의라고 치부될 정도이다. 최근에는 이에 더해 인간의 무의식과 감정 등을 연구한다는 뉴로 마케팅(Neuro Marketing)까지 등장하여 많은 기업들의 구애를 받고 있다.

왜 이렇게 소비자의 감성과 감정, 무의식 등이 마케팅에서 화두가 되고 있는 것일까? 만약 지하철에서 무작정 "한 푼만 도와주세요"라고 애원하는 노숙자와 "당신은 옛날에 힘들고 배고픈 적이 없었습니까? 한 번만 도와주세요. 저도 당신처럼 다시 한 번 열심히 살아보겠습니다"라고 말하는 노숙자를 만난다면 여러분은 누구의 손에 더 많은 동전을 쥐어주겠는가? 모르긴 모르되 후자에게 보다 많은 돈을 쥐어줄 것이다.

그렇다면 우리는 왜 자기 나름의 애절한 스토리를 제시한 노숙자에게 한 푼이라도 더 많은 돈을 주는 것일까? 그에 대한 해답은 바로 '인간의 감정과 무의식'에 있다. 전통적으로 소비자들이 합리적 인간이라는 가정을 전제로 하는 마케팅 전략과 기법들은 예전과 같은 효과를 보지 못하고 있으며 매스미디어의 엄청난 발전, 소비자의 다양성 증대라는 시대 현상에 발맞추어 감성적·즉흥적 소비자를 전제로 하는 마케팅 전략과 기법들이 더욱 각광을 받고 있기 때문이다.

마케팅 분야의 새로운 주제와 이슈에 대해 많은 관심을 갖고 있던 필자는 어느 날 오랜 대학 친구를 만나게 되었다. 대학 졸업 후 거의 15년 만에 만난 터라 너무 기쁜 나머지 이런저런 살아온 이야기를 나누다가 각자의 관심 분야에 대해서도 얘기를 나누게 되었다. 공교롭게도 그 친구는 모 의과대학에서 인간의 뇌를 연구하는 뇌 신경 과학자가 되어 있었다. 친구로부터 무궁무진하게 발전하고 있는 뇌 과학의 세계를 알게 된 그 날 이후, 필자의 머릿속을 떠나지 않게 된 주제가 바로 인간의 무의식과 잠재 본능, 그리고 감정 등을 다루는 뉴로 마케팅 분야였다. 급속하게 발전하고 있는 뇌 과학 기술을 마케팅에 접목해보는 것은 정말이지 생각만 해도 가슴 벅차고 도전감이 생기는 일이었다. 이후 필자는 의과대학팀들과 공동으로 다양한 뉴로 마케팅 연구들을 수행하게 되었으며 최근에는 학문적 성과들도 일부 나오기 시작했다.

그런데 사실 현실을 놓고 보면 이러한 뇌 과학 기술을 이용하지 않더라도 소비자의 본능과 감정 등을 목표로 하는 다양한 마케팅 현상과 사례들은 이미 우리 주변에서 많이 벌어지고 있다. 기업은 알게 모르게 소비자의 무의식, 본능, 그리고 감정 등을 자극하여 구매를 유도하는 마케팅 기법들을 이미 폭넓게 활용하고 있는 것이다. 이에 필자는 용기를 얻어 뉴로 마케팅에서 주로 다루는 소비자의 무의식, 본능, 감정, 감각 등을 마케팅적으로 활용하는 사례들을 소비자들이 보다 쉽고 편안하게 이해할 수 있도록 정리해보기로 하였으며, 그 노력의 첫 시도로 5년 전에 ≪49가지 마케팅의 법칙≫이 출간되었고, 이번에 새로운 개정판을 내게 되었다.

이번 개정판에서는 기존의 49가지 마케팅의 법칙들 중 한두 가지만 교체하면서, 지난 5년간 기업의 마케팅 현장에서 발생한 생생하고 다양한 사례들을 대폭 추가하였다. 다행인 것은 인간의 본능과 무의식, 그리고 감정이나 감각 등은 시대가 달라져도 크게 변하지 않는다는 사실이었다. 하지만 이를 활용하고 적용하는 기업의 마케팅 기법은 나날이 발전하고 있기 때문에 이번 개정판에서 최근의 사례들을 추가하게 되었다.

이 책이 나오기까지 많은 이들의 도움이 있었다. 먼저 이 책의 저술 동기를 제공한 친구 해정에게 감사의 마음을 전한다. 그날의 만남이 없었다면 아마도 이 책은 나오기 힘들었을 것이다.

필자는 여전히 뉴로 분야에 관심을 가지고 학문적·실무적 연구를 진행하고 있으며 최근에는 구체적인 성과들을 거두고 있는 중이다. 한스미디어의 모민원 팀장은 이 책의 실제적인 방향 제시와 실무적인 작업에 많은 도움을 주었다. 처음 저술을 위한 미팅에서부터 마지막 랩업 미팅까지 많은 아이디어와 교정을 아끼지 않았다. 이 자리를 빌려 다시 한 번 감사를 드린다. 그리고 방학중 마케팅 스터디 모임을 하면서 자료 조사 등에 많은 도움을 준 김민석, 고아라, 이혜림 조교에게도 고마움을 전한다. 그 외에도 직간접적으로 도움을 준 많은 이들에게 지면을 빌려 감사를 드린다.

　마지막으로, 마케팅의 법칙을 굳이 '49'가지로 정리한 까닭은 필자가 좋아하는 숫자 중 하나가 바로 49였기 때문이다. 혹 미국의 프로미식축구리그인 NFL의 명문 팀인 샌프란시스코 포티나이너스(San Francisco 49ers)를 들어본 적이 있는가? 실제 49ers는 '49년도의 사람들'이라는 뜻으로, 1849년 캘리포니아 주에서 금광이 발견되자 몰려든 사람들을 가리킨다. 49가지의 마케팅 법칙이 황금을 캐러 가는 사람들처럼 마케팅 분야에서 황금을 캐내는 도구가 되기를 진심으로 바라는 마음에서 사용했다. 또한 샌프란시스코 포티나이너스는 NFL 역사상 가장 뛰어난 전설적인 쿼터백인, 1980년대에 4회의 슈퍼볼 우승을 이끌었던 '황금의 팔' 조 몬타나(Joe Montana)가 활약한 팀이다. 조 몬타나의 패스를 받아 수많은 터치다운이 이루어진 것처럼, 이 책에서 소개된 마케팅 법칙의 활용으로 보다 많은 마케팅 성공 사례가 만들어지기를 바라는 간절한 마음을 여러분에게 전한다.

지은이 정연승

목차

**1장
무의식**을 이용한
마케팅의 법칙

소비자의 의식과 무의식,
감정과 감각을 지배하라

여러분은 가슴이 답답하거나 갈증이 날 때, 혹은 매우 즐겁고 기쁜 일이 생겼을 때 가장 먼저 떠올리는 제품이 무엇인가? 아마도 대부분은 "시원한 맥주 한 잔이 생각난다"라고 대답할 것이다. 그렇다면 다시 한 번 질문하겠다. 과연 맥주가 가장 시원한 음료라거나 혹은 갈증 해소에 실질적으로 도움이 된다고 생각하는가? 대부분은 시원스럽게 "그렇다"라고 대답하지 못할 것이다. 그렇다면 우리는 왜 '맥주 = 갈증 해소, 시원함'이라는 공식을 떠올리는 것일까?

미국의 조나스 카플란(Jonas Kaplan) 박사는 다음과 같이 광고와 관련된 실험을 한 바 있다. 그는 미켈럽(Michelob)이라는 맥주 광고를 보는 동안 미국 여성들의 뇌 반응 활성화에 대한 연구를 진행했다. 당시 미켈럽 맥주의 광고에는 멋진 여성들이 등장해 미식축구를 하는 장면이 나온다. 이 여성들은 마지막 장면에서 터치다운을 성공시키고 맥주를 시원하게 들이켠다. 그런데 이 광고가 나간 이후 실제 미켈럽 맥주 매출이 급격히 늘었다고 한다.

과연 그 이유는 무엇이었을까? 카플란 박사의 결론은 이렇다. 대다수의 미국 여성들이 그 광고에서 젊은 여성들이 터치다운을 한 뒤 시원하게 맥주를 마시는 모습에 소위 '공감'(empathy)을 했다는 것이다. 가령 '그래, 미식축구 한 뒤에 마시는 맥주가 최고지!' 혹은 '나도 다음에 미식축구를 하게 되면 끝나고 꼭 맥주를 마셔야겠다'라고 공감하는 미국 여성들이 매우 많았기 때문에 실제 미켈럽 맥주의 구매가 폭발적으로 증가했다는 것이다.

  여러분은 미켈럽 사례에 공감이 가는가? 아마도 대부분은 비슷한 경험들을 해보았을 테지만, 별로 대수롭지 않게 생각했던 일일 것이다. 하지만 대부분 소비자의 머릿속에 맥주는 시원한 주류의 대명사로 자리잡고 있으며, 다른 어떤 주류보다도 답답함을 해소시켜 주는 술이라는 이미지를 강하게 가지고 있다. 맥주회사들도 이를 이용해 맥주광고를 제작할 때 직장동료나 친구지간에 모여 시원하게 맥주 한잔하면서 스트레스를 해소하고 기분을 전환하는 장면을 자주 내보내고 있다. 즉 소비자들의 잠재의식 내지 무의식 속에는 이미 '맥주 = 스트레스 해소, 갈증 해소'라는 법칙이 존재하고 있는 것이다.

  이와 같이 최근에 많은 기업들이 소비자들의 무의식과 감정을 자극하는 것을 목표로 하는 마케팅 전략과 기법을 실행하고 있다. 전통적으로 소비자들이 합리적인 인간이라는 가정을 전제로 하는 마케팅 전략과 기법들은 예전과 같은 효과를 보지 못하고 있으며, 매스미디어의 엄청난 발전, 소비자들의 다양성 증대라는 시대 현상과 함께 감성적·즉흥적 소비자를 전제로 하는 마케팅 전략과 기법들이 각광받고 있다. 특히 감성 마케팅, 관계 마케팅, 감각 마케팅, 체험 마케팅 등 다양한 마케팅 전략과 유형들이 각광받고 있는 가운데, 최근 많은 기업들의 관심과 주목을 받고 있는 것이 바로 소비자의 무의식과 감성을 타깃으로 하는 뉴로 마케팅(Neuro Marketing) 기법이다.

:: 소비자의 머릿속을 통찰하는 뉴로 마케팅의 부상

소비자가 진정으로 원하는 것, 소비자의 속마음을 정확하게 아는 것은 모든 기업들의 희망이자 과제이다. 기업은 끊임없이 소비자의 숨은 니즈와 구매 패턴을 파악하기 위해 노력해오고 있다. 하지만 이는 쉬운 일이 아니다. 왜냐하면 소비자는 이 비밀을 기업에 잘 알려주려 하지 않기 때문이다.

그런데 최근에 뇌 연구를 기반으로 소비자의 니즈와 구매 태도를 파악하는 뉴로 마케팅이 새롭게 떠오르고 있다. 제품 디자인, 광고 프로모션, 매장 진열 등이 소비자의 잠재의식에 미치는 영향을 측정함으로써 감성 마케팅의 과학화를 실현하려는 움직임이다.

뉴로 마케팅은 신경과학을 의미하는 뉴로(neuro)와 마케팅(marketing)의 합성어로, 뇌 영상 촬영을 비롯한 최신 신경과학 기술을 이용해 소비자의 뇌 반응을 측정함으로써 소비자 심리 및 행동의 메커니즘을 해명하고 이를 마케팅에 응용하고자 하는 기법을 말한다. 즉 뉴로 마케팅의 본질은 소비자의 잠재의식에 대한 과학적 탐구로 볼 수 있으며, 소비자 구매행동의 상당 부분은 자신도 모르게 내재되어 있는 잠재의식에 의해 이루어진다는 것을 전제로 하고 있다. 〈포춘〉지는 뉴로 마케팅을 미래

10대 기술로 선정했고, 〈뉴욕타임스〉와 〈뉴스위크〉 등은 음료, 식품, 화장품, 패션, IT, 자동차, 영화 등 다양한 산업에서 뉴로 마케팅이 활용되고 있다고 소개한 바 있다. 코카콜라, 피앤지, 유니레버, 로레알, 켈로그, 나이키, 혼다 등 대표적인 글로벌 기업들이 뉴로 마케팅을 활용하고 있으며, 최근 국내에서도 태평양, LG텔레콤, 기아자동차 등 많은 기업들이 적극적으로 이를 도입하고 있다.

사실 뉴로 마케팅이 각광을 받고 있는 것은 앞에서도 언급했듯이 이성적 소비자보다는 감성적·즉흥적 소비자가 최근 소비시장의 주체가 되고 있기 때문이다. 최근에 출간된 마틴 린드스톰(Martin Lindstorm)의 《바이얼러지(Buyology)》라는 책에 따르면, 소비자 구매의 90%는 무의식적 작용의 영향을 받고 있으며, 구매결정의 60%는 4초 만에 이루어지고, 구매행위가 남한테 잘 보이는 슈퍼마켓에서 고가제품 매출이 증가한다. 또 쇼핑카트의 크기가 2배 클 경우 소비자는 30% 더 구매하며, 가격이나 용량보다는 '1+1'이나 '한정판매' 제품을 더 구매하는 경향이 있다.

하버드 대학교 교수인 제럴드 잘트먼(Gerald Zaltman)도 소비자 대상 마케팅 조사에서 소비자들이 언어로 표현하는 영역은 5%에 지나지 않으며, 숨기고 있거나 표현하지 못하는 영역이 15%, 소비자 자신도 모르는 숨겨진 무의식의 영역이 80%에 이른다고 한다. 사실 이 80%가 소비자가 구매하는 진짜 이유인데도 우리는 마케팅 조사를 통해 아무것도 발견할 수 없는 것이다. 바로 이러한 현상들 때문에 소비자의 무의식과 감정의 세계를 탐구하는 뉴로 마케팅의 활용 범위와 사용 횟수가 더욱 증가하고 있는지도 모른다.

:: 뉴로 마케팅을 마케팅 현장에 접목하다

이 책은 뉴로 마케팅 등 최근 마케팅에서 일어나고 있는 일련의 흐름을 감안하여 소비자의 무의식과 감정의 세계를 보다 잘 이해하기 위한 시도에서 접근하게 되었다. 최신 신경과학 기술도구인 기능성 자기공명영상장치(fMRI), CT, EEG, 시선추적기(Eye-tracker) 등을 사용하지 않고도, 소비자의 본능과 감정 등을 이해할 수 있는 다양한 현상과 사례들이 이미 우리 주변에서 많이 벌어지고 있다. 기업은 이미 알게 모르게 소비자의 무의식과 감정을 겨냥한 마케팅 전략과 기법을 사용하고 있으며, 소비자도 오랜 시간 이러한 기업의 뉴로 마케팅적 기법에 현혹되어 구매를 하고 있다.

다만 그러한 현상과 사례들에 대해 보다 과학적인 도구들을 사용해서 계획과 측정 등을 하지 않고 있을 뿐이다. 따라서 기존에 많은 감성적 마케팅 기법이 사용되고 있는 현장을 보다 심층적·객관적으로 분석해봄으로써 우리는 뉴로 마케팅이 실제 마케팅 분야에 어떻게 활용되고 있으며, 향후 어떻게 진화·발전해갈지 예측해볼 수 있을 것이다.

소비자들의 숨겨진 80%를 신경과학 기술에만 의존하고 마냥 기다릴 수만은 없지 않은가? 사실 신경과학 기술이 아무리 발달하더라도 소비자의 모든 행동을 다 설명할 수는 없을 것이다. 또한 뇌 과학 기술을 통해 아무리 분석을 해도 구매행동을 일으키는 구체적인 이유에 대해서는 소비자들로부터 직접 설명을 들을 수 없다. 따라서 우리는 다양한 마케팅 현장에서 벌어지는 소비자들의 무의식과 감정에 의한 소비행동을 관찰·분석해봄으로써 뉴로 마케팅적인 소비행동이 일어나는 과정과 소비자가 그러한 소비행위를 결정하는 객관적이고 타당한 원인에 대해 추론해볼 수 있을 것이다.

:: 소비자의 뇌를 무의식, 감정, 감각, 의식(이성)의 4대 영역으로 구분

이 책은 뉴로 마케팅에서 핵심적으로 다루는 인간의 무의식, 감정, 감각 등과 관련하여 실제 마케팅 현장에서 벌어지고 있는 다양한 현상과 사례들을, 마케팅의 대표적인 법칙 49가지를 적용하여 분석해 보았다. 수많은 마케팅 이론과 법칙들 가운데 뉴로 마케팅의 대표적인 영역이라 할 수 있는 무의식, 감정, 감각 등과 연관 있는 법칙들을 선별하여 실제 마케팅 사례를 중심으로 분석한 셈이다.

그렇다면 과연 뉴로 마케팅은 세부적으로 어떠한 영역들을 다루는 마케팅 기법인가? 우리는 여기서 뇌 과학의 발전으로 밝혀진 '뇌 지도' (Brain Map)가 제공하는 소비자 행동 분석의 근거를 참고할 필요가 있다. 다음 그림은 최근까지 밝혀진 인간의 뇌 지도이다. 전체적인 흐름은 외부에서 들어오는 감각(자극)에 대해 각각 이성, 감성, 본능을 담당하는 뇌의 영역들이 작용하여 최종적인 행동(반응)으로 나타난다. 즉 외부적인 말초 자극에 대해서는 감각적 반응이 먼저 대응하게 되며, 다음으로 외부에서 들어오는 모든 자극에 대해서는 자극의 원천과 성격에 따라 각각 이성, 감성, 그리고 본능(무의식)을 담당하는 뇌의 영역들이 활성화되면서 대응하는 것이다.

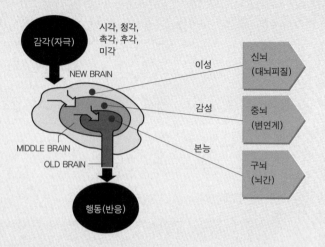

이 책에서는 뉴로 마케팅과 관련되는 마케팅의 영역들을 총 4가지 그룹으로 구분하여 정리해보았다.

첫째, 무의식이다. 인간의 깊은 잠재의식과 관련된 것으로서 생명 유지, 모성애, 성욕 등과 관련이 있으며, 소비자의 충동구매의 대부분을 설명하는 영역이다.

둘째, 감정이다. 인간의 기분(mood), 감성(emotion), 느낌(feeling) 등을 통칭하는 개념으로, 보통 우뇌에 의한 직관과 상상력을 바탕으로 하는 소비자의 행동을 설명하는 영역이다.

셋째, 감각이다. 본능에 가까운 소비자의 말초적 반응으로, 미학적·상징적 요소가 보다 중요시되는 영역이다. 쉽게 말해 시각·청각·후각·촉각·미각을 말한다.

넷째, 의식이다. 인지, 이성, 논리, 정보 처리, 합리성, 사회성 등을 포함하는 개념으로서, 보통 좌뇌를 바탕으로 한 이성적이며 정보 중심의 소비자 반응을 설명하는 영역이다.

요약하자면 이 책에서는 무의식(14가지), 감정(14가지), 감각(7가지), 의식(14가지)의 총 49가지 마케팅 법칙을 중심으로 뉴로 마케팅적인 관점에서 이론과 사례들을 관찰·분석했다.

:: 이 책의 구성 방식과 다양한 활용 방안

모르긴 몰라도 독자 여러분은 뉴로 마케팅이라고 하면 머리 아프고 골치 아픈 일일 거라고 지레짐작 할 수도 있을 것이다. 그래서 이 책에서는 독자 여러분들이 보다 쉽고 편안하게 뉴로 마케팅에 대해 이해하고 활용할 수 있도록 책의 내용을 구성해보았다.

49가지 법칙들이 소개될 때마다 항상 서두에서는 해당 마케팅 법칙과 관련되는 소비자의 구매 에피소드가 자리잡고 있다. 독자는 도대체 무슨 이유로 소비자A는 B라는 제품 내지 서비스를 구매하는가 하는 의문이 들 것이다. 다음으로 본문에서는 이와 관련되는 마케팅 법칙과 사례들이 자세하게 설명된다. 해당 마케팅 법칙의 개념과 특징, 연관 법칙들, 그리고 관련되는 사례들이 풍부하게 제공될 것이다. 마지막으로 말미에서는 서두에서 제시된 구매 상황에 대해 한 번 더 명확하게 이유를 설명한다. 서두와 본문의 내용을 결합하여 일종의 소결론이 내려지는 셈이다. 이렇게 입체적으로 설명된 법칙들을 접하고 나면, 여러분은 뉴로 마케팅이라는 다소 생소한 분야의 이론과 사례들을 보다 편안하고 쉽게 받아들일 수 있을 것으로 확신한다.

현재 뉴로 마케팅과 관련된 연구와 첨단 기술은 매우 빠른 속도로 발전하고 있다. 아마도 머지않은 시기에 소비자의 구매행동과 관련된 많은 비밀들이 풀리게 될 것이며, 기업과 소비자는 지금과는 완전히 다른 마케팅 현장과 소비 시대를 맞이하게 될 것이다. 이러한 추세에 발맞추어 이 책은 향후 벌어질 뉴로 마케팅 전쟁에 대비하여 마케터와 소비자들에게 과연 소비자의 무의식, 감정, 감각 등과 관련된 어떠한 현상과 사례들이 현재 벌어지고 있으며, 또 이러한 흐름이 어떻게 전개될 것인가에 대한 단서를 제공하고자 노력했다.

하지만 필자는 의학, 공학, 경영학 등 모든 학문 분야에 있어 완벽한 이론과 완벽한 기술을 가진 전지 전능자란 있을 수 없다고 생각한다. 다만 완벽을 위해 이론, 사례, 기술이 최선을 다해 노력할 때 학제적 내지 통섭적으로 보다 나은 대안이 나올 것으로 믿는다. 아무쪼록 이 책의 마케팅 법칙과 사례들이 미래의 마케팅 현장에 보다 선제적으로 대응하고자 하는 많은 이들에게 조금이나마 도움이 되기를 기대해본다.

"일찍 일어나는 새가 먹이를 먹는다"라는 속담처럼, 마케팅을 업으로 하는 모든 이들이 항상 새로운 것을 먼저 받아들이고 직접 체험하기를 두려워하지 않는 마케팅의 'Early Bird'들이 되기를 진심으로 바란다.

PART 1

무의식을
이용한
마케팅의 법칙

서브리미널 효과
컬처코드의 법칙
자이가르니크 법칙
콩코드 법칙
크레쇼프 효과
프레이밍 효과
디드로 효과

49 가지
마케팅의
법칙

친구 따라 강남 간다

▶ 밴드웨건 효과 ◀

      초등학교 4학년 황윤호 군, 함께 어울려 노는 친구들 중에 피처폰을 사용하는 것은 윤호뿐이다. 친구들은 모두 최신형 스마트폰을 가지고 있다. 윤호는 며칠째 엄마한테 스마트폰을 사달라고 조르고 있다. 엄마는 초등학생이 왜 스마트폰이 필요하냐며 윤호의 청을 외면한다. 윤호 군은 "엄마는 아들이 반에서 왕따 당하면 좋겠어? 다들 카카오톡으로만 얘기하고 스마트폰 게임 이야기만 하고 논단 말이야"라고 소리를 지르며 방으로 들어간다. '왕따'라는 얘기에 움찔한 윤호 엄마는 고민 끝에 '다른 애들도 다 가지고 있는 것 같고, 우리 집만 너무 보수적인 방식을 고집할 필요는 없을 거야'라고 생각하며 마음을 바꾼다. 결국 윤호

에게 이번 시험에서 평균 90점 이상을 받아오는 조건으로 스마트폰을 사주기로 약속한다. **99**

밴드웨건 효과는 남이 하니까 나도 한다는 식의 의사결정을 내리는 현상으로, 소위 '친구 따라 강남간다'는 식으로 타인의 선택에 따라 의사 결정이 영향 받는 현상을 말한다. 미국의 하비 라이벤스타인(Harvey Leibenstein)이 1950년에 발표한 네트워크 효과(Network Effect)의 일종으로 서부개척 시대의 역마차 밴드웨건에서 힌트를 얻어 붙여진 효과이다. 밴드웨건(Bandwagon)은 대열의 선두에 서서 행렬을 선도하는 역할을 하는 악대차를 말하는데 사람들의 관심을 끄는 역할을 한 마차이다. 즉 밴드웨건 효과는 소비자들이 시장 안에서 유행을 추종하여 소비하는 것을 뜻한다. 밴드웨건 효과는 모방 소비로 특정 상품에 대한 어떤 사람의 수요가 다른 사람의 수요에까지 영향을 미치는 현상으로 편승 효과라고도 불린다. 기업에서는 밴드웨건 효과를 소비자의 충동구매를 부추기는 데 자주 활용하고 있다.

밴드웨건 효과는 다수의 소비자들이 사용하는 제품을 보고 따라서 소비한다는 점에서 사회적 증거 효과와 비슷하다. 하지만 밴드웨건 효과는 유행을 추종하여 무의식적으로 모방하는 소비를 의미하는 한편 사회적 증거는 다수의 선택으로 그 제품에 대한 신뢰성이 형성되어 의식적 판단을 바탕으로 소비하는 것에서 차이가 있다.

❖ 유행추종 현상은 2030 젊은 층을 중심으로 광범위하게 확산중

몇 년 전부터 매년 여름 레인부츠가 유행이다. 그동안 고무장화는 농촌에서 농사를 지을 때나 착용하는 신발 정도로 인식되어 패션 아이템으로는 아무도 생각하지 않았다. 하지만 이제는 비닐 고무장화가 아닌 레인부츠의 이름으로 부활했다. 레인부츠로 부활을 하게 된 데에는 비닐 고무장화에서 고급화, 패션화한 측면도 있지만 그것을 사용한 패셔니스타들의 영향이 컸다. 해외 스타로는 2005년 케이트 모스, 아기네스 딘의 파파라치 패션, 국내 스타로는 이효리와 카라 등의 적극적인 노출로 일반인들에게 확산되었다. 농사를 지을 때 신는 신발로만 평가받던 비닐 고무장화가 패션 아이템의 선두주자가 된 것이다. 가격도 20만 ~30만 원의 중저가 브랜드 제품이 유행하고 있으며 비싼 브랜드는 100만 원을 호가하기도 한다. 또, 여름뿐만 아니라 겨울철에도 신발을 적시는 눈을 피해 레인부츠를 착용할 수 있도록 레인부츠 안에 신는 전용 양말인 '웰리삭스'를 출시하여 활용도를 높이고, 다양한 디자인으로 패션을 중요하게 생각하는 젊은 세대들에게 실용성을 강조해 인기를 끌고 있다. 남들은 다하는데 나만 하지 않으면 이상하고, 갖고 싶은 마음이 없다가도 많은 사람들이 갖고 있는 모습을 보면 더 갖고 싶어지는 사람의 심리가 바로 밴드웨건 효과이다.

제일기획의 2006년 전국 소비

보잘 것 없는 고무장화에서 패션 아이템으로 화려하게 부활한 레인부츠

자대상 조사 중 〈세대별로 본 소비자의 특성〉에서 우리는 10대와 20대의 공통적인 소비 성향을 찾아볼 수 있다. 이 세대는 유행에 민감하게 반응하며, 유행을 주도하는 세대로서 정보 습득능력이 다른 세대에 비해 월등히 뛰어나다. 이런 소비 성향 때문에 밴드웨건 효과는 특히 10대와 20대에서 두드러지게 나타나고 있다.

컨버스 운동화는 젊은 세대라면 한 켤레쯤은 갖고 있는 제품이다. 컨버스는 나이키의 자회사로 1908년에 설립되어 100년이 넘는 역사를 가지고 있다. 이 운동화는 젊은 세대의 자유로움을 표현해주는 아이템이 되어 전 세계 180여개 국가에서 판매되고 있으며, 10억 켤레 이상이 판매되었다. 서울에서도 뉴욕에서도 파리, 런던에서도 컨버스를 신은 사람을 보는 것은 어렵지 않다. 전 세계적으로, 그것도 멋을 안다는 사람들이 신는 운동화인데 어떻게 갖고 싶지 않을 수 있겠는가? 이제는 컨버스를 신지 않으면 유행을 따라가지 못하고 멋을 모르는 젊은이로 여겨진다.

하지만 밴드웨건 효과는 10~20대만의 전유물은 아니다. 와인, 사케, 막걸리 등의 술들이 유행이 된 것은 누구 때문인가? 와인은 우리나라에서 고급주라는 인식으로 친근하지 않

컨버스 운동화는 젊은이들의 밴드웨건 효과를 자극하는 상품이다

은 술이었지만 칠레, 오스트레일리아 산의 상대적 저가 와인이 우리나라에 수입되면서 와인을 즐기는 사람들이 많아졌다. 너도 나도 와인을 마시니까 와인 마시기는 유행이 되었고, 강남을 시작으로 와인바가 즐비하게 들어섰다. 심지어 백화점, 주류 전문점이 아닌 대형마트에서도 와인 코너를 신설하여 다양한 와인을 판매하고 있을 정도다.

일본술 사케도 마찬가지다. 와인 열풍에 이어서 사케가 인기를 끌고 있고, 최근에는 막걸리의 재조명이 시작되었다. 우리 고유의 술 막걸리가 텁텁한 맛을 산뜻하게 바꾸고, 술 색까지 형형색색 세련되게 바꾸면서 우리나라에서 뿐만 아니라 일본에서도 대유행이다. 언론에서 막걸리가 유행이라고 대대적으로 보도를 하고 있는데 이쯤 되면 독자 여러분도 와인, 사케, 칵테일을 제쳐두고 새롭게 태어난 막걸리를 한 번쯤은 마셔봐야 할 것 같다.

왜 윤호는 스마트폰을 갖고 싶어 하는 것일까?

윤호 군이 꼭 필요와 관심 때문에 스마트폰을 갖고 싶었던 것은 아니다. 그보다는 자신의 친구들이 모두 가지고 있고, 스마트폰으로 하는 게임이나 카톡, 밴드 등을 하지 않으면 친구들과의 대화에 낄 수가 없었기 때문이다. 요즘은 중고등학교 뿐만 아니라 초등학교에서도 심심찮게 또래집단이 형성되는데, 이 그룹에 끼기 위해서는 다른 친구들이 하는 모든 행동을 같이 해야만 한다. 결국 스마트폰도 그중에 하나인 것이다. 교육부가 2013년에 전국 1만 1,410개 초·중·고교 학생 628만 2,775명의 스마트 기기 보유 현황을 전수 조사한 결과, 이들의 69.1%가 스마트폰(태블릿PC 포함)을 보유하고 있으며, 그 중 초등생은 270만 1,000명 가운데 131만 8,000명(48.8%)이 스마트폰을 가지고 있다고 응답했다. 어른보다 이성적으로 판단할 능력이 부족한 아이들은 소비에서도 제품 자체의 객관적 효용보다는 자신의 주관적 판단에 주로 의존하며, 그 주관적 판단의 기준이 바로 친구들이 갖고 있느냐의 여부인 것이다.

02

하나가 좋으면
모든 것이 좋아 보인다
▶ 후광의 법칙 ◀

❝ 여고생 딸을 가진 40대 정유미 씨는 요즘 살이 찌는 것 같아 운동을 시작하려고 운동복을 사러 백화점에 갔다. 백화점에 들어선 순간 익숙한 음악이 흘러 나왔다. 음악은 어제 김연아 선수가 연기한 조지 거쉰의 '피아노 협주곡 F장조'이다. 세계신기록을 수립하고 우승한 김연아 선수를 생각하니 절로 기분이 좋아진다. 그런데 바로 옆을 보니 김연아 선수가 모델로 있는 액세서리 매장이 보였다. 어제 김연아 선수가 하고 있던 크라운 모양의 귀걸이가 보이기에, 딸이 하면 예쁠 것 같다는 생각에 똑같은 걸로 하나 구매한다.

다시 운동복을 구매하기 위해 스포츠 전문 매장 앞을 배회하다가 나이키 매장의 스크린TV에서 김연아 선수가 등장하는 광고를 보게 됐다. 정유미 씨는 왠지 나이키 운동복을 입으면 김연아처럼 날씬하고 예쁜 몸매가 될 것 같은 느낌에 나이키 매장에 들어가 젊은 감각의 산뜻한 운동복을 하나 구입했다. 집에 돌아오니 딸아이가 예쁜 옷을 샀다며 칭찬까지 해줬다. 한껏 으쓱해진 정유미 씨는 김연아를 떠올리며 열심히 운동할 것을 다시 한 번 다짐한다. **"**

우리나라 광고시장에서 김연아 선수만큼 후광 효과를 내는 유명인이 또 있을까? 대한민국의 피겨요정 김연아 선수는 세계 신기록 수립으로 랭킹 1위를 질주하면서 인지도는 물론 호감도에서도 타의 추종을 불허하는 일급모델이 되었다.

한국방송광고진흥공사가 발표한 '2013 소비자 행태조사(MCR)' 결과에 따르면, 김연아는 2013년 상·하반기 종합 7.0%의 지지율로 '선호하는 광고모델' 1위에 올랐다. 2009년부터 2011년 상반기까지 줄곧 1위를 지켜온 김연아는 2012년 싸이에게 잠시 1위를 내주었다가 이번에 다시 정상에 올랐다. 스포츠 마케팅 전문가들은 김연아가 소치올림픽에서 또다시 금메달을 목에 걸 경우 창출되는 경제적 효과가 6조 원 이상에

김연아가 등장한 광고들, 맥심 화이트골드, 동서 라이트업, 제이에스티나, 삼성 하우젠, 매일우유

이를 것으로 내다보고 있다. 그러니 광고주들도 김연아 선수가 탐날 수밖에 없다. 실제로 그녀가 광고를 한 제품들은 매출 신장도 대단하다고 한다.

후광의 법칙은 미국의 심리학자 에드워드 손 다이크(Edward Thorndike)에 의하여 정리된 이론으로 어떤 사람을 평가할 때 그 사람에게 하나의 현저하게 우수한 특징이 있으면 그 사람의 다른 특징도 모두 좋게 보이고, 반대로 현저하게 나쁜 특징이 있으면 그 사람의 다른 모든 특징을 나쁘게 평가하는 경향성을 말한다. 사회심리학에서는 주로 어떤 사람에 대한 인상이나 인성, 업무수행 능력을 평가하는 데 나타나며, 마케팅에서는 상점, 상품, 브랜드에 대한 태도 및 평가와 관련하여 나타난다.

❖ 광고, 홍보 등 다양한 분야에서 그 위력을 발휘

후광의 법칙 내지 후광 효과에 대해서는 이미 많이들 알고 있을 것이다. 막장 논란에도 시청률 40%를 훌쩍 뛰어넘은 주말드라마 〈왕가네 식구들〉은 뒤이은 프로그램의 시청률에도 적지 않은 영향을 미친다. 아름다운 얼굴의 김태희는 서울대를 나왔다는 사실이 알려지면서 학벌 후광 효과를 바탕으로 외모와 지성이 겸비된 연예인으로 인기를 끌었다. 지금은 끝내 무산된 용산 국제업무단지는 개발 초기 용산의 후광 효과를 입어 그 옆 마포구까지 부동산 시장이 활황세를 보였다. 극비리에 결혼한 이영애가 공항에 입국하면서 주목받은 그녀의 결혼반지는 일명 '참깨 다이아몬드'라고 불리면서 바로 인터넷에 그 반지에 대한 정보 문의가 넘쳐났다. 최근 드라마 〈별에서 온 그대〉에서 극중 천송이 역을 맡

전지현이 입고 난 후 대박상품이 된 '쉬즈미스'

은 전지현이 입은 '쉬즈미스'의 오버사이즈 코트는 출시 이후 소비자들의 호응을 얻지 못하였으나, 방송 노출 후 2주 만에 2,500장이 모두 소진되었다고 한다. 전지현이라는 유명연예인 한 사람이 평범한 패션브랜드를 일약 인기 브랜드로 둔갑시킨 것이다.

후광 효과의 법칙을 가장 톡톡히 보고 있는 분야는 광고다. 짧은 시간 안에 제품을 소비자에게 인식시켜야 하는 광고는 인지도가 높고 이미지가 좋은 유명한 스타를 기용하여 후광 효과를 노린다. 광고 모델로 등장한 스타의 인지도와 이미지의 후광 효과로 인해 더불어 광고에 나온 그 제품까지 소비자의 주목을 받기 때문이다. 물을 사기 위해 편의점에 들어갔다고 치자. 이효리의 블랙빈테라피, 전지현의 17차, 김태희의 옥수수 수염차가 진열되어 있다. 평소 전지현의 팬이기 때문에 17차를 구매한다. 여기서 소비자가 17차를 구매한 동기는 바로 전지현인 것이다.

입소문이 중요한 영화 분야에도 후광 효과는 매우 중요한 마케팅 도구이다. 영화 〈호빗〉은 10년 전 세계 영화계를 뒤흔든 판타지 대작 〈반지의 제왕〉의 '프리퀄'(앞 이야기)라는 점에서 톡톡한 후광 효과를 보았다. 2012년 개봉한 〈호빗1 : 뜻밖의 여정〉은 국내에서 개봉 12주 만에

호빗 : 뜻밖의 여정, 호빗 : 스마우그의 폐허, 어바웃타임

200만 관객 돌파, 미국에서는 2주 연속 박스오피스 1위를 차지하였다. 이어 2013년에 개봉한 〈호빗2 : 스마우그의 폐허〉는 국내 개봉 5일 만에 100만 관객을 돌파하였다. 또, 2013년 겨울 흥행작 〈어바웃타임〉은 노팅 힐, 러브 액츄얼리의 감독인 리차드 커티스가 연출을 맡아 연출자의 후광 효과를 입어 국내 개봉한 해외 로맨틱 코미디물 중 역대 최고 흥행성적을 이루었다.

❖ 브랜드 확장에도 기존 브랜드의 후광 효과가 매우 중요

소비자에게 유명인의 후광 효과 못지않게 영향을 미치는 후광 효과는 브랜드 후광 효과이다. 현대의 소비자들은 남들에게 어떻게 보이는 가에 상당히 민감하다. 따라서 기존 브랜드의 이미지 내지 가치가 소비자에게 높을수록 브랜드 후광 효과로 인해 브랜드 확장이 용이해진다. 물론 브랜드 확장이 무조건 성공하는 것은 아니다. 하지만 인기 있는 브랜드는 브랜드 확장을 시도했을 때, 브랜드 후광 효과로 인해 성공할 확률이 보다 높다. 조르지오 아르마니는 패션업계에서 명품으로 인정받는 브랜드자산 가치가 상당히 높은 브랜드이다. 아르마니는 이런 자신의 브랜드 가치를 패션업계 이외 분야에 확장하면서 이를 입증하고 있다. 소비자는 아르마니 호텔에서 잠을 자고, 아르마니가 디자인한 옷을 입고, 화장품을 바르고, 선글라스를 쓰고, 아르마니 카사의 쇼파를 구입하고, 삼성과 제휴하여 출시한 아르마니 폰으로 통화를 하고 있다. 과연 아르마니 제품이 생활전반에 침투할 수 있었던 이유는 무엇일까? 소비자들은 왜 아르마니가 확장하고, 제휴해서 출시한 제품들을 선호할까? 그것은 바로 아르마니 브랜드의 후광 효과 때문이다.

왜 그녀는 김연아가 광고하는 제품들 을 구매했을까?

정유미 씨는 백화점에 들어서는 순간부터 음악을 듣고 김연아 선수를 떠올렸다. 또한 김연아 선수는 긍정적이고 호감 가는 이미지로 그녀의 이미지가 그녀가 광고하고 있는 제품까지도 이어졌다. 제품을 구매하는 데 있어서 김연아 선수가 광고하는 제품들은 소비자들이 평소 김연아 선수에게서 받는 이미지와 동일시되면서 다른 브랜드의 제품보다 더 호감도가 상승하게 된다. 김연아 선수의 후광 효과 때문이다. 정유미 씨 역시 김연아 선수의 이미지를 떠올리며 나이키 운동복을 구매하였다.

자꾸 보면 정이 든다

▶ 에펠탑 효과 ◀

" 여섯 살 난 큰 아이를 유치원에 데려다주고 온 박현숙 씨는 또다시 문 앞에 붙어있는 미스터피자 전단지를 보고는 눈살을 살짝 찌푸렸다. 평소 피자는 피자헛만 시켜먹는 그녀였기 때문이다. 전단지를 떼어내서 버리려고 하다 보니 모델이 얼마 전 끝난 인기 드라마 〈응답하라 1994〉의 주연 배우 '정우'로 바뀐 것이 눈에 뛰었다. 그녀 자신은 소위 '응사'를 매번 챙겨보는 열성팬은 아니었지만 투박한 사투리 속에 듬직하고 의리 넘치는 '쓰레기' 캐릭터가 매력적인 것은 사실이었다.

그 후로도 정우를 앞세운 미스터피자 전단지를 떼어내기 일주일여, 문득 아이가 피자를 사달라고 졸라대자 박현숙 씨는 잠시 동안 고민

하더니 피자헛이 아닌 미스터피자 배달점의 전화번호를 누르기 시작
했다. **99**

  에펠탑 효과는 다른 말로 단순노출 효과라고도 불린다 단지 자주 보
는 것만으로 호감도가 상승되는 현상을 말하는데, 심리학자인 자종크
(Zajonc)에 의해 1968년에 주장되었다. 자종크는 학생들에게 어떤 사진을
25회 반복해서 보여주었고 어떤 사진은 한두 번만 보여주었다. 그런 후,
사진 속의 인물을 얼마나 좋아하는지 평가하였는데 더 자주 본 사진의
인물을 더 좋아하는 것으로 나타났다. 또 다른 실험에서는 한자에 익숙
하지 않은 학생들에게 그룹을 나누어 한자를 보여주는 횟수를 달리한
결과 한자를 많이 보여준 집단에서 한자의 의미를 더 호의적으로 평가
하였다. 그는 이를 단순노출 효과(Mere Exposure Effect)라고 이름지었으며, 이
효과는 의식할 수 없는 수준(Subliminal Level)에서 사진이 제시되었을 때도
일어났다.

❖ 흉물로 인식되던 에펠탑이 파리의 명물로 자리 잡다

  1989년 프랑스 대혁명 100주년을 기념하기 위해 건립한 에펠탑을 놓
고, 처음에는 파리의 예술가와 시민들이 결사적으로 반대하였다. 왜냐
하면 이 거대한 철조구조물이 고풍스러운 파리의 분위기를 완전히 망쳐
놓을 것이라 생각했기 때문이다. 그래서 프랑스 정부는 20년 후 철거하
기로 약속하고 건설을 강행하였다. 그러나 에펠탑을 반대하던 파리 시
민들은 어쨌든 에펠탑을 자주 보게 되었고, 점차 정이 들게 되었다. 결국

에펠탑은 프랑스를 대표하는 훌륭한 건축물로 인정받게 되었으며 전 세계적으로 사랑받는 건축물이 되었다.

에펠탑 효과는 마케팅에서 가장 흔하고 쉽게 이용되는 효과로서 소비자에게 제품을 단순 반복 노출시키면서 인지도를 상승시키고 긍정적 이미지까지 형성시키는 효과이다. 기업들이 자사 브랜드를 광고하는 이유 역시 에펠탑 효과를 노리기 위함이며 드라마, 영화에서 간접 광고라고 불리는 PPL(Product Placement) 역시 단순 반복 노출이 되면서 소비자들에게 브랜드가 인식되는 효과를 누리기 위함이다.

❖ 반복적 노출로 친숙하고 긍정적인 이미지 형성 가능

우리나라 국제 전화 시장에서 1998년 후발주자로 들어온 'SK Telink 00700'은 2009년 한국생산성본부가 조사한 국가브랜드경쟁력지수(NBCI) 국제전화 서비스 부문에서 1위로 선정됐다. 2005년과 2006년 2년 연속 1위 선정 이후 3번째다. 후발주자로 시장에 들어온 00700은 어떻게 소비자의 선택을 받은 것일까?

KT 001과 LG 데이콤 002가 있는 상황에서 'SK Telink 00700'은 국제전화 시장에서 '대표 휴대폰 전화'를 표방했다. 00700은 001보다 최고 58%로 저렴하다는 것과 휴대전화로 저렴하게 국제전화를 할 수 있다는 점을 부각시켜 이를 소비자에게 인식시키기 위하여 반복적으로 광고를 노출시켰다. 또한 00700은 광고에 우리에게 친근한 차범근 감독이 독일에 있는 아들 차두리 선수에게 00700으로 전화를 하는 모습을 광고에 내보냈고, 배칠수, 김남주, 김명민 등 소비자에게 친숙한 모델을 앞

차범근 감독과 차두리 선수의 국제통화장면으로 소비자의 친밀감을 제고한 00700

세워 꾸준히 광고를 선보였다. 결과적으로 00700은 '저렴한 국제전화'라는 메시지를 반복적으로 노출시켜 소비자의 머릿속 깊숙이 자리잡을 수 있었다.

술자리에서 '참이슬'과 '처음처럼'을 주문하였을 때, 참이슬은 그냥 따라서 마실지라도 처음처럼은 흔들어서 마셔야 할 것 같다. 왜 처음처럼은 흔들어야만 할까?

처음처럼은 두산에서 2006년도에 출시한 소주(현재 롯데주류)로 참이슬이 소주 시장을 장악하고 있을 때, 참이슬과는 다른 차별점을 내세워 등장하였다. 처음처럼은 참이슬보다 낮은 도수이고, 알칼리 환원수로 만든 세계 최초의 소주로서 소주는 '쓰다'라는 고정관념을 깨고 '부드러움'을 강조한 제품이다. 처음처럼은 20~30대를 타깃층으로 잡고, 이 세대에 어필하기 위한 마케팅에 집중하였다. 특히 TV광고에 이효리를 앞세워 '흔들수록 부드럽다'라는 메시지를 춤과 노래와 함께 반복적으로 노출했다. 20~30대 소비자는 술자리에서 쓴 소주보다는 부드러움을

49가지 마케팅의 법칙 플러스

강조한 처음처럼의 호감도가 상승하여 처음처럼을 많이 찾게 되었다. 그리고 처음처럼을 마시기 전에는 항상 흔들어 준다. 소비자의 이와 같은 행동은 처음처럼의 반복적인 '흔들어라' 메시지에 노출된 결과라고 할 수 있다.

낯선 것도 자주 보게 되면 친숙하고 익숙해지는 법이고, 반복적인 행동 역시 자주 보게 되면 자신도 모르게 몸에 배게 된다. 두통이 생기면 효과 빠른 두통약 게보린이 생각나고, 몸이 피곤할 때는 피로회복제 박카스가 생각난다. 휴대폰에 영상통화 기능이 처음 생겼을 때, 주위에서 영상 통화 하는 모습을 보면 마치 영화의 한 장면을 보는 것처럼 신기한 눈빛으로 쳐다보았지만, 이제 스마트폰은 너무나 익숙한 우리 생활의 일부분이 되었다.

광고의 반복노출 효과는 과연 어떠한 심리적 과정을 거쳐서 형성되는가? 심리학자 허버트 크루그만은 소비자가 광고에 반복 노출되면서 가지게 되는 심리적 효과를 3단계로 설명한다. 맨 처음 광고를 보고는, "저 제품(혹은 브랜드)은 무엇일까?"라는 기본적인 호기심을 가지게 된다. 두 번째 동일 광고를 보고는 "저 제품(혹은 브랜드)은 어디에 쓰는 거지?"라고 생각해 유사 제품(브랜드)과 비교하게 된다. 마지막으로 세 번째 동일 광고를 보고는 "아, 저거 괜찮은 것 같던데…"하면서 해당 제품(브랜드)에 대한 친숙함을 느끼며 비로소 긍정적인 태도를 가지기 시작한다는 것이다. 결국 반복노출 효과는 소비자에게 '친숙함'을 형성해주고, 소비자는 친숙함으로 인해 무의식적으로 제품을 선택하게 되는 것이다.

왜 그녀는 미스터피자 를 선택했을까?

사람은 자신에게 익숙한 것을 선호하게 마련이다. 아이가 피자를 사달라고 졸라대자 박현숙 씨 역시 처음에는 즐겨먹던 피자헛을 생각했으나 매번 보던 전단지의 모델에 자신도 모르게 친숙함을 느끼게 되고 '한번 쯤…'이라는 생각을 갖게 되어 미스터피자를 선택한 것이다. 은연중에 '괜찮을 것 같다'라는 생각을 갖게 되었기 때문이다.

04

'덤'이라지만
'덤'이 아니다

▶ 미끼 효과 ◀

66 결혼을 앞둔 예비부부 장철수 씨와 이선영 씨. 세탁기를 구매하

려고 전자제품 매장을 들렀다. 직원에게 여러 브랜드 세탁기의 장단점을

듣고 뭘 사야할지 고민이다. 그 때, 직원이 현재 혼수마련 행사 이벤트로

T세탁기는 659,000원이고, D사의 식기세척기는 359,000원인데 두 개

를 동시에 구매하면 919,000원, 약 10만 원을 절약할 수 있는 기회가 있

다고 설명해준다. 이 이야기를 들은 예비신부 이선영 씨는 귀가 솔깃해

진다. 원래 식기세척기는 계획에 없었지만 어차피 맞벌이라 손이 많이

가는 설거지 부담도 줄일 수 있겠다는 생각에 예비신랑 장철수 씨에게

이걸로 하자고 제안한다. 결국 919,000원에 세탁기와 식기세척기를 동

시에 구매하기로 하였다. **"**

    혹시 피카츄빵을 기억하는가? 포켓몬스터 만화가 우리나라에 방영되면서 일본에서처럼 대단한 인기를 끌었다. 포켓몬스터에 등장한 캐릭터들은 아이들이 좋아하는 제품에 캐릭터 디자인으로 활용되어 판매를 상승시키는 역할을 했다. 일명 피카츄빵은 샤니에서 1999년 출시한 것으로 빵과 포켓몬스터 캐릭터 스티커를 판매한 제품이다. 샤니는 포켓몬스터에 등장하는 캐릭터 스티커들을 빵을 판매하기 위한 미끼로 사용했는데, 포켓몬스터의 대단한 인기로 아이들은 스티커를 모으기 위해 빵을 사먹기 시작했다. 나중에는 아이들이 간식을 먹기 위해 빵을 사는 것이 아니라 포켓몬스터 스티커를 모으기 위하여 빵을 살 정도였다. 새로운 캐릭터 스티커를 모으기 위해 빵을 버리는 부작용까지 생겼다. 피카츄빵은 포켓몬스터 스티커 미끼 효과를 톡톡히 보면서 동종 업계에서 일평균 판매량 100만 개라는 최고 판매기록도 세웠다.

    새해가 다가오는 연말 시즌, 커피전문점 업계의 가장 큰 화두는 바로 '다이어리'다. 스타벅스는 2004년부터 매년 다이어리를 제작하여 벌써 10년 넘게 고객 행사를 진행하고 있다. 스타벅스는 크리스마스 프로모션 음료 3잔을 포함하여 총 17잔의 커피를 구매한 고객에게 신년 다이어리를 증정한다. 횟수를 17회로 정한 이유는 스타벅스의 충성 고객들이 1주일에 2회 정도 매장을 방문한다고 보면 1달 기준으로는 8~9회, 플래너 배부 기간인 2달 동안 17잔 정도의 커피를 마시게 되기 때문이다. 즉, 스타벅스를 사랑하는 충성 고객들에게 그 보답으로 플래너를 증정

왼쪽은 피카츄빵, 오른쪽은 스타벅스의 다이어리와 스탬프

하기 위한 것이다. 다이어리를 출시하는 11월 초면 매장 방문 고객들이
평소보다 20~30% 정도 늘어난다. 이는 평소에 스타벅스를 그렇게 자
주 이용하지 않던 고객들도 다이어리를 받기 위해 더 자주 방문하는, 미
끼 효과가 작용한 것으로 볼 수 있다. 스타벅스뿐만 아니라 할리스커피,
카페베네, 엔제리너스 등 국내 커피 전문점들도 다이어리 제작에 동참
하면서 연말 커피전문점 업체에 쏠쏠한 수익을 남겨주는 마케팅 기법으
로 확실히 자리를 잡고 있다.

　자동차 산업에서도 티코가 출시됨에 따라 프라이드의 인기가 예전보
다 오히려 올라가는 현상이 발생한 사례가 있었다. 대부분의 전문가들
이 프라이드보다 더 경제적인 티코가 출시됨으로써 프라이드의 판매가
줄어들 것이라고 일반적으로 예측하고 있었는데 그와 반대되는 결과가
발생한 것이다. 이유는 이러했다. 프라이드는 그동안 '엑셀'에 비해 안전
성이라는 속성이 상당히 약했고 그것이 소비자가 프라이드를 구입하는
데 약간의 걸림돌이었다. 그런데 안정성 측면에서 프라이드보다 떨어지
는 티코가 갑자기 시장에 들어옴으로써 오히려 프라이드에게 득이 되는
현상이 발생한 것이다.

미끼 효과는 이와 같이 2개의 제품 중에서 고민하던 소비자가 3번째 제품이 나타남으로써, 앞선 2가지의 제품 중 한 가지 제품에 선호도가 증가하는 현상을 말한다. 김영석 저자의 ≪설득 커뮤니케이션≫(김영석, 나남, 2008)에서는 미끼 기법이라고 소개하고 있으며 미끼 기법은 대안간의 순차적 설득전략이라고 설명하고 있다.

❖ 제3의 가격 제시로 전혀 다른 소비자의 선택 결과 초래

이해가 잘 되지 않는가? 미끼 효과에 대한 마케팅에서의 정의는 피카츄빵에 스티커를 끼워 넣는 식의 미끼보다는 좀 더 복잡한 상황을 설명하고 있다.

예를 들어 보자. 평소 패션에 관심이 많은 정가은 씨는 잡지를 정기구독하려고 애용했던 잡지 사이트에 접속했는데 정기구독 신청란에 다음과 같이 공지가 떴다.

① 1년간 잡지 정기구독 = ₩59,000
② 자전거 = ₩125,000
③ 1년간 잡지 정기구독+자전거 = ₩125,000

정가은 씨는 이것을 보고 '뭐야, 이 상술! 이런 것에 내가 속을 줄 알고…'라고 생각한다. 하지만 최근 친구가 자전거로 5kg를 감량했다는 말이 번득 생각났다. '자전거도 한 대 있으면 좋긴 한데…'라는 데까지 생각이 미치자 약간 마음이 동요된다. 정기구독은 어차피 해야 하고, 자전거가 원래 125,000원인데 ③번을 선택하면 자전거를 66,000원에 사는 것이나 다름없다고 생각하니 '자전거를 반값에 살 수 있는 이런 기회가 흔하게 오지는 않는다'는 생각이 들었다. 결국 정가은 씨는 큰맘 먹고 ③번을 선택하였다.

위 상황에서 보면 ①번과 ③번의 상황만 주어졌다면 정가은 씨는 ①번을 선택할 확률이 꽤 높다. 그러나 여기서는 자전거의 가격이 제시되었다. 자전거의 가격이 제시되면서 정가은 씨는 ③번을 선택하는 것이 훨씬 더 이익이라고 판단하였다. 자전거의 가격이 미끼 역할을 한 셈이다.

미끼제품은 효과적인 마케팅 전략으로서 본래 구매하려고 했던 제품에 공짜로 무언가를 덤으로 얻는 기분이나 더 싸게 샀다는 것을 소비자에게 느끼게 해준다. 다양한 잡지가 출판되는 상황에서 잡지의 퀄리티는 비슷비슷할 것이다. 그래서 특정 잡지를 좋아하지 않는 사람 중에 잡지를 구매할 때, 사은품 즉 미끼제품을 보고 잡지를 선택하는 경우가 많다. 정기구독이 아니더라도 매월 출판되는 잡지들에는 온갖 선물들이 미끼 역할을 하고 있다.

미국의 경제학자 댄 애리얼리는 《상식 밖의 경제학》(댄 애리얼리, 청림출판, 2008)에서 기발한 미끼 효과를 소개했다.

① 온라인판 잡지 정기구독 = 59달러
② 오프라인판 잡지 정기구독 = 125달러
③ 온라인 및 오프라인판 잡지 정기구독 = 125달러

MIT 슬론 경영대학원 학생 100명을 대상으로 이 세 가지 문항을 주고 선택하는 실험을 하였다. 결과는 ①번 온라인판을 선택한 학생은 16명, ②번은 아무도 선택하지 않았다. ③번은 84명이 선택하였다. 그러면 아무도 선택하지 않은 오프라인판 정기구독을 빼고 ①번과 ③번만 선택해 보라고 하였다. 결과는 어떨까? 여전히 ③번을 선택한 사람이 많을까? 결과는 바뀌었다. ①번 온라인판 59달러를 선택한 학생이 68명으로 대폭 늘어났고, ③번 온라인 및 오프라인판 정기구독 125달러를 선택한 사람은 32명으로 줄었다.

≪상식 밖의 경제학≫에서 소개된 두 가지의 실험 결과를 보면 ②번 오프라인 정기구독 125달러가 제시됨으로써 ①번보다는 ③번 온라인 및 오프라인판 정기구독을 선택하는 것이 이익이라고 생각한 것 같다. 미국의 유명 MBA 재학생들이 이 정도라면 평범한 소비자들도 분명 비슷한 결과가 나오리라 생각된다. 만약 오프라인 신문 판매 부진으로 고민중인 신문사가 있다면 한번쯤 생각해볼만한 마케팅 전략일 것이다.

왜 예비부부는 세탁기와 식기세척기 를 함께 구매했을까?

예비부부는 본래 세탁기만 구매하려고 매장에 들렀으나 식기세척기와 같이 사면 10만 원을 절약할 수 있다는 점원의 말에 예정에 없던 식기세척기까지 구매를 결정하였다. 현명한 소비를 생각한다면 세탁기만을 놓고 의사결정을 해야 했지만, 식기세척기라는 미끼가 전체적인 의사결정의 기준을 바꾸어 놓은 것이다.

05

자기합리화로
소비한다

▶ 소크라테스의 법칙 ◀

> 20대 여자가 커피의 종류와 제품명 등을 모른 채, 각각 3,000원과 5,000원으로 가격만 제시된 커피를 마신 후 이렇게 대답한다. "5,000원짜리가 제가 먹기에는 좀 더 편한 것 같아요. 부드럽고 향이 오래가고 제가 맛에 좀 민감해서 그런지 모르겠는데요. 쓴맛이 조금 덜해서 시럽이나 설탕을 섞어서 먹지 않아도 될 만큼 딱 알맞은 것 같아요."

소크라테스가 자기 제자들에게 질문을 던져 스스로 결론에 이르도록 한 것처럼 사람들도 자발적으로 자신의 태도를 논리적으로 일관성

있게 변화시키는 현상을 가리켜 '소크라테스의 법칙'이라고 한다. 사람들은 평소 태도에 일관성이 있어야 한다는 심리적 압박을 받고 있으며 만약 자기의 태도에 일관성이 없으면 몹시 긴장한다. 그래서 태도가 논리적으로 일관되지 않으면 사람들은 자발적으로 자신의 태도를 변화시켜 논리적이게 만든다. 흥미로운 사실은 그런 태도 변화가 외부의 압력 없이 자발적으로 일어난다는 점이다.

❖ 인식상의 부조화가 발생하면 편하고 원하는 쪽으로 해석함

소크라테스의 법칙은 심리학의 인지부조화 이론에 의해서 설명된다. 인지부조화 이론은 인지의 부조화 상태로 태도변화의 동기를 설명하는 이론으로서, 인지요소의 부조화상태에 빠지면 인지를 변화시켜 조화 상태를 유지하고자 한다는 것이다.

미국의 사회심리학자 리언 페스팅어(Leon Festinger)가 1957년에 발표한 ≪인지적 부조화 이론 ; Theory of Cognitive Dissonance≫라는 책에서 발표된 이론이다. 인지부조화란 사람이 두 가지 모순되는 인지요소를 가질 때 나타나는 인지적 불균형상태를 뜻한다. 이러한 인지적 불균형상태는 심리적 긴장을 유발하므로, 사람들은 이를 해소하여 심리적 안정을 찾고자 한다. 페스팅어는 종말론을 주장하는 사이비 종교단체를 관찰하면서 교주가 예고한 종말일에 지구가 멸망하지 않았으나 신도들은 자신들이 속은 것으로 받아들이지 않고 오히려 믿음이 더욱 깊어졌음을 발견했다. 인지 부조화이론에 따르면 신도들은 지구의 종말에 대비하여 자신들이 가진 모든 것을 다 버리고 사이비 종교에만 매달렸으므로, 자신들의 잘못을 인정하면 그 심리적 고통을 감당하기 힘들다. 따라서 신도들은 자신의 믿음이 옳다는 쪽으로 심리적 안정을 찾게 되고 그것이 더욱 광신하는 행동으로 나타난다.

이처럼 인지부조화를 해소하기 위하여 사람들은 자신의 잘못을 인정하기보다는 자신의 결정을 극단적으로 합리화하는 형태로 나아가며, 자신이 알고 싶지 않은 정보를 스스로 차단하고 알고 싶은 것만 받아들이는 것이다.

❖ 소비자는 평소 사용하는 제품과 서비스를 지속하려는 성향이 강하다

콜라 블라인드 테스트에서도 펩시가 맛이 더 좋은 것으로 자주 평가되지만 코카콜라가 시장 내 부동의 1위를 지키는 이유는 소크라테스의 법칙에 의해서도 설명이 가능하다. 코카콜라를 선택하는 소비자들은 자신들의 선택에 대한 자기 합리화가 상당부분 형성되어 있어 이를 일관적으로 유지하고자 하는 성향이 매우 높기 때문이다.

소크라테스 법칙의 서두에 소개된 내용은 실제 맥카페의 광고 내용이다. 맥도날드의 다각화 전략으로 탄생한 맥카페는 호주를 시작으로 중미, 유럽, 미국, 아시아로 확장되고 있다. 우리나라에는 2009년 1월에 맥카페가 출범했다. 현재 우리나라는 커피시장이 매우 경쟁적인 상태로 후발주자인 맥카페는 소비자에게 강한 인식을 심어줄 필요가 있었다. 맥카페는 '이제 별도 콩도 잊어라'라는 공격적인 카피를 소비자에게 노

출시켰고, 광고에서는 블라인드 테스트 장면을 사용하였다. 모두 맥카페를 마셨지만 비싼 가격의 커피를 선택하는 소비자들을 보여주면서 '커피도 Smart Choice' 하라고 충고하고 있다. 즉 소크라테스의 법칙에 빠져있는 소비자들에게 객관적 이성적인 판단을 요구한 것이다.

소크라테스의 법칙을 활용한 맥카페의 블라인드 테스트 마케팅

왜 그녀는 5,000원짜리 커피 를 선택했을까?

소비자들은 평소 더 비싼 돈을 지불하고 구입하는 커피는 당연히 더 맛과 향이 좋을 것이라고 스스로를 합리화한다. 커피를 마시기도 전에 이미 비싼 커피가 더 나을 것이라는 판단을 하고 있었던 것이다. 그렇기 때문에 비싼 커피를 구매한 행동에 대해서 다양한 장점들을 설명하면서 정당성을 부여하고자 한다. 만약 비싼 커피가 맛과 향이 더 나쁠 수도 있다는 사실을 접한다면, 소크라테스의 법칙에 빠져있는 소비자는 매우 큰 인지적 부조화로 인해 발생할 혼돈과 불편을 처리해야 하는 부담을 가지게 될 것이다.

06

1등만 기억되는 세상

▶ 1등의 법칙 ◀

" 37세 싱글남 이필승 씨. 혼자서 살기 때문에 필요한 것들은 직접 마트에 가서 구입한다. 오랫동안 혼자서 살아왔지만 음식을 살 때 어떤 제품이 좋은지 솔직히 아직까지도 자신이 없다. 그래서 우유는 1등급 서울우유를 사고, 라면은 역시 농심이라는 생각에 신라면을 사고, 맥주는 하이트맥주, 두부는 풀무원, 생수는 제주삼다수를 항상 선택한다. 가격이 조금 더 저렴한 PB제품도 있지만, 아무래도 제일 많이 팔리는 게 낫지 않겠나 하는 생각이 앞선다. **"**

어렸을 때부터 우리는 1등이 최고라는 말을 귀에 못이 박히도록 들어왔다. 밥상 앞에서 엄마들은 다섯 살 난 딸에게 "우리 딸은 밥도 잘 먹지. 1등이네 1등. 오빠보다 더 잘 먹네"라고 하면서 밥을 더 잘 먹도록 부추긴다. 올림픽이 시작되면 금메달리스트만 스포트라이트를 받고, 전교 1등은 알아도 2등은 잘 모른다. 1등은 그런 것이다. 숫자 1은 대단함과 함께 그 분야에서 최고라는 의미를 갖고 있다. 그렇기 때문에 모든 사람들은 이왕이면 1등을 원한다. 하지만 1등은 하나일 수밖에 없으며 그렇기 때문에 기억될 수밖에 없는 존재다.

브랜드도 마찬가지다. 그 분야에서 시장 점유율 1위, 판매율 1위라는 타이틀을 갖고 있다면, 굳이 소비자들에게 대대적 광고를 하지 않아도 이미 신뢰감이 형성되어 있기 때문에 쉽게 판매로 이어질 수 있다.

우리나라는 매년 국가고객만족지수(NCSI)라는 것을 발표한다. NCSI는 기업의 제품 및 서비스에 대한 고객의 만족도를 측정한 것으로서 기업, 산업, 국가의 품질경쟁력을 향상시키고자 하는 목적에서 만들어졌다. NCSI 모델은 제품 및 서비스에 대한 고객의 기대수준, 품질인지수준, 인지가치, 종합만족수준, 고객불만수준, 고객충성도로 구성되어 있다. 특정 분야에서 NCSI 1위를 한다는 것은 곧 소비자들의 해당 브랜드에 대한 신뢰도가 가장 높다는 것을 의미한다. 매년 NCSI 순위가 발표되면 수상 기업들이 대대적으로 1등 기업과 1등 브랜드라는 것을 홍보하는 이유가 바로 여기에 있다.

❖ 최초 혹은 1등이 되어야 소비자에게 선택받는다

콜라하면 코카콜라, 국산차하면 현대자동차, 대형마트하면 이마트 등 특정 상품군을 생각할 때 바로 떠오르는 브랜드들은 대부분 1등 브랜드들이다. 마케팅의 귀재로 불리는 알 리스와 잭 트라우트의 《마케팅 불변의 법칙》(알 리스, 잭 트라우트, 비즈니스맵, 2008)을 보면, 전체 22가지 법칙 중 1~6번을 차지하고 있는 법칙이 선도, 최초, 첫인상, 기억, 집중, 독점이다. 저자는 새로운 제품을 선보일 때 맨 먼저 고려해야 할 사항은 '이 제품이 경쟁상품보다 어느 면에서 나은가'가 아니라 '어떤 점에서 최초인가'라는 것을 부각시켜야 한다고 주장한다. 소비자의 마음속에서 1등으로 기억되는 것은 그만큼 중요하다는 말이다.

IT시장에서 PC의 독주를 저지하고 새로이 각광받고 있는 태블릿PC는 손으로 직접 만지며 즐기는 휴대용 컴퓨터다. 2010년 4월 미국의 애플사에서 출시한 '아이패드'가 큰 인기를 끌고, 이어 국내에서 삼성전자가 '갤럭시 탭'과 같은 태블릿 컴퓨터를 출시하면서부터 시장이 급속도로 확대됐다. 이후 LG전자, 파나소닉, 넥서스 등 다수의 대기업 및 중소기업에서도 뒤따라 태블릿PC를 출시하였지만 국내에서는 이미 태블릿PC는 '아이패드' 아니면 '갤럭시 탭'이라는 인식이 확고하다.

딤채의 TV광고를 보면 딤채가 김치냉장고에서는 단연 1등이라는 점

태블릿PC의 대명사가 된 '아이패드'와 '갤럭시 탭'

을 부각시킨다. 광고에서 어떤 여성이 냉장고 매장에 들어와 점원에게 "요즘 딤채 어느 회사 것이 좋아요?"라고 물어보는 장면이 나온다. 이 여성은 김치냉장고를 아예 딤채라고 알고 있었으며, 이를 통해 딤채가 업계 최초라는 것을 은근 슬쩍 전달하고 있다. 다시 점원은 "요새 다 비슷해요. 딤채 흉내 낸 것이 얼마나 많은데요. 다 똑같죠 뭐. 그런데 흉내는 그렇죠. 친구죠, 친구"라고 말한다. 그런 후에 '딤채는 그런 친구 없습니다'하고 아직까지도 딤채가 김치냉장고에서 독보적이고 우수하다는 것을 표현하고 있다.

이것은 페브리즈가 섬유탈취제로 처음 등장하여 다른 기업에서 제품들을 출시해도 많은 소비자들이 페브리즈라고 부르는 현상과 동일하다. 소니의 워크맨 역시 시장에 처음으로 출시되었기 때문에 아직도 많은 소비자들이 소형 카세트플레이어를 워크맨으로 부르고 있다. 이와 같이 시장에 처음 출시된 제품들은 종종 그 제품군의 고유명사가 되곤 한다. 많은 남녀가 첫사랑 상대를 평생 잊지 못하는 것처럼, 소비자도 처음 만났던 제품 내지 브랜드를 상대적으로 더 강하고 오래도록 기억하는 것이다. 이런 현상을 일각에서는 '시장선도 효과(First Mover Effect)'라고도 부른다. 이는 시장에서 처음으로 출시된 제품 내지 브랜드가 해당 분야의 1등이 될 확률이 매우 높다는 것을 보여준다.

1993년 신세계는 국내 유통시장에서 최초로 할인점 이마트 창동점을 오픈했다. 그 당시만 해도 신세계로서는 매우 불확실하고 위험이 큰 모험이었다. 하지만 이마트는 국내 할인점 시장의 1인자가 되었으며, 모체인 신세계백화점을 능가하는 효자사업이 되었다. 해외 유통업체들보다 한발 앞서 국내 할인점시장을 개척한 것이 현재 1등의 자리를 차지한 결정적 원인이었다.

특정 분야에서의 최초, 선도는 1등으로 가는 지름길이 될 수 있으며, 1등만이 소비자에게 선택받는 최고, 최후의 브랜드가 될 수 있음을 다시 한 번 기억하자.

왜 그는 서울우유와 하이트맥주, 신라면 을 구매했을까?

이필승 씨가 구입한 것들을 보면 우유제품 중 1위 서울우유, 식품회사 중 1위 농심(신라면)을 선택하였다. 맥주 역시 1위는 하이트 맥주다. 이필승 씨는 은연중에 1위의 기업, 1위의 브랜드들만을 기억하고 구매를 하였다. 싱글이지만, 음식 재료에 대해 잘 알지 못하는 이필승 씨는 결국 '1등은 좋은 것이다'라는 다소 획일적인 사고방식에 의해 무의식적으로 1등 제품만을 구매한 것이다. 실제 식자재나 생활용품에 대해 상대적으로 정보가 풍부한 주부층들조차도 자신의 주 관심 분야를 제외하고는 대부분 습관적으로 1등 제품들을 구매하는 게 보통이다.

시작은 미약하나
결과는 창대하다

▶ 깨진 유리창의 법칙 ◀

❝ 평소 문화생활에 관심이 많은 19세 김민수 군. 하지만 그동안 수험생 생활을 하느라 음악회나 미술관 등에 가본 지가 너무 오래됐다. 수능이 끝나면 그 동안 누리지 못했던 문화생활을 해 볼 계획이다.

며칠 후 엄마와 함께 하나은행에 들리게 됐다. 은행 같은 곳에는 관심이 없었지만 오랜만에 은행에 들리니 바쁜 모습에 신기하기만 하다. 순서를 기다리는데, 데스크 한 편에서 하나카드가 후원하는 프랑스 국립 퐁피두센터 특별전에 대한 홍보를 하고 있다. 그리고 몇 개의 작품들을 엽서로 만들어 공짜로 나누어주었다. 마침 미술관을 가보려고 했던 참에 좋은 정보를 얻게 되어 반가웠다. '요즘은 은행에서도 미술전 후원을 하는구나'하고 생각하면서 하나은행이라는 기업에 대해 좋은 이미지를 가질 수 있었다.

몇 달 후 대학생이 된 민수 군은 통장을 개설할 일이 생겼다. 국민은 행, 신한은행 등 특별히 선호하는 은행은 없었지만, 갑자기 생각나는 은 행이 하나 있었다. **99**

깨진 유리창의 법칙은 1982년 제임스 윌슨(James Wilson)과 조지 켈링 (George Kelling)이 자신들의 이론을 월간잡지 〈Atlanta〉에 발표하면서 명 명한 범죄학 이론이다. 건물 주인이 깨진 유리창을 그대로 방치해 두 면, 지나가는 행인들은 관리를 포기한 건물로 판단하여 돌을 던져 나 머지 유리창까지 모조리 깨뜨리고, 심지어 그 건물에서는 강도 같은 강 력 범죄가 일어날 확률도 높아진다는 것이다. 즉 100-1=99가 아니라 100-1=0이 될 수도 있는, 사소하지만 치명적인 1이 바로 깨진 유리조 각이다.

최근 마케팅에 이 이론을 접목하여 긍정적인 단편 현상이 전체 이미 지로 확장될 수 있다는 재해석이 이루어져 작은 것도 마케터의 입장에 서 놓쳐서는 안 된다는 교훈을 주고 있다. 즉 마케팅 분야에서 사소함의 중요성을 새삼 깨닫게 해주고 있다.

'Moment of Truth'로 유명한 유럽의 SAS항공사는 1986년 자체 조사 에서 대략 천만 명의 고객이 각각 5명의 직원들과 접촉하며, 1회 응대시 간은 평균 15초임을 알게 되었다. 얀 칼슨 회장은 이 15초의 순간이 결국 SAS의 전체 이미지, 나아가 사업의 성공을 좌지우지함을 강조하면서,

이 순간이야말로 SAS가 최선의 선택이었다는 것을 고객들에게 입증할 수 있는 때라고 주장하였다.

❖ 환경과 윤리 등 이슈가 기업의 이미지 전체를 좌우하는 시대

무분별하게 자원을 소비하던 시대는 지나가고, 이제 소비자들은 자신의 소비에 의해 영향을 받는 환경까지 신경 쓰며 소비하기 시작했다. 2000년대에 자신의 건강을 생각하는 '웰빙' 바람이 거세게 불었으며, 자신의 건강과 자연의 건강을 생각하는 '로하스' 소비가 하나의 트렌드로 자리잡고 있다. 유럽, 미국 등 선진국에서부터 그린 컨슈머(Green Consumer)가 등장하여 활동하고 있으며, 우리나라 역시 환경을 생각하고, 공정 무역 제품들을 소비하는 윤리적 소비자가 증가하고 있다. 윤리적 소비를 지향하는 소비자의 니즈를 반영하여 이들을 만족시켜줄만한 제품들도 속속 시장에서 등장하고 있다. 이 제품들은 윤리적 제품이라는 이미지로 인해 많은 소비자들에게 긍정적 이미지를 심어주고 있으며, 타 제품에 비해 다소 비싼 가격에도 불구하고 긍정적 이미지의 후광 효과로 소비자들에게 꾸준히 사랑받고 있다.

LUSH는 환경을 생각하는 목욕 용품 브랜드로서 비누, 샴푸 등을 천연재료로 제조하는 것은 물론, 천연재료의 수입 또한 아프리카 등지에서 노동 착취나 어린이들의 불공정한 노동이 아닌 공정 무역을 통해 들여오고 있다. 재료뿐만 아니라 패키지를 최소화하고, 비누 같은 경우는 매장에서 직접 썰어서 판매하는 등 쓰레기 유발을 최소화하기 위한 노

친환경 목욕용품으로 소비자에게 어필한 LUSH

력에도 앞장서고 있다. LUSH 매장은 포장되어 있지 않은 비누 등의 향
으로 인해 멀리서도 LUSH 매장이 있음을 알아차릴 수 있다. 향을 좋아
서 LUSH 매장에 방문한 손님들이 한 둘이 아니다.

　LUSH는 또한 다양한 친환경 프로모션을 펼치고 있다. 예를 들어 한
국에서 실시한 '동물실험반대 엑스포'의 경우 많은 사람들에게 불필요
한 화장품 동물실험에 대한 심각성을 환기시키고, 일상생활에서 실천
할 수 있는 윤리 소비를 촉구하며, 국내 화장품 동물실험 금지법 제정을
위한 서명운동을 전개하였다.

　평소 윤리적 소비에 대해서 관심이 많았던 여대생 티파니 씨는 LUSH
의 환경 친화적인 제품들을 꼼꼼히 살펴보고 있었다. 그러던 중 샴푸의
포장용기를 유심히 살펴보게 되었다. 포장용기 라벨에는 원산지나 주재
료, 유통기한만 표기되어 있는 것이 아니라 이 제품을 만든 사람과 캐리
커처가 그려져 있었다. 티파니 씨는 그 캐리커쳐를 보고 샴푸에 대한 믿

음과 신뢰감이 높아졌으며, LUSH 브랜드가 환경친화적 브랜드라는 확신이 생겨 망설임 없이 구매를 하였다. 집으로 돌아온 티파니 씨는 환경을 생각하는 윤리적 소비를 한 자신의 행동에 만족하며 흐뭇해하였다.

티파니 씨가 LUSH 제품을 구매한 이유는 무엇일까? 바로 티파니 씨에게 깨진 유리창의 법칙이 작용했기 때문이다. 티파니 씨가 구매한 제품의 포장용기 캐리커처는 분명 타 회사와는 차별적 요소임에는 분명하지만 기업 전체적으로 보면 매우 작은 부분에 속하는 요소이다. 그러나 윤리적 소비를 중요시하는 소비자에게는 이 작은 요소가 소비자의 진정성을 자극하였고, LUSH라는 기업 전체의 이미지로 확산되어 구매를 유도한 것이다.

환경에 관해서라면 둘째가면 서러운 기업이 또 하나 있다. 바로 미국의 아웃도어 브랜드 '파타고니아'다. 이 회사는 "환경을 보호하기 위해 우리가 만든 옷을 사지 마세요"라고 광고를 할 정도다. 마케팅이 가장 중요한 아웃도어 의류 회사가 자사의 제품을 사지 말라니, 도대체 무슨 말인가? 이에 대해 파타고니아의 최고 경영자 이본 쉬나드(74) 회장은 최고의 상품을 만들되, 그로 인한 환경 피해를 유발시키지 않으며, 환경 위기에 대한 해결방안을 수립하고 실행하기 위해 사업을 이용하라고 말한다.

공식적인 자리에도 낡은 바지와 20년 동안 입은 티셔츠 차림으로 나타난다는 이본 쉬나드 회장은 특이한 경력과 소신으로 유명하다. 산을 워낙 좋아한 나머지 학교 대신 요세미티 공원에서 움막생활을 하기도 했고, 주한미군으로 복무 때는 북한산 등반로를 직접 개발했다고 한다. 군 제대 후 '등산이 산을 망치면 안 된다'는 신념을 바탕으로 친환경 등

파타고니아의 이본 쉬나드 회장과 파타고니아 상표

산 장비 관련 창업을 하였는데 이게 대박이 났고, 적자가 나도 환경단체에 기부하는 고집과 신념으로 미국 2위의 아웃도어 회사로 성장할 수 있었다. 자원을 아끼기 위해 최고의 옷을 만들고, 환경을 보호하기 위해 고객에게 중고 의류를 권유하고, 바느질 도구를 제공하고 수선법을 알려줄 정도니 고객이 파타고니아를 신뢰하지 않을 수가 없다. 전문 산악인에서 시작해 CEO가 된 쉬나드 회장은 결국 자신이 가장 좋아하고 잘하는 것을 제대로 하고 남을 돕기 위해 사업을 하였고 이러한 목표와 신념을 소비자들이 보고 열광한 것이 성공의 비결이었던 것이다.

최근 국내외적으로 환경과 윤리문제에 관심과 선행을 실천하는 기업이 하나둘 늘어나고 있다. 이는 결국 작은 선행이라도 소비자 관점에서는 중요할 수 있으며, 선행에의 불참이 더 큰 화를 가져올 수도 있다는 기업들의 신중한 고려와 전략이 내포되어 있다. 작은 일에 최선을 다하지 못하는 사람은 큰 일을 맡겨도 제대로 할 리가 만무하기 때문이다.

°왜 그는 하나은행 을 선택했을까?

평소 문화에 관심이 많았던 김민수 군은 우연히 어머니를 따라 하나은행에 갔다가 하나카드가 후원하는 퐁피듀 센터 특별전의 정보를 접하게 되었다. 은행 거래를 자주 하지 않는 나이이기에 은행에 대한 호감도나 이미지가 전혀 없었는데 미술전을 후원하는 정보를 접하고 나서 하나은행의 이미지가 긍정적으로 만들어졌다. 김민수 군에게는 미술전 후원이라는 작은 요소가 하나은행 전체의 이미지로 확장된 것이다. 그리고 자연스럽게 은행 서비스가 필요하게 되었을 때, 좋은 이미지가 머릿속에 형성된 하나은행이 떠올랐던 것이다.

49가지 마케팅의 법칙 플러스

마술 같은 속임수에 넘어가다

▶ 대조 효과 ◀

" 일요일에 있을 맞선 때문에 새 옷을 준비하려는 31세 이현우 씨가 토요일 오후 백화점에 들렀다. 가벼운 소개팅 자리와는 다르다고 생각하고 정장 코너로 갔다. 나이 들어 보이는 정장보다는 캐주얼한 모습이 살짝 느껴지는 정장 스타일을 사야겠다고 생각하며, 머릿속으로 대충 예산을 잡았다. 매장에 들어서니 여성 점원이 다가와 어떤 스타일을 찾느냐고 묻는다. 여성 점원은 현우 씨에게 요즘 젊은 남성들이 많이 찾는 스타일이라며 옷을 한 벌 보여준다. 여자 친구나 부인과 함께 오는 남성들도 여성들이 이 옷을 많이 추천해서 구매한다는 말도 덧붙였다. 마음에 들지만 가격을 보니 너무 비쌌다. 현우 씨는 "이것도 좋지만 다른

옷도 볼 수 있을까요?"라고 말한다. 여성 점원은 다시 "이건 제가 개인적으로 좋아하는 스타일인데요. 가격도 저렴하게 잘 나왔어요"라며 다른 옷을 보여준다. 스타일은 처음에 보여준 것만큼은 아니지만 괜찮아 보이고, 무엇보다도 가격이 훨씬 저렴했다. 현우 씨는 바로 구매를 결정했다. 점원은 "이 넥타이는 이 옷에 너무 잘 어울리는 스타일로 나왔어요. 저희 브랜드가 이번에 고객만족 1위를 차지해서 넥타이는 20% 할인해 드리는데, 100% 실크예요"라고 한다. 옷도 싸게 잘 샀다는 생각에 기분이 좋아, 넥타이까지 하나 더 구입했다. 그런데 집에 와서 보니 예산을 초과했다는 것을 알게 됐다. **99**

현우 씨와 같은 경우는 남녀노소 누구나 한번쯤 경험해 보았을 것이다. 매장에서 제품을 구입할 때는 저렴하다고 생각하고 샀는데, 나중에 확인해보니 예산을 초과한 경우이다. 이런 상황을 대조 효과로 설명할 수 있다. 동일한 상황이나 사물이라도 그 상황이나 사물 이전에 어떤 사건이 발생했는가에 따라 그 상황에 대한 사람들의 인식은 천양지차로 달라질 수 있다.

현우 씨의 경우를 다시 한 번 생각해보자. 현우 씨는 분명 예산을 머릿속에 넣고 매장을 찾았다. 하지만 처음에 점원이 현우 씨에게 보여준 옷이 현우 씨가 생각한 것보다 훨씬 고가였다. 그리고 그 다음에 보여준 옷은 앞에 보여준 것보다 스타일은 조금 못했지만 가격이 훨씬 저렴했다. 이런 경우 대부분의 사람들은 처음 것과 나중 것의 가격 차이가 실제 차이보다 훨씬 더 큰 것처럼 느껴진다. 그래서 예산보다 초과되는 것도 모른 채 구매를 하게 되는 것이다. 실제 백화점 의류매장 같은 곳에서는 소비자에게 처음에는 비싼 것을 보여주고 그 후에 그 보다 낮은 가격대의 제품을 보여준다고 한다. 왜냐하면 소비자는 비싼 제품 후에 보여준 상대적으로 저렴한 제품을 실제보다 훨씬 저렴하게 인식해 쉽게 구매를 결정하기 때문이다.

❖ 앞 뒤 순서의 차이가 소비자의 착시 현상을 유도

대조 효과는 당구대 판매 실험으로도 입증된 바 있다. 브룬스 윅이라는 당구대 제조회사는 1주일 동안은 가장 싼 모델부터 점차 비싼 모델을 소개시켜주고, 그 다음 주에는 비싼 모델부터 싼 모델을 보여주는 판매법을 사용해 보았다. 첫 1주일동안 팔린 당구대의 평균 가격은 550달러, 그 다음 일주일 동안 판매된 평균 가격은 1,000달러를 넘었다. 비싼 모델부터 싼 모델을 보여주는 판매법이 더 높은 매출을 기록한 것이다.

대조 효과는 사람들이 처음에 봤던 것을 기억했다가 후에 본 것에까지 그 영향이 미치는 심리를 보여주는 것이다. 정우성, 이병헌, 송강호 주연의 영화 〈좋은놈 나쁜놈 이상한놈〉(2008)이 개봉했을 당시 이런 소문이 떠돌았다. 여자들은 절대 남자친구와 이 영화를 봐서는 안 된다고. 특히 소개팅하고 두 번째 만남으로 이 영화를 본다면 더더욱 말이다. 왠지 아는가? 정우성이 영화 내내 너무 멋있어서 영화가 끝나고 여자들이 옆에 있는 남자를 보면 대조 효과로 인해 너무 실망이 컸기 때문이다. 남자들도 마찬가지다. 군대에서 외출이 안 되니 항상 내무반에 있는 TV로 드라마나 쇼에 나오는 예쁜 여자 연예인들만 보고 산다. 제대 후 사회에 나와 보니, TV 속에 나오던 그 예쁜 여자들은 한 명도 보이지 않는다고 불평한다.

결국 대조 효과는 앞에 본 잔상이 남아있는 소비자에게 뚜렷이 대비되는 뒤의 것을 보여줌으로써, 뒤에 보여주는 제품 내지 사건을 객관적으로 볼 수 없게 만드는 일종의 착시현상을 이용하는 마케팅 기법이다. 소비자를 무의식중에 앞에 본 제품 내지 사건의 영향 속에 가두어 놓는, 소비자의 눈속임을 이용하는 마술 기법과도 같은 것이다.

왜 그는 예산을 초과하고도 저렴한 옷을 구매했다 고 착각했을까?

처음에 이현우 씨는 예산을 훌쩍 넘은 고가의 옷을 보았다. 그리고 나서 처음에 보았던 옷보다 낮은 가격대의 옷을 보게 되어 후에 본 옷의 가격이 훨씬 저렴하게 느껴진 것이다. 그리고 옷을 구매한 후, 옷을 저렴하게 구매했다고 만족스럽게 생각하던 순간에 특별히 할인되는 넥타이를 보고 더욱 저렴하게 느껴 넥타이까지 구매를 하게 된 것이다. 결국 이현우 씨의 전체 소비 지출액은 애초 예산을 훨씬 초과하게 되었다.

49가지 마케팅의 법칙 플러스

09

좋은 것만 믿는
긍정의 힘

▶ 바넘 효과 ◀

❝ 뱃살이 부쩍 늘어 고민이 많은 39세 주부 장은미 씨. 다이어트를 해볼까 하고 우선 채소위주로 식단부터 바꾸기로 했다. 이마트로 장을 보러간 장은미 씨는 채소 코너로 향했다. 어떤 채소를 골라야할지 고민 중에 혈액형 별로 몸에 맞는 채소를 분류해 놓은 코너가 눈에 띄었다. 안내판에 혈액형별로 체질특성에 따라 섭취해야 할 채소들을 분류해 놓았다. 장은미 씨는 O형이기 때문에 O형에 맞는 채소가 무엇인지 자세히 살펴본다. O형은 면역력이 약해 활력을 불어 넣을 수 있는 양상추와 브로콜리가 좋다고 한다. 장은미 씨는 자신이 심각하게 면역체계가 나쁜 것 같지는 않지만 생각해보니 그런 것도 같아 구매하기로 결정한

다. 상품은 이미 혈액형별로 각각 따로 포장되어 있어 바로 O형 샐러드 팩을 고르고, AB형인 남편을 위한 샐러드 팩도 함께 구매했다. **"**

  남자친구와 3주년을 맞이한 25세 김미소 양. 평소에 안 내던 분위기를 내볼까하고 와인을 사야겠다고 마음먹었다. 그러나 평소에 와인을 즐기지 않은 탓인지 어떤 와인을 사야할지 고민이다. 백화점에 가기 전에 인터넷 검색을 해보는 것이 좋을 듯싶어 검색을 하던 도중 '혈액형 별 와인 고르기'라는 제목이 눈에 띈다. 소믈리에들이 혈액형별 성격을 기준으로 와인을 추천해 놓았다. B형인 김미소 양은 궁금해하며 B형에게 추천된 와인을 찾는다. '열정적이고, 자기주관이 뚜렷하다'라고 표현한 말에 '그렇지 내가 열정적이고, 자기 주관이 뚜렷한 편이지'라는 생각이 들었다. 소믈리에는 낭만적이고, 신비로움을 주는 와인으로 평범함을 거부하는 B형에게 추천하고 싶다는 말도 덧붙여 놓았다. 소믈리에가 추천해 줬다는 신뢰감과 낭만적이고 신비롭다는 말에 매료되어 김미소 양은 결국 백화점에 가서 그 와인을 구매했다.

❖ 보편적인 현상을 자신만의 특성으로 간주하고 맹신한다

  몇 년 전부터 혈액형으로 성격을 나누는 것이 인기다. 그 인기는 지금까지도 이어지고 있으며, 많은 사람들이 실제로 혈액형별 성격을 믿고 있다. A형은 소심하고, B형은 제멋대로인 면이 강하다는 식으로 사람들의 의식에 고정관념화 되어 버렸다. 그러나 혈액형으로 성격을 분류하는 것은 과학적으로 근거가 부족하다는 의견도 상당하다. 과학적으로 검증이 되지는 않았지만 사람들은 심리적으로 자신에게 긍정적인 의견이나 정보들을 믿어버리는 경향이 있기 때문에 혈액형, 별자리, 점성술 등의 것들을 곧잘 믿곤 한다. 이런 사람들의 심리를 바넘 효과(Barnum Effect)라고 하는데 바넘 효과는 사람들이 보편적으로 가지고 있는 성격이나 심리적 특징을 자신만의 특성으로 여기는 심리적 경향을 뜻한다. 1940년대 말 심리학자인 포러(Bertram Forer)가 성격 진단실험을 통해 바넘 효과를 처음으로 증명한 까닭에 '포러 효과'라고도 한다.

포러는 자신이 가르치는 학생들을 대상으로 각각의 성격 테스트를 한 뒤, 그 결과와는 상관없이 신문 점성술란의 내용 일부만을 고쳐서 학생들에게 나누어 주었다. 점성술란의 내용은 대부분의 사람들이 가지고 있는 보편적인 특성을 기술한 것이다. 그는 이 테스트 결과가 자신의 성격과 맞는지, 맞지 않는지를 학생들이 직접 평가하도록 하였다. 자신이 받은 테스트 결과가 자신에게만 적용되는 것으로 착각한 학생들은 대부분 자신의 성격과 잘 맞는다고 대답하였다. 포러의 실험 결과를 보면 학생들은 보편적인 성격 특성을 자신의 성격과 결부시켜 자신의 성격과 맞는다고 간주하는 모습을 잘 보여준다.

❖ 일본에서도 혈액형을 이용한 상업 마케팅이 활발

우리나라와 일본은 특히 혈액형으로 성격을 분류하는 것을 맹신하는 경향이 강하다. 일본은 바넘 효과를 이용하여 혈액형을 상업화시켜 마케팅에서 활용하였고, 우리나라 역시 혈액형 마케팅을 활용하는 경우를 많이 찾아 볼 수 있다. 혈액형뿐만 아니라 잡지를 보면 맨 마지막 장쯤에 이달의 별자리 운세가 나온다. 믿는 것은 자기마음이지만 그래도 찾아서 읽어보는 사람은 꽤 많다. 별자리별 운세 다음에는 항상 행운의 색깔, 아이템 등이 적혀 있다. 그 별자리에 해당하는 사람들은 수백만 명이지만 지금 별자리 운세를 읽고 있는 독자에게는 자신에게만 해당되는 정보로 착각하고, 그것들을 염두에 두고 구매하는 경우도 자주 있다.

일본에서는 우리나라보다 좀 더 혈액형별로 다양하게 상품들이 출시되고 있는데 최근에는 타카라 토미사(社)에서 혈액형별로 시간을 알려주는 시계 '클락 맨(Clock Man)'을 출시하여 많은 사람들에게 관심을 받고 있다. 현대인들은 휴대폰 알람으로 아침에 일어나는 경우가 많기 때문에 솔직히 알람시계를 살 필요성은 없다. 그래서 타카라 토미사에서는 혈액형을 이용하여 기발한 아이디어를 냈다.

클락맨은 A형, B형, O형, AB형 이렇게 네 종류다. 시침이나 분침이 없지만 본체에 내장된 음성으로 시간을 알려준다. 여기서 포인트는 알람 음성은 혈액형별로 다른 멘트가 나온다. 예를 들어 무의식적으로 잘난 체하는 스타일의 A형은 '일어날 시간입니다. 일어나 주세요'라는 정중한 멘트가, 대범한 O형은 '변명은 필요 없어. 무조건 일어나'라는 멘트가 나오는 식이다. 멘트 내용은 시각이나 계절에 따라 달라진다. 일본 사람들이 혈액형에 관심이 많아 혈액형 알람시계라는 것만으로도 클락맨은 이슈

기발한 아이이어가 돋보이는 클락맨(Clock Man)

가 되었다. 이렇게 재미있고 기발한 상품을 보면 아마도 소비자들은 '지루한 휴대폰 알람소리보다는 나에게 딱 맞는 멘트로 깨워주는 클락맨을 사볼까?'라는 생각이 한번쯤은 들 것 같다.

왜 그녀는 O형 샐러드팩 을 구매했을까?

장은미 씨는 자신의 혈액형 O형에 대한 맞춤 채소가 무엇인지에 대한 정보를 접하고, 자신이 실제 면역체계가 나쁘지 않아도 '감기가 자주 걸리지'와 같은 생각들을 하면서 그 정보와 자신을 부합시켜 버렸다. 그래서 결국 다른 샐러드를 섭취해도 상관없지만, 이왕이면 자신의 혈액형 O형에 맞는다고 하는 샐러드를 고른 것이다. 사람들은 심리적으로 자신에게 긍정적인 의견이나 정보들을 믿어버리는 경향이 있다. 그게 아주 보편적인 이야기로 자신에게만 해당되는 사실이 아닐지라도 말이다.

10

익숙한 것의 거부할 수 없는 매력

▶ 습관 지향의 법칙 ◀

❝ 올해 52세를 맞는 한동기업의 배동만 부장. 그는 회사에 입사하면서부터 담배를 피기 시작했다. 술자리에서 동료의 권유로 피운 첫 담배가 던힐이었는데, 결국 지금까지도 던힐을 피우고 있다. 간혹 던힐이 판매되지 않는 곳에서 다른 제품을 이용해 보기도 하지만, 던힐의 강한 맛에 중독돼서인지 결국 다시 던힐을 찾게 된다. 이제는 다른 담배는 아예 쳐다보지도 않고 던힐만 피우고 있다.

배 부장의 부인 48세 전수진 씨. 동네에서 조그만 피아노 학원을 운영하고 있다. 그녀는 매일 집 밖으로 나서기 전에 샤넬 No°5를 살짝 뿌린다. 대학생 때는 여러 향수를 써봤지만 샤넬 No°5를 뿌렸을 때가 가장 만족스러워 30세가 넘어서 부터는 계속해서 샤넬 No˚5를 애용하고 있다. 매번 샤넬매장에서 샤넬 No˚5를 구입할 때면 신제품이 나왔다고 시향을 권하지만 결국 구매하는 것은 샤넬 No˚5이다. 너무 오랫동안 샤넬 No˚5 향에 익숙해져 다른 향을 뿌리는 것은 왠지 낯설다. **"**

　대한민국 소비자는 새로운 것을 빨리 받아들이고 새로운 제품으로 빨리 바꾸는 경향이 강하다. 제품마다 모두 제품 수명주기가 다르긴 하지만, 우리나라 소비자는 고장 나지도 않고 쓸 만한데도 신제품이 나와서 마음에 들면 바꾸는 경향이 강해 제품 수명주기는 점점 짧아지고 있다. 그러나 모든 소비자들이 다 새로운 것을 좋아하는가? 그렇지 않은 사람도 분명히 존재한다. 특히 소비에 관심이 적은 40대 이상의 소비자에게서 우리는 습관적으로 반복 구매를 하는 특징을 찾아볼 수 있다.

　맥도날드 효과(McDonald's Effect)라는 것이 있다. 자신에게 익숙한 것을 다시 찾는 성향을 말한다. 사람들이 새로운 변화를 두려워하고, 자신에게 익숙한 것을 다시 찾는 성향을 가지고 있는 것을 빗대어 표현한 것이다. 맥도날드 효과라는 용어는 미국의 대표적인 패스트푸드 회사인 맥도널드에서 유래한 것이다. 즉, 맥도널드에서는 어떤 음식을 주문할 수 있는지를 이미 잘 알고 있기 때문에 미국 사람들이 외국에 나가서도 맥도널드 매장에 가면 마음이 편해지는 것을 일컫는다. 쉽게 이해하면 모두 자주 가는 단골식당이 있을 것이다. 같은 메뉴, 같은 분위기를 내는 다른 식당이 생겼다 하여도 익숙해진 단골식당을 외면한 채 새로운 곳을 찾아가는 일은 드물다. 새로운 곳이 단골식당을 외면할 만큼 월등히 뛰어나다면 모르겠지만 말이다.

❖ 소비자는 생산자가 생각하는 것보다 훨씬 변화를 싫어한다

전망이론(Prospect Theory)으로 유명한 캘리포니아 대학의 다니엘 커너만 교수는 〈Harvard Business Review〉(2006.06)에서 소비자는 다음과 같은 4가지 특성을 가지고 있다고 주장했다.

첫째, 객관적인 가치보다는 주관적인 인식 가치로 제품을 판단한다. 둘째, 신제품 구매나 투자를 할 경우, 준거가격(Reference Price)과 비교하여 가치를 판단한다. 셋째, 제품의 개선된 사항은 이득으로 인식하고, 단점은 손해로 인식한다. 넷째, 손해의 경우 이득보다 상대적으로 소비자에게 더 큰 영향을 미친다.

다니엘 교수는 이와 함께 소비자는 자신이 소유한 제품에 대해서 보다 많은 애착을 가지고 있으며 현상을 유지하려는 소비자들의 성향(Status Quo Bias)을 소개하면서, 생산자와 소비자간의 9배의 인식차이로 인해 생산자가 지식의 함정에 빠질 수 있음을 경고하였다. 즉 생산자는 새로운 제품을 출시하면 소비자가 현재 자신이 갖고 있는 제품보다 더 나은 성능과 디자인을 보게 됨으로써 새로운 제품을 구매하게 될 것이라 생각한다. 하지만, 실제 소비자는 새로운 제품에 대한 필요성을 느끼지 못하고 현재의 제품만을 고집한다는 내용이다.

영상통화, 인터넷 검색, 터치스크린 기능 등을 갖춘 휴대폰이 아닌 사진기 기능만 갖춘 휴대폰을 사용하는 50대의 소비자가 있다고 치자.

생산자

혁신적인 제품이 고객을 유인할 것이라 믿으며
필요성을 쉽게 느낄 수 있으리라 생각하고
현 제품에 불만이 많은 것으로 생각한다

소비자

신제품의 성능에 대해 회의적인 경우가 많고
필요성을 그다지 느끼지 않으며
현 제품에 어느 정도 만족하면서
현재 기능만 관심 있게 보는 상황을 가진다

3년 이상 휴대폰을 사용하였더니 배터리가 너무 자주 방전되어 할 수 없이 휴대폰을 바꾸려고 대리점에 갔다. 점원은 소비자에게 최신 휴대폰인 삼성 갤럭시노트3, 아이폰 5S, LG 옵티머스 G2 등의 혁신적 기능을 갖춘 고가 휴대폰을 보여준다. 그러나 평소에도 기계에 별 관심이 없었던 이 소비자는 이런 휴대폰의 기능들이 너무 복잡하기만 하다. 사실 이 휴대폰을 사봤자 혁신적 기능들을 사용할 일이 별로 없다. 소비자는 점원에게 전화가 잘 터지고, 튼튼하고, 숫자가 잘 보이는 키패드를 가진 휴대폰은 없냐고 묻는다.

이 사례에 나오는 50대 소비자는 우리 주위에서 흔히 보는 중년층 남자들이다. 50대 이상 소비자 들 다수는 휴대폰 기능에 대한 관심이 적고, 그 기능들을 별로 사용하지도 않는다. 어쩌다가 최신 스마트폰을 구입이라도 하게 되면 그 전에 사용했던 휴대폰과 달라서 오히려 불편함만 느낄 뿐이다. 이런 소비자들에게는 사용에 익숙하고 편안한 제품이나 장소가 멋지고 새로운 최신 제품이나 매장보다도 훨씬 높은 가치를 제공하는 것이다.

❖ 소비자는 한 번 소유한 대상에 애정과 집착을 가진다

맥도날드 효과와 비슷한 개념으로 보유 효과(Endowment Effect)가 있다. 어떤 대상(사물)을 소유하거나 소유할 수 있다고 생각하는 순간 그 대상(사물)에 대한 애착이 생기게 되는 것을 말한다. 보유 효과는 소유하고 보유하는 순간 다수의 사람들이 객관적으로 합당하다고 생각하는 것 이상으로 가치를 매기는 심리현상으로 합리적이고 이성적인 판단보다는 본능에 가까운 것이라고 할 수 있으며, 시간이 길수록 효과가 높다고 한다.

IPTV는 지상파나 케이블이 아닌 인터넷을 통해 방송을 수신하는 서비스로, 국내에서는 2008년 KT의 올레TV(당시 '메가TV')가 방송을 시작하며 본격적인 IPTV시대가 열렸다. 당시 KT는 IPTV에 생소한 신규가입자들을 대상으로 다양한 프로모션을 시행했다. 신규가입 고객에게 서비스 2개월 무료체험기회 또는 프리미엄 콘텐츠 서비스 1개월 무료이용 기회를 제공했다. 또, 서비스 이용에 필요한 셋톱박스를 무료로 사용할 수 있도록 임대료를 지원하고, KT인터넷이나 집전화를 사용하고 있는 고객에게는 결합상품 혜택을 주었다. 이런 다양한 무료체험 기회를 제공한 덕분에 KT는 IPTV시장에서의 점유율을 빠르게 넓혀갔고, IPTV를 사용해 본 사람들은 자연스레 계약을 연장하여 현재까지도 전체 시장 점유율 60%를 차지하

초기 무료체험을 다양하게 제공해 성공한 '올레TV'

며 1위를 사수하고 있다.

왜 그 부부는 던힐과 샤넬 No˚5 를 고집하는 것일까?

배동마 씨와 저수지 씨는 각각 담배와 향수 제품군에서 한 가지 제품만을 고집한다. 이들의 공통된 특징은 오랫동안 한 제품만을 사용한 탓에 이 제품들에게 너무 익숙해져 버렸다는 점이다. 이들에게 다른 제품을 사용한다는 것은 너무 낯설고 부담스러운 일이다. 또한 배동만 씨와 전수진 씨는 던힐과 샤넬 No˚5를 사용하면서 매우 만족하고 있던 터라 다른 새로운 상품으로 바꿀 필요성도 전혀 느끼지 못하고 있다. 이들에게 새로운 제품들을 소개한다면, 아마도 지금 사용하는 제품과 비교하여 새로운 제품의 장점보다는 단점이 더 크게 부각될 것이다.

정직한 기업,
정직한 상품이 통한다

▶ 정직의 법칙 ◀

66 여섯 살 아이를 키우며 직장 생활을 하고 있는 정현경 씨. 퇴근하고도 아이와 같이 보낼 시간이 많지 않아 항상 미안한 마음을 가지고 있다. 요새는 일이 더 많아져 하루 한 끼도 직접 해먹이지 못 하던 터에, 유치원에 가보니 또래 아이들보다 키도 작고 체구도 작은 것 같아 여간 속상한 것이 아니다.

현경 씨는 오랜만에 아이에게 맛있는 간식을 해주어야겠다는 마음으로 마트에 갔다. 아이 아빠도 좋아하는 궁중 떡볶이를 하려고 재료를 고르는 중 설탕 코너에 들렀는데 설탕 대신 올리고당을 넣으라는 이색적인 홍보 팻말이 눈에 들어왔다. 올리고당 제품의 라벨을 보니 설탕과 물

엿보다 칼로리가 낮아 건강에 좋고 체내 칼슘 흡수를 도와 아이의 성장 발육에도 좋다는 내용이 적혀 있었다. 그 순간 예전에 보았던 영화 〈과속 스캔들〉의 기동이가 귀여운 여자 아이와 대화하면서 "어떤 엄마를 만나느냐가 중요해"라고 말하는 장면이 떠오른다. 어린 아이들이 어떤 엄마를 만나느냐에 따라 아이가 건강해질 수 있다는 생각에 이르자, 평소 아이에게 못해준 죄책감이 몰려들면서 이제는 아이의 건강을 최우선으로 해야겠다는 결심이 들었고, 곧바로 설탕이 아닌 백설 올리고당을 카트에 집어넣었다. **"**

정직의 법칙이란 기업과 브랜드의 정직한 이미지가 소비자에게 큰 영향력을 행사하여 구매 행위가 일어나는 것을 뜻한다. 소비자에게 '정직'이라는 이미지는 제품의 선택을 단순화시켜 빠른 의사결정을 내리게 한다. 정직의 법칙은 소비자가 제품을 선택하는 데 있어서 고려하는 부분 중 '정직'이라는 한 가지 부분만 작용하기 때문에 '깨진 유리창의 법칙'과 그 내용이 유사하다. 보다 정확히 말하면 정직의 법칙은 깨진 유리창의 부분 집합이라고 볼 수 있다. 하지만 최근 '정직'이라는 키워드가 소비자에게 매우 큰 영향력을 행사하고 있으며, 소비자들이 자발적으로 기업에 이를 요구하고 있는 점을 감안해 별도로 살펴보고자 한다. 정직한 기업은 가격이 다소 비싸더라도 소비자들의 선택을 받으며 착한 소비, 윤리적 소비가 하나의 소비 트렌드로 자리잡고 있다. 기업의 전략 또한 이러한 트렌드에 맞춰 변화하고 있다.

❖ 소비자와 환경을 생각하는 정직한 기업이 사랑받는 시대

최근 극명하게 대비되는 사건이 있었다. 2009년 7월 사우스웨스트 항공사는 운항중인 비행기가 작은 사고로 비상착륙한다. 탑승객들이 사고 발생 사실을 실시간으로 트위터나 블로그를 통해 주변에 알리면서 순식간에 회사가 위기에 빠지게 되었다. 이때 이 항공사의 CEO는 트위터를 통해 모든 사태 처리를 직원에게 지시하였으며, 이후 처리되는 모든 상황을 트위터를 통해 낱낱이 외부에 공개했다. 고객들은 신속하고 투명하게 진행되는 사고처리 과정을 목격하면서 이전보다 더욱 사우스웨스트를 신뢰하게 되었다고 한다. 이와 정반대로 최근 모 항공사는 비슷한 상황에서 이를 신속하고 투명하게 처리하지 못하고, 내부적으로 문제를 해결하고자 노력하다가 오히려 소비자들의 불만과 원성을 사게 되었다고 한다. 이 두 회사의 차이는 무엇인가? 바로 신속하게 사고에 대처하는 기업의 위기관리 능력과 함께 고객에게 모든 것을 솔직하고 진실되게 알리는 정직함, 즉 진정성에서 차이가 존재한다고 볼 수 있다.

최근 '쓰레기 감성'이라 불리는 업 사이클(up-cycle) 브랜드인 프라이탁(Freitag)이 화제다. 1993년 자전거를 많이 타는 스위스 취리히에서 비가 와도 젖지 않으면서 질긴 가방을 찾던 프라이탁 형제가 트럭의 방수천막으로 제작한 가방에서 프라이탁은 시작되었다. 프라이탁 가방 제작에 필요한 것은 트럭 방수천, 자동차 안전벨트, 자전거 고무 튜브 등의 단 3가지이다. 버려진 트럭 방수천을 모아 빗물로 깨끗이 세척하여 불필요한 부분을 제거하고, 자동차 안전벨트, 자전거 고무 튜브와 함께 세상에 단 하나뿐인 디자인으로 단 하나뿐인 프라이탁 제품을 만들어 내는 것이다.

프라이탁의 철학은 '인간(People)과 지구(Planet)를 보호함으로써 선한 이윤(Profit)을 얻는다'이다. 빗물을 모아 공업용수로 쓰고, 버려진 컨테이너를 개조해 공장과 매장을 내며, 좋은 일자리를 만들고 높은 품질을 유지하고자 인건비 비싼 스위스 현지 생산을 고집한다. 세척 후 재단된 방수포는 취리히 신체장애인 공방과, 프랑스, 튀니지아, 포르투갈에서 박음질되이, 완성된 제품은 다시 취리히 공장으로 보내져 엄격한 품질검사와 사진촬영을 거치게 된다. 이런 특이한 방식과 목표를 가진 브랜드이지만 최근 그 어떤 기업보다 잘나가는 데에는 소비자에게 프라이탁의 정직성과 진정성이 통한 것 아닐까?

더바디샵(The Body Shop)이 소비자에게 사랑받는 이유는 이제 많이 알려져 있다. 더바디샵은 인권보호와 환경보호의 경영 철학을 창립 이래 계속 지켜오고 있으며 무엇보다도 자연을 소중히 생각하는 마음을 실천하고 있다. 또한 화장품 기업임에도 불구하고 화장품 업계의 동물 실험에 대한 반대 캠페인을 대대적으로 펼치고 있다. 동물 실험 반대 캠페인은 더바디샵이 동물 실험을 행하지 않고 있을 뿐만 아니라 동물 실험 없

왼쪽은 못 쓰는 컨테이너 박스 9개를 쌓아올려 만든 취리히 본사 플래그십 매장. 오른쪽은 프라이탁 매장만의 특색으로 꼽히는 리사이클이 가능한 종이와 플라스틱으로 제작된 진열대

이도 안전한 원료들을 사용하고 있다는 것을 증명해준다. 소비자는 더 바디샵이 정직한 기업이라는 것을 알고 있으며, 그 사실은 더바디샵이 62개국에 진출할 수 있는 발판이 되었다.

먹을거리에서 정직의 이미지는 그 어떤 것보다 중요하다. '바른 먹거리'를 추구하는 '풀무원'은 건강을 생각하는 제품들을 만들어 오는 정직한 이미지가 구축되어 소비자에게 '풀무원'이라는 브랜드 자체가 제품을 보증해 준다. '풀무원 베이비밀'은 영양 상담사가 우리 아이를 위하여 1:1 영양 관리법을 제시하고, 성장 발달 단계에 맞춰 유아식을 만들어 제공한다. 특히 고영양 진공 조리법으로 집에서 영양 파괴를 최소화하여 먹을 수 있고, 매일 아침 배달되는 서비스로 안심하고 아이에게 먹일 수 있다. 요즘 엄마들이 얼마나 똑똑하고 자신의 아이를 끔찍이 생각하는가? 자신의 아이에게 먹이는 유아식인데 직접 만들지 않고 사 먹이는 것이니, 혹시나 아이 건강에 좋지 않을까 불안한 마음이 크다. 그러나 풀무원이라는 정직한 기업의 이미지는 엄마들의 마음을 안심시켜 주고 있으며 엄마들 사이에서 호의적인 입소문이 돌고 있다.

❖ 아기나 동물 등이 광고소재로 인기 있는 이유도 정직에서 유래

광고에서 3B 효과라는 것이 있다. 3B 효과는 Baby(아기), Beauty(미인), Beast(동물)를 의미하며 이들이 광고 속에 등장하면 소비자의 관심을 크게 끌 수 있다는 데서 유래된 말이다. 미인은 원래 광고에 많이 등장하였고, 최근에는 아기를 모델로 등장시켜 그 효과를 톡톡히 보는 브

에비앙을 마시는 아이들이 롤러스케이트를 타고 묘기를 부리는 광고를 통해 '에비앙=건강'의 이미지를 전달한다

랜드가 많다. 아기는 이 세상에서 가장 순수한 존재로서 아기에게는 가장 정직한 것들만 주어져야 한다. 사람들의 아기들에 대한 이런 생각이 광고 모델로 등장한 아이에게도 투영되며 결국 해당 브랜드 및 기업에까지도 연결되고 있다.

　에비앙은 알프스 지하 암석층에서 생산해 낸 물로 미네랄이 다량 함유된 프리미엄 워터 제품이다. 에비앙의 유명세는 설명이 필요 없을 정도이다. 또한 아기의 장을 위해서 끓인 물인 아닌 에비앙의 물에 분유를 타서 먹이는 엄마들이 등장하면서 에비앙의 깨끗함이 증명되고 있다. 에비앙의 해외 광고에서는 에비앙을 마시는 건강한 아기들이 롤러스케이트를 타고 등장해 유튜브에서 4,500만 명을 초과하는 조회 수를 기록해 화제가 되었다. 롤러스케이트를 타는 아기들을 보면 건강한 물을 마셔야겠다는 생각에 에비앙이 마시고 싶어질 것이다.

°왜 그녀는 백설 올리고당 을 구매했을까?

정현경 씨는 아이에게 해줄 간식 재료 중 하나인 설탕을 사려고 하다가 결국 올리고당을 구매하였다. 올리고당이 생소한 정현경 씨가 설탕을 대신해서 올리고당을 구매한 이유는 설탕보다 칼로리도 적고 성장 발육에도 좋다는 점도 중요했지만, 광고에서 귀여운 꼬마 아이들이 "어떤 엄마를 만나느냐가 중요해"라는 멘트가 너무 인상적이었기 때문이다. 아이의 건강은 엄마 손에 달렸다는 것을 아이를 통해서 직접 전달한 백설 올리고당 광고는 결국 아이의 솔직하고 정직한 마음을 소비자에게 전달함으로써 소비자의 선택을 받을 수 있었다.

12

몰링의 유혹에
빠지다

▶ 레이아웃의 법칙 ◀

❝ 평소 영화는 코엑스 메가박스를 고집하는 22세 박이진 씨. 코엑스를 가기 위해서 주로 지하철을 이용한다. 불편한 점이 있다면 지하철을 통해 들어가는 코엑스 입구에서 메가박스가 너무 멀다는 점이다. 하지만 메가박스를 가는 길에 많은 매장이 있어 볼거리가 많아 이것저것 구경하는 재미가 쏠쏠하다.

친구와 함께 기다리고 기다렸던 영화 〈겨울왕국〉을 본다는 생각에 기분이 날아갈 듯하다. 친구와 입구에 있는 마르쉐 앞에서 만나 그간 나누지 못했던 수다를 떨며 메가박스 쪽으로 걸어갔다. 가는 길에 페이스 샵에 들어가 매니큐어를 발라보고 색깔이 마음에 들어 하나씩 구매했다.

친구는 얼마 있으면 남자친구 생일이라고 팬시용품점 아트박스에 가서 하트로 가득 차 있는 카드도 샀다. 베스킨라빈스를 지나가다가는 갑자기 아이스크림 생각이 나서 사이좋게 하나씩 골라 먹었다. 드디어 메가박스에 도착했다. 영화보면서 간식을 안 먹을 수 없다. 팝콘은 살이 찔 것 같아 피하고, 친구와 나쵸와 콜라를 사서 상영관으로 들어갔다. **"**

레이아웃의 법칙은 건물의 설계와 배치에 관한 기업의 숨겨진 마케팅 전략이다. 레이아웃 법칙의 하나인 샤워 효과와 분수 효과는 백화점과 같은 쇼핑 공간에서 주로 활용되는 기법이다.

❖ 소비자를 위층으로 아래층으로 유도하며 구매를 유발

샤워 효과는 소비자가 자주 이용하는 이벤트 매장이나 식당가 같은 것을 건물 상부에 위치시켜, 소비자가 이를 방문하고 난 뒤 매장을 빠져나가기 위해 아래로 내려가면서 전체 매장을 통과하도록 유도하는 전략이다. 요즘 대형 쇼핑몰들은 대부분 영화관을 맨 위층에 배치한다. 영화가 끝난 뒤 사람들이 한꺼번에 엘리베이터를 이용하지 못해 에스컬레이터를 타고 내려오도록 함으로써 소비자들을 다른 층의 매장들로 자연스럽게 유도하는 것이다. 최근에는 백화점에서 주부 고객들을 모집하여 문화강좌를 많이 하는데, 이는 소비자의 백화점 방문을 유도하고 문화센터를 맨 위층에 배치함으로써, 샤워 효과를 기대하는 전략의 하나이다.

분수 효과는 샤워 효과의 반대 개념으로 아래층에 방문한 소비자를 위층으로 올리면서 소비를 유도하는 것이다. 백화점의 식품 매장을 화장품이나 패션 잡화를 판매하는 1층 아래에 배치해 놓은 것 역시 분수 효과를 이용한 것이다. 옷이나 신발 등을 구매하기 위해서 백화점에 오는 소비자보다 식품 매장에 장을 보러 오는 소비자들이 훨씬 많다는 것을 이용한 것이다. 식품 매장에 자주 들르는 소비자를 위층 매장으로 유도하여 사려고 하지 않았던 제품을 충동 구매하도록 유도한다. 실제 많은 백화점들이 샤워 효과와 분수 효과를 이용하여 소비자를 위 아래로 유인하면서 백화점에 머무는 시간을 증가시키고, 구매량 증대를 유도하고 있다.

❖ 앵커리지를 통해 소비자의 동선을 계획적으로 조정

레이아웃의 법칙은 비단 백화점에서만 볼 수 있는 것이 아니다. 제품을 파는 곳이라면 어디서나 소비자의 동선에 주목하고, 이를 이용하여 판매를 증가하려고 노력한다. 편의점에 들어가면 음료수 냉장고가 입구에서 가장 먼 곳에 배치되어 있다. 왜 그런 것일까? 냉장고가 자리를 많이 차지하기 때문인가? 그럴 수도 있다. 그러나 굳이 대부분의 매장이 음료수 냉장고를 가장 멀리 설치하는 이유는 소비자들을 최대한 많이 움직이게 함으로써, 다양한 제품들을 볼 수 있도록 하기 위해서다. 목이 말라 편의점에 들어갔는데 음료수를 찾아 과자 코너, 삼각 김밥 코너를 지나다보니 자연스럽게 음료수와 함께 과자도 한 봉지 사게 만드는 그런 기법이다. 음료수가 편의점에서 앵커리지(Anchorage) 역할을 하면서 소비자가 다른 제품도 볼 수 있도록 입구에서 가장 먼 곳에 배치한 것이다.

여기서 앵커리지(Anchorage)는 배가 몰려있는 정박지의 뜻으로, 소비자가 많이 방문하는 인기 매장을 앵커리지로 정하고, 소비자가 매장이나 쇼핑몰에서 최대한 많은 제품들을 볼 수 있도록 전체적인 동선을 짜는 것을 말한다.

우리나라에서 프리미엄 아울렛은 2007년 6월 서울에서 약 1시간 정도 거리에 있는 여주에 처음 들어섰다. 명품 브랜드를 싼 가격에 살 수 있는 프리미엄 아울렛은 명품을 소비하고 싶어 하는 소비자들의 욕구를 채워주는 쇼핑공간이다. 프리미엄 아울렛은 백화점 같은 형태보다는 교외에 넓게 자리하고 있기 때문에 마치 고급 빌라촌에 온 것 같은 착각이 들 정도다. 소비자는 낯선 마을을 산책하듯이 쇼핑을 하게 되는데 소비자 입장에서는 다양한 동선을 구상해 보겠지만, 대부분은 비슷한 동선을 선택할 수밖에 없다. 왜냐하면 소비자의 동선은 많은 사람들이 찾는 앵커리지에 의해 조종되기 때문이다.

소비자는 명품 아울렛을 방문하면서 가까운 백화점을 가는 것도 아니고 몇 시간씩 운전을 하고 가기 때문에 무엇을 꼭 사긴 사야한다는 절박한 마음으로 방문한다. 그러나 명품은 역시 비싸다. 아울렛이긴 하지만 그래도 몇십만 원은 훌쩍 넘는다. 물론 정가에 비해 매우 싼 가격이고 해서 몇 개씩 명품을 구매하는 소비자들도 있다. 그러나 이런 소비자가 많지는 않다. 그래서 명품을 사지 못하는 소비자들은 그래도 멀리 와서 쇼핑을 안 할 수는 없고 해서 명품 아울렛에서 가장 만만한 가격대인 나이키, 아디다스, Ck Jean, Guess 등의 매장을 방문한다. 이런 브랜드들도 정가는 상당한 가격이니 아울렛에서는 그만큼 싸게 살 수 있는 장점

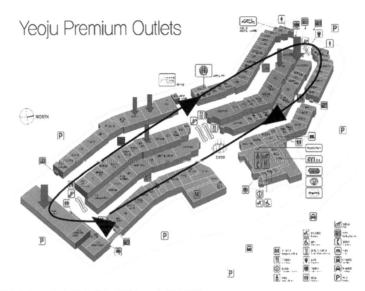

앵커 테넌트로 소비자의 동선을 조절하는 프리미엄 아울렛

도 있다. 그래서 이런 매장들은 항상 사람이 북적댄다. 결국 이런 매장들이 프리미엄 아울렛의 앵커리지 역할을 하는 것이다.

위의 그림은 여주 프리미엄 아울렛의 브랜드 지도이다. 지도에 표시해놓은 화살표들이 나이키, 아디다스 등의 앵커리지 브랜드들의 매장이다. 소비자가 어느 입구로 들어오게 되더라도 아울렛에 들어왔다면 꼭 방문할 매장인 나이키와 아디다스 매장을 아울렛의 가장 끝부분에 위치시켰다. 아디다스 매장은 2층으로 이루어져 1층으로 들어왔다면 2층으로 나가게 돼서 2층의 매장들을 둘러볼 수 있고, 2층에서 들어왔다면 1층으로 나가서 1층을 둘러보도록 되어있다. 소비자는 끝에 있는 이 매장들을 찾아가게 되면서 또 다른 많은 브랜드의 매장을 지나가게 되고,

관심 있는 매장들은 들어가 보게 된다. 또한 단지 이 매장만을 찾아가게 되더라도 아울렛을 다 둘러보는 동선이 된다.

미국의 대형 쇼핑몰을 가보면 대부분 백화점, 할인점, 전문점 등이 복합적으로 결합되어 있는 가운데 전체적으로 쇼핑몰을 관통하는 테마와 컨셉트, 그리고 몰링의 유혹이 존재한다. 여기서 몰링(Malling)이란 대형 쇼핑몰들이 쇼핑객들을 특정한 동선으로 유도하면서 다양한 입점매장과 서비스를 이용하도록 전체적인 시설을 구성하는 것을 말한다. 결국 유통업체들에게 있어 몰링이란 소비자들에게 다양한 즐거움과 편의를 제공하는 대신, 소비자들의 지갑을 최대한 열 수 있는 비밀의 열쇠라고도 할 수 있다.

왜 그녀는 베스킨라빈스 아이스크림 을 구매했을까?

코엑스는 대형 쇼핑몰로 많은 사람들이 영화도 보고, 음식도 먹고, 공연도 관람하는 곳이다. 소비자는 쇼핑이 아닌 다른 목적을 갖고 왔지만 목적지에 이르기까지 수많은 매장들을 그냥 지나치기가 어렵다. 박이진 씨 역시 코엑스에 영화를 보러 왔지만 입구에서 가장 멀리 떨어진 메가박스를 찾아가면서 페이스샵도 들어가고, 아트박스도 들어가고, 베스킨라빈스에도 들른 것이다. 코엑스의 앵커리지 역할을 하는 메가박스를 출입구에서 멀리 위치시킴으로써 영화를 보러 오는 많은 사람들이 참새가 방앗간을 그냥 지나치지 못하듯, 관심 있는 매장으로 들어가도록 레이아웃을 구성한 것이다.

13

'아' 다르고 '어' 다르다

▶ 컬처코드의 법칙 ◀

> 2009년 여름 중국 상하이, 친구들과 어울려 간단히 저녁 식사를 마치고 상해에서 가장 번화하다는 신천지 거리를 찾은 중국인 K군. 목이 말라 간단한 음료를 사기 위해 편의점에 들른 K군 일행은 빨간색의 펩시콜라를 보고 깜짝 놀란다. '분명 펩시콜라는 파란색 용기를 사용하는데, 이게 어떻게 된 거지?' 신기하기도 하고 궁금하기도 한 K군, 하지만 문득 그동안 빨간색의 코카콜라에 익숙해서 쳐다보지도 않았던 펩시콜라를 마셔보고 싶다는 생각이 들었다. '그래, 펩시콜라도 외국에서는 상당히 유명한 음료 브랜드라고 하던데, 한번 마셔보자'. 결심을 굳힌 K군은 같이 온 친구들에게 자신 있게 펩시콜라를 권한다.

독특한 방식으로 소비자를 자신이 속한 문화에 의존하게 하는 제3의 무의식이 존재하는데, 이것이 바로 문화적 무의식이다. 프랑스의 세계적인 문화 인류학자이자 마케팅 전문가인 클로테르 라파이유 박사는 그의 저서 ≪컬처코드≫(클로테르 라파이유, 리더스북, 2007)에서 한 사회 내지 민족의 라이프스타일, 가치관 등을 결정짓는 중요한 원인으로 문화코드를 지적했다. 모든 소비자들은 무의식적으로 각자가 속한 문화에 깃들여 있는 독자적인 정신적 경향의 영향을 받는다는 것이다. 미국인에게는 미국의 정신과 문화가, 프랑스인에게는 프랑스의 정신과 문화가, 그리고 한국인에게는 한국의 정신과 문화가 보이지 않게 작용하고 있다.

❖ 미국과 유럽에서 각각 다른 의미로 인식되는 지프 랭글러

크라이슬러사의 지프 랭글러는 이러한 컬처코드를 잘 설명해 주는 사례이다. 90년대 말, 한때 SUV를 대표하던 지프 랭글러가 다른 수십 가지의 SUV들에게 밀려 미국 시장에서 고전한다. 크라이슬러사는 광범위한 소비자 조사를 통해 대책 마련에 나섰으나, 개선책을 찾지 못하고 지프 랭글러를 그냥 그저 그런 SUV 중의 하나로 전락시킬 위기에 처해 있었다. 이때 라파이유 박사팀은 지프 랭글러가 미국인들에게는 드넓은 들판으로 나가거나, 일반 자동차가 갈 수 없는 험한 곳을 가거나, 장애물이 있는 길이라도 거침없이 지나가는 '말(Horse)'의 이미지임을 밝혀냈다. 그리하여 자동차 디자인에 쇠창살과 원형 전조등 같은 거친 말의 이미지를 적용시키고, 광고에도 이러한 내용을 적극 반영하여 대성공을 거둔다. 그 당시 지프 랭글러의 광고를 보면, 산 속에서 위기에 빠

미국에서는 '말', 유럽에서는 '해방자'로 다르게 인식되는 지프 랭글러

진 어린아이와 개를 지프 랭글러가 거친 산악 지형을 극복하고 구출해 낸 다음 서부영화의 주인공이 말을 타고 석양 속으로 사라지는 모습을 연출하였는데, 이 광고가 대히트를 쳤다.

한편 유럽에서 진행된 동일한 시장조사 결과는 색다른 결론을 보여 주었다. 프랑스와 독일인들은 지프 랭글러를 보고 제2차 세계대전 중에 미군들이 몰고 온 지프를 연상하였고, 결국 지프는 이들에게 어려운 시절이 끝나고 좋은 시절이 시작되었다는 사실을 의미하는 일종의 '해방자'(Liberator)라는 사실을 발견했다. 그래서 프랑스와 독일에서의 광고는 지프 랭글러를 말처럼 묘사하는 대신 지프의 자랑스러운 과거와 지프를 몰 때 얻는 해방감을 강조하여 역시 대단한 성공을 거두게 된다.

마케팅 영역에서 이러한 문화적 무의식, 컬처코드를 가장 많이 활용하고 있는 분야가 바로 광고이다. 이는 소비자가 어떤 제품을 구매하고자 할 때 광고 속에 내포되어 있는 문화적인 상징 의미 내지 관습의 영향을 많이 받기 때문이다. 그래서 한 지역 사회의 문화적 특징을 잘 표현하고 있는 광고가 결국 성공적인 캠페인으로 끝나는 경우를 우리는 자주 볼 수 있다. 이러한 컬처코드가 반영된 광고를 선보이고 있는 분야가 바로 글로벌 경쟁이 심화되고 있는 자동차 산업이다. 글로벌 자동차 메이커들은 전 세계 시장을 대상으로 영업을 전개함에 따라 지역별 문화적 배경을 반영한 광고를 내보내기 위해 많은 노력을 기울이고 있다. 고가인 자동차를 구매할 때 소비자들은 공통적으로 브랜드, 가격, 기능 및 성능 등의 조건들을 고려하지만, 동시에 지역, 국가별로 소비자들이 원하는 독특한 취향 및 스타일과 함께 문화코드도 매우 중요한 고려 요건이기 때문이다. 다음에서 지역별 자동차 광고의 특징을 한 번 살펴보자.

❖ 미국, 유럽, 중국에서 각각 다른 컬처코드를 사용하는 자동차 광고

미국 시장에서는 전통적인 개인주의 및 실용주의 취향과 더불어 최근 미국업체들의 애국주의 호소 전략이 눈에 띈다. 미국은 개인의 가치가 가장 중요시되는 개인주의 문화성향을 가지고 있으므로, 광고도 자기주장이 강하며 직설적으로 차별적 판매소구점(USP : Unique Selling Proposition)를 알리는 광고가 주류를 이룬다. 또한 광고 카피가 많은 것도 특징인데 이는 말을 많이 하는 미국인의 속성을 반영한 것이다.

최근에는 미국산 메이커들의 부진이 이어지자 새로운 경향의 광고가

Chevy의 An America revolution의 광고

나타나기도 했다. 전통적인 개별 제품 브랜드 중심 광고에서 벗어나 기업 브랜드를 적극적으로 홍보하면서 미국민들의 애국심을 자극하는 한편, 과거의 역사나 향수를 불러일으키는 감성적 광고가 출현한 것이다. 이는 결국 미국인의 무의식 속에 존재하는 공통된 문화코드를 자극하고자 하는 브랜드들의 전략이 숨어 있다.

　다음으로 유럽에서는 다양한 문화적 배경을 가진 소비자에 대한 이해, 소비자 중심주의와 각종 규제동향의 파악 등이 중요하다. 다양한 민족과 국가로 구성된 유럽시장의 복잡성으로 인해 유럽시장에서의 광고는 독특, 세련, 정교하고 경이로운 커뮤니케이션이 조화를 이루어 하나의 메시지로 수많은 소비자를 움직이는 특징을 보여준다. 르노의 TV광고를 보면 자사 브랜드의 우수함을 국가별 정체성과 연결하여 은유적으로 표현하는 것을 볼 수 있다. 또한 소비자 중심주의와 기업의 사회적 책임의식으로 인해 나타난 소비자 보호주의는 유럽의 광고를 더욱 세련되고 성숙하게 만들고 있다. 실제 유럽의 광고규제는 매우 엄격해서 주행 장면에서는 실제 주행가능 속도보다 높은 속도를 내서는 안 되며 '완벽한 품질' 등의 최고 성능 주장도 불가능할 정도다.

르노 TV 광고의 한 장면. 바게뜨 빵으로 묘사된 프랑스(르노)가 가장 안전한 차를 만들고 있다는 것을 주장하고 있다. 독일 자동차는 소시지로, 일본 자동차는 스시로, 스웨덴 자동차는 비스킷으로 각각 묘사되었다

마지막으로 중국시장에서는 전통적인 정신이나 문화와의 연계, 그리고 새로운 시대 트렌드의 이해와 적용 등이 중요하다. 중국 광고들은 전통과 현대가 공존하는 사회적 변화를 잘 반영하고 있다. 최근 폭스바겐은 일종의 범법행위에 해당하는 도로에서의 자동차 경주 시합 장면을 내보내 화제를 불러일으켰다. 중국 소비자들의 또 다른 특징 중 하나가 바로 체면을 중시하는 점이다. 현대자동차는 이를 활용해 중국에서 출시하는 차량의 크기를 키우고, 크롬 등을 이용해 외관을 화려하게 장식함으로써, 중국시장에서 성공할 수 있었다. 최근에는 중국 소비자들의 급변하는 라이프스타일과 소비성향을 표현하는 광고도 자주 등장한다. 중국 소비자들의 광고 디자인과 이미지에 대한 의식 수준이 높아지고 자신의 개성을 표현하고자 하는 욕구가 증가하였기 때문이다.

❖ 중국인도 자국기업 제품으로 알고 있는 '하오리유 파이'

최근 중국에서 가장 히트한 글로벌 제과업체가 바로 오리온이다. 오리온 초코파이는 2012년 한 해에만 50억 개가 팔렸는데 이는 13억 중국인 1명당 1년에 4개씩 먹은 셈이다. 글로벌 경쟁이 치열한 중국 제과시장에서 승승장구하고 있는 오리온의 성공 비결은 과연 무엇인가? 그 해답은 바로 철저한 현지화 마케팅 전략이다.

오리온의 중국시장 성공에는 화교 출신인 담철곤 회장의 중국시장에 대한 이해와 현지화 전략이 주효했다. 평소 담회장은 '친구가 잘 되는 것을 좋아한다'는 뜻의 한시인 '송무백열(松茂柏悅)'을 자주 인용하면서 마케팅, 영업, 인사 등 모든 분야에서 철저한 중국 현지화 전략을 추진하였다. 초코파이 브랜드를 '히오리유파이'로 변경하고 제품 컨셉트도 '정'에서 '인'으로 바꿔 중국인들조차 오리온을 중국 회사로 알 정도로 철저히 현지화했다. 초코파이가 국내에서 오랜 시간 장수할 수 있었던 이유는 바로 '情'이라는 한국의 문화코드를 잘 활용했기 때문이었는데, 오리온은 중국시장에서 다시 '仁'이라는 중국의 문화코드를 찾아내어 풀어냄으로써 제2의 초코파이 신화를 만들어 낼 수 있었던 것이다.

이처럼 지역별 문화코드를 잘 이해하고 이를 적절히 이용함으로써 기업은 소비자들의 공감과 호응을 불러일으키고 다시 소비자 구매에까지 이르게 할 수 있다. 이제 글로벌 시장의 지역별 특성과 문화코드에 입각한 마케팅 전략의 수립은 성공적인 글로벌 사업을 위한 필요충분조건이 되고 있다.

왜 그는 펩시콜라 를 구매했을까?

중국인 K군은 빨간색의 펩시콜라를 보고서, 호기심과 궁금증이 발동함과 동시에 왠지 모를 호감을 느꼈다. 펩시콜라가 자국민들이 가장 좋아하는 색상인 빨간색을 사용했다는 점에서 펩시콜라가 중국인들을 존중하고 사랑받고 싶어한다는 생각을 한 것이다. 실제 펩시콜라는 제품 출시와 함께 시작한 광고에서도, '13억 중국인의 열정 덕분에 (파란색 펩시가) 중국의 빨간색으로 바뀌었다'는 문구를 사용하였다. '열정'과 '빨간색'은 중국인들이 가장 좋아하는 단어이다. 결국 펩시의 '빨간 콜라' 전략은 중국인의 문화코드를 가장 정확히 읽어내 성공한 마케팅 사례라 할 수 있다.

14

숨어있는 잠재의식을 자극하라

▶ 서브리미널 효과 ◀

66 은행에 입사한 지 5년째를 맞는 김병훈 씨의 오늘 하루는 그야말로 엉망진창이었다. 출근길에서부터 버스가 늦어 지각을 한 탓에 회의에 늦은데다 오전에는 대출상담을 요청했던 아주머니 한 분이 왜 이렇게 금리가 높냐며 막무가내로 시비를 걸어와 낭패를 보았다. 게다가 퇴근 전에는 일전에 제출한 보고서 내용이 마음에 들지 않는다며 상사에게 온갖 꾸지람을 듣고 말았다. 마치 한 달 동안 먹을 욕을 오늘 하루에 다 들은 것 같았다.

주체할 수 없을 정도로 쌓여가는 스트레스와 피곤에 지친 그의 머릿속에 떠오르는 건 시원한 맥주 한 잔. 몇몇 친구들에게 전화를 걸었으나 때마침 모두들 선약이 있다고들 만나주지 않는다. 서운한 마음에 다시 스트레스가 쌓여가는지 열이 나고 속도 답답하다. 조금 이른 시간이지만 그는 근처 편의점에 들어가서 제일 차가운 맥주를 고르고, 버터구이 오징어도 한 마리 샀다. 계산대에 가니 맥주 광고 포스터가 붙어 있는데, 맥주를 마시는 모델의 표정을 보니 벌써부터 맥주를 마신 것처럼 속이 다 시원해짐을 느낀다. 김병훈 씨는 얼른 맥주 캔을 따서 이 스트레스를 날려버리고 싶다. **99**

2009년 일본에서 '가슴이 커지는 벨소리'가 화제를 모은 적이 있었다. '가슴이 커지는 벨소리'는 일본의 인지 심리학 박사이자 락 뮤지션인 히데토 토마베치가 개발하였는데, 이 벨소리를 들은 여성의 가슴이 커진다는 것 때문에 많은 사람들의 관심을 끌었다. 히데토 토마베치는 디스커버리 방송에 출연하여 이 벨소리를 들은 여성은 마치 아기의 울음소리를 들을 때와 같이 뇌가 반응한다고 밝혔다. 즉 아기의 울음소리를 들은 여성은 호르몬 분비가 활성화되어 젖샘 발달이 일어난다는 것이다. 아기의 울음소리에 대한 뇌 반응을 일으키는 이 벨소리는 여성의 잠재의식을 자극시켜 가슴을 커지게 하는 일종의 '서브리미널' 효과를 이용하고 있다. 아직 과학적으로 완벽하게 입증되지는 않았지만, 히데토 토마베치는 앞으로도 탈모를 예방하는 벨소리, 기억력을 향상시키는 벨소리 등을 개발하겠다고 포부를 밝혔다.

❖ 인간의 잠재의식을 자극하는 기법이 갈수록 발전

서브리미널 효과(Subliminal Effect)란 인간이 의식하지 못하는 미약한 자극도 잠재의식 속에서 기억되어 인간의 감정이나 행동에 영향을 미칠 수 있다는 이론이다. 원래 서브리미널은 서브(Sub:아래)와 리멘(Limen:식역)의 합성어로, 여기서 '식역'은 의식과 잠재의식의 경계선을 의미한다. 결국 서브리미널은 인간의 잠재의식인 것이다. 인간이 인지할 수 없는 빠른 속도와 미세한 음이 인간의 잠재의식에 영향을 주어 미처 발휘하지 못한 재능과 능력을 발휘토록 하는 것이다.

서브리미널 효과는 1969년 달에 착륙한 아폴로 11호 우주선 비행사의 정신강화훈련에 처음 사용된 뒤, 올림픽 출전 선수들의 집중력 강화, 암 환자의 통증 감소 등에 사용되었다. 그러다 최근에는 활용범위가 확대되어 광고/홍보, 심리 치료, 상점의 도난방지 등 다양한 상업적인 용도로 활용되고 있다.

1957년 미국에서 동기조사 전문가 J.M 비카리는 인간이 통제하지 못하는 잠재의식을 이용한 서브리미널 효과를 광고 기법에 이용하여 서브리미널 효과를 입증하였다. 미국의 어느 극장에서 코카콜라와 팝콘 광고를 1/3000초로 매 5초 169회씩 6주간 계속해서 상영한 결과, 코카콜라는 18.1%, 팝콘은 57.7%의 판매 증가가 나타났다. 인간이 인식할 수 없을 정도의 빠르기로 광고를 하게 되면, 뚜렷한 기억으로 남지는 못하지만 무의식 속에 인상이 잔존하여 알지 못하는 사이 광고의 영향을 받는 것이다.

그러나 서브리미널 효과를 이용한 광고 기법이 발표된 후, 소비자의 자유의지를 제약시킨다는 반발이 일어나 서브리미널 광고는 법으로 금지되었다. 우리나라에서도 방송광고심의에 관한 규정 제15조 '잠재의식 광고의 제한'이라는 법령으로 서브리미널 광고에 대해 규제하고 있다. 내용을 보면 '방송광고는 시청자가 의식할 수 없는 음향이나 화면으로 잠재의식에 호소하는 방식을 사용해서는 안 된다'고 정하고 있다.

하지만 적당한 수준에서 서브리미널 효과를 직간접으로 이용하는 광고는 여전히 만들어지고 있다. 2008년 가수 바나나걸이 발표한 〈미쳐미쳐미쳐〉라는 가요의 뮤직비디오가 서브리미널을 이용해 네티즌 사이에 화제가 되었다. 뮤직비디오를 보면 많은 자막들이 보이는데, 그 중에 '독도수호(DOKDO SOOHO), 바나나걸'이라는 자막이 영문과 로고를 이용해 눈에 띌 듯 말 듯 나온다. 바나나걸 측은 "독도 수호에 대한 각오를 새롭게 하자는 뜻에서 자막을 삽입했다"고 제작배경을 밝혔는데, 결국 서브리미널 효과를 이용해 소비자들의 잠재의식에 긍정적 인식을 주고자 한 의도였던 것이다.

❖ 다양한 비즈니스 현장에서 보이지 않는 힘으로 작용

사실 서브리미널 효과를 상업적으로 가장 많이 이용하고 있는 사례는 바로 성(性)과 관련된 광고마케팅 기법들이다. 미녀의 입술을 부드럽게 색칠하는 붉은 립스틱, 유명 햄버거의 로고, 남녀가 포즈를 취하는 청바지… 우리는 성적인 내용을 암시하는 이런 광고를 흔히 볼 수 있다. 어떻게 보면 빨간 립스틱도, 햄버거 로고도, 청바지 광고도 당연해 보인다. 하지만 이 광고들에는 인간의 잠재의식을 자극하는 요소가 담겨 있는데, 바로 성(性)이다. 붉은 립스틱은 오럴섹스를, 햄버거 로고는 여성의 가슴 또는 엉덩이를, 청바지 광고는 정사장면을 은연중에 연상시킨다. 업체들은 물론 절대 아니라고 항변한다. 소비자도 이상한 사람 취급받기 십상이라 함부로 이야기하지 않는다. 하지만 섹스를 연상하도록 만드는 이러한 광고기법은 분명 서브리미널 효과를 통해 소비자의 무의식을 자극하여 소비자의 구매 충동에 일조하고 있다.

스타벅스는 모던한 인테리어에 모던풍의 재즈음악을 틀어 무의식중에 소비자를 매장으로 유혹한다. 요즘 우후죽순처럼 생기는 카페에서도 소비자의 무의식을 이용한 서브리미널 효과를 노린다. 커피의 맛을 미세하게 감별하는 소비자는 커피의 맛을 따라 카페를 선택할 것이다. 그러나 커피의 맛이 비슷하다면 그 다음으로 고려되는 것은 역시 매장의 분위기이다. 커피의 맛을 잘 감별하지 못하는 소비자에게 어떤 카페를 들어갈 것인지의 선택은 맛보다는 분위기가 중요한 기준이 된다. 지금이야 스타벅스와 같은 커피 체인점이 많이 생겨서 예전 같은 스타벅스의 위상은 아니지만 그래도 아직까지 커피하면 스타벅스다. 그 중에

스타벅스는 모던한 인테리어에 모던풍의 재즈음악을 틀어 무의식중에 소비자를 매장으로 유혹한다

서도 주목할 점이 바로 스타벅스의 인테리어와 음악이다.

스타벅스의 창립자 하워드 슐츠는 그의 자서전에서 스타벅스를 '제3의 공간'으로 만들기 위하여 인테리어와 매장에서 들려주는 음악에 신경을 많이 썼다고 밝힌 바 있다. 스타벅스에 들른 사람들은 녹색 색상과 재즈풍 음악으로 인해 편안하고 안정적이며 도회적인 느낌을 가질 수 있으며, 이것이 바로 무의식적으로 발길을 돌려 스타벅스로 향하게 하는 것이다. 결국 하워드 슐츠가 스타벅스의 인테리어에 서브리미널적 효과를 불어넣은 것이 스타벅스의 신화를 만들 수 있었던 원동력이 되었다.

왜 그는 시원한 맥주 를 구매했을까?

김병훈 씨는 폭발할만큼의 스트레스가 쌓이자 맥주 생각이 간절했다. 맥주는 시원한 주류의 대명사로 사람들의 인식 속에 다른 어떤 주류보다도 답답함을 해소시켜 주는 술이라는 이미지를 강하게 가지고 있다. 대부분의 맥주 광고가 직장동료나 친구지간에 모여서 시원하고 상쾌한 맥주 한잔을 하면서 스트레스를 해소하고 기분을 전환하는 장면을 내보내는 것도 이러한 서브리미널 효과를 자극하고 있다고 볼 수 있다. 김병훈 씨 역시 잠재의식 속에 '스트레스 해소=맥주 마시기'라는 법칙이 존재하고 있었고, 그래서 최근 스트레스가 극심해지자 맥주 생각이 간절했던 것이다.

감정을
이용한
마케팅의 법칙

49 가지
마케팅의
법칙

15

너무 좋아 심장이 뛴다

▶ 스탕달 신드롬 ◀

❝ 어릴 적부터 유난히 자동차를 좋아해 자동차 장난감만 갖고 놀았는데 대학생이 된 지금도 슈퍼카만 보면 심장이 두근두근 거리는 민동욱 씨. 슈퍼카를 흠모하는 그를 가장 흥분하게 하는 것은 길에서 람보르기니를 만났을 때이다. 얼마 전에도 소리가 이상하다 싶어 뒤돌아 봤더니 주황색 람보르기니가 지나갔다. 순간 주변에 있는 아무 차도 보이지 않고 람보르기니만 보였다. 눈에서 보이지 않을 때까지 바라보다가 정신을 차리고 나니, 약간 창피하기도 해서 얼른 지하철역으로 들어갔다.

집으로 돌아와 인터넷으로 람보르기니를 보면서 '언제나 한 번 타볼 수 있을까?'하고 생각하니 약간 우울해진다. 요즘은 람보르기니 액세서리도 많이 나와서 한 번 사볼까 하다가 왠지 더 우울할 것 같아 그만두 었다. 그러다 람보르기니 자전거를 알게 됐다. 자전거에 대한 관심이 별 로 없었지만 디자인을 보니 람보르기니 차의 스타일이 느껴졌다. 자전 거치고는 고가이지만 람보르기니라 생각하니 문제가 되지 않았다. 모 아둔 비상금을 몽땅 털어 사기로 결정하고 나니 벌써부터 가슴이 콩당 콩당 뛰기 시작한다. **99**

누구에게나 비록 가질 수는 없더라도 심장을 두근거리게 하는 제품 이 하나씩은 있을 것이다. 설명할 수는 없지만, 마치 사랑하는 사람을 만났을 때 가슴이 두근거리고 얼굴이 달아오르는 것과 비슷하다. 차를 좋아하는 사람은 슈퍼카를 보면 심장이 떨리고, 백을 좋아하는 사람은 명품백을 보면 심장이 떨린다. 음식을 좋아하는 사람은 최고급 쉐프가 요리해주는 음식을 맛 볼 때 심장이 떨린다고 한다.

인간이 아닌 사물을 보고 심장이 떨리는 것을 스탕달 신드롬(Stendhal Syndrome)이라 한다. 스탕달 신드롬은 뛰어난 미술품이나 예술작품을 보 았을 때 순간적으로 느끼는 각종 정신적 충동을 말한다. 프랑스의 작가 스탕달(Stendhal)이 1817년 이탈리아 피렌체에 있는 산타크로체성당에서 레니의 〈베아트리체 첸치〉 작품을 감상하고 나오던 중 무릎에 힘이 빠지 면서 황홀경을 경험했다는 사실을 자신의 일기에 적어 놓은 데서 유래 됐다. 역사적으로 유명한 예술품을 감상한 사람들 중 스탕달처럼 순간 적으로 가슴이 뛰거나 격렬한 흥분, 더 심해지면 우울증·현기증·위경 련·전신마비까지도 느끼게 되는 경우가 있다. 스탕달 신드롬은 사람마다 나타나는 증상도 다양하다.

❖ 그냥 좋은 것이 아니라, 너무 좋아 가슴이 뛸 정도라야 성공한다

스탕달 신드롬은 예술품에만 나타나는 것은 아니다. 자신이 저마다 상상만 하던 것을 실제로 보게 된다면 스탕달 신드롬과 같이 심장이 뛰고, 흥분 상태가 될 것이다. 인기 미드 〈섹스&시티〉의 캐리 브래드쇼처럼 마놀로 블라닉에 환장하는 어느 소비자가 백화점에서 가장 먼저 마놀로 블라닉 신상품을 신어보게 된다면 폴짝폴짝 뛰고 싶을 정도로 가슴이 뛸 것이다. 아마도 그 소비자는 흥분을 주체하지 못하고 마놀로 블라닉을 사고야 말 것이다. 심장이 콩닥콩닥 뛰는데 이성적 판단에 의한 소비는 이루어질 수 없다. 이 순간은 오로지 감정만 남아있을 뿐이다.

섹시 란제리의 대명사 빅토리아 시크릿(Victoria's Secret)은 화려한 디자인뿐 아니라 세계의 톱모델들이 매년 패션쇼 런웨이를 하는 것으로 유명하다. 빅토리아 시크릿을 입고 무대를 걸어 나오는 모델들을 실제 패션

〈섹스&시티〉의 캐리 브래드쇼가 좋아하는 브랜드를 보고 감격하는 장면

쇼에서 보게 되는 여성들은 아마도 모델들의 워킹에 따라 쾅쾅 심장이 뛰고, 빅토리아 시크릿을 입고 싶은 욕망이 가득 차오를 것이다. 여성뿐만 아니다. 빅토리아 시크릿 쇼는 여성보다 오히려 남성들이 손꼽아 기다린다고 한다. 남성들은 아마도 패션보다는 유명 모델들의 몸매에 더 관심이 있어서 빅토리아 시크릿 쇼를 기다리는지도 모르겠다. 완벽한 몸매에 모델들이 란제리만 입고 나오는데 환상의 쇼를 기다리지 않을 남성이 누가 있겠는가? 실제 빅토리아 시크릿을 창립한 로이 레이먼드 (Roy Raymond)는 빅토리아 시크릿의 첫 매장을 오픈할 당시 남성들이 자신의 와이프와 여자 친구의 란제리를 사기 위한 매장을 만들고 싶다고 고백했다. 그리고 창립자의 염원대로 빅토리아 시크릿은 명품 란제리 브랜드로 성장하면서 여성뿐 아니라 자신의 여자에게 란제리를 입혀주고픈 남성들의 심장까지도 울리는 브랜드가 되었다.

빅토리아 시크릿의 란제리 패션쇼에서 모델들의 워킹 장면

심장소리하면 기억나는 브랜드가 할리데이비슨이다. 할리데이비슨은 오토바이에 관심이 없는 사람이라도 대부분 알 정도로 유명하고도 독특한 브랜드이다. 할리데이비슨의 동호회를 지칭하는 H.O.G(Harley Owners Group)는 어느 국가에서도 가장 열정적이고 개성적인 동호회로 통한다. 할리데이비슨은 멀리서도 "둥둥둥둥…"하는 소리만 들려도 할리데이비슨임을 알 수 있는 독특하고도 박진감 넘치는 배기음 소리를 가지고 있다. 바로 이 배기음이 100년 넘게 할리데이비슨의 마니아 고객층을 유지시켜 온 원동력이다.

할리데이비슨을 타는 바이커는 할리데이비슨만의 독특한 배기음에 빠져들어 할리데이비슨만을 고집한다. 할리데이비슨의 배기음은 심장박동 소리를 닮아서인지 할리데이비슨을 타는 바이커들은 이 소리에 안정감을 느낀다고 한다. 할리데이비슨의 마니아는 심장소리를 닮은 배기음을 들으면서, '살기 위해 타고, 타기 위해 산다(Live to Ride, Ride to Live)'를 외친다.

왜 그는 람보르기니 자전거 를 구매했을까?

민동욱 씨는 람보르기니를 보면 설명할 수 없는 흥분과 함께 심장이 뛰는 것을 매번 느꼈다. 어렸을 때부터 자동차를 좋아했고 대학생이 된 이후로도 자동차를 좋아했지만, 누가 뭐래도 민동욱 씨에게 최고는 람보르기니이다. 하지만 수제 자동차의 역사와 전통을 자랑하는 이탈리아산 람보르기니와 같은 슈퍼카를 탈 수 있는 백만장자가 몇이나 되겠는가? 가질 수 없기 때문에 더 갖고 싶고, 더 가슴이 뛰는 지도 모르겠다. 마치 사랑하는 상대를 놓고도 고백하지 못하는 수줍은 숫총각과도 같은 신세인 것이다. 그러다가 민동욱 씨는 람보르기니에서 출시한 자전거가 있다는 사실을 알게 되었고, 마침내 구매하게 되었다. 비록 자전거이지만 스타일은 누가 뭐래도 람보르기니이기 때문에 그의 가슴은 벌써부터 뛰기 시작한 것이다.

16

참을 수 없는
미완성의 아름다움

▶ 자이가르니크 법칙 ◀

❝ 직장생활 2년차 고형철 씨는 드디어 꿈에 그리던 애마를 장만하기로 했다. 꿈에 부풀어 자동차 회사의 판매점을 모두 방문하여 상담도 받고, 여러 차들의 브로슈어를 챙겨와 밤마다 어떤 것이 좋을지 꼼꼼히 따져본다. 또 인터넷의 자동차 관련 사이트에도 빠짐없이 방문하여 다양한 정보를 입수·분석중이다. 자신이 여태까지 구매한 제품 중에서 가장 비싼 제품이므로 신중에 신중을 거듭해서 결정할 작정이다. 그러던 중 어느 인터넷 사이트에서 현대자동차에서 새로운 LF 소나타 모델의 사진을 보게 되었다. 아직 공식적으로 발표하지도 않은 상태라 전혀 구매를 고려하지 않았는데, 노출된 사진을 보니 세련된 디자인이 너무

마음에 들었다. 전체가 아닌 부분 공개라 실제와 다소 차이가 있을 것을 감안하더라도, 여태껏 보아온 자동차들과는 차원이 다른 디자인이었다. 고형철 씨는 LF 소나타가 공식적으로 공개될 때까지 일단 차 사는 걸 보류하기로 했다. **"**

❖ 미완성일 때 사람들은 더 긴장하고 주목해서 더 오래 기억한다

자이가르니크(Zeigarnik) 법칙은 들어본 사람보다 처음 들어보는 사람들이 훨씬 많을 것이다. 자이가르니크 법칙은 러시아의 심리학자 자이가르니크의 이름을 딴 것으로서, 미완성 과제에 대한 기억이 완성 과제에 대한 기억보다 더 강하게 남는다는 것을 의미한다. 자이가르니크 법칙은 웨이터가 많은 주문을 동시에 받았음에도 불구하고 그 주문사항을 말끔히 처리하는 데서 착안되었다. 그 많은 주문 사항을 처리할 수 있는 웨이터의 능력은 주문내용이 고객에게 모두 서비스될 때까지 지속되는 기억력 때문이다. 그러나 주문이 완료된 후에는 그 주문이 무엇인지 더 이상 기억하지 못한다.

심리학자 자이가르니크는 미완성된 과제가 사람들로 하여금 심리적 긴장을 불러일으키며, 이 긴장이 기억을 유지하는 동기로 작용된다고 주장한다. 즉 사람들은 어떤 과제가 주어지면 인지적 불평형 상태가 된다. 이러한 상태가 심리적으로 불편함을 느끼게 하고, 심리적으로 불편한 상태에서 주어진 문제는 기억에 훨씬 오랫동안 남겨진다는 것이다. 이 효과는 드라마가 끝날 때 결정적인 순간에 실마리가 풀리지 않은 채

끝나는 것을 잘 설명한다. 미완성일 때 더 많은 관심이 가고 오랫동안 기억하기 때문에, 다음 회의 드라마를 보도록 유인하기 위하여 중요한 사건의 결론이 나기 직전에 방송을 끝내는 것이다. 이루어지지 않은 첫 사랑을 오랫동안 기억하는 사람들의 심리도 일종의 자이가르니크 법칙으로 볼 수 있다.

❖ 광고 분야에서 초기 티저 광고 형태로 소비자 관심을 유도

최근에 마케팅 분야에서 소비자들의 관심을 더욱 고조시키고 궁금증을 유발하기 위하여 자이가르니크 법칙을 많이 이용하는데, 그 대표적인 것이 티저 광고이다. 티저 광고(Teaser Advertising)는 소비자들의 호기심을 유발시켜 관심을 불러일으키고, 그 관심으로 후속 광고와 제품에 그 관심이 연결되도록 유도한다. 티저 광고는 제품에 대한 궁금증을 유발하기 위하여 기업명이나 브랜드명을 밝히지 않고, 서서히 밝히거나 일정 시점에 밝히는 방법으로 소비자들로 하여금 자이가르니크 법칙에 지배되도록 한다.

다음 그림을 주목해 보자. 이것은 아우디 A2의 옥외광고이다. 이 광고가 처음 설치되었을 때, 사람들은 광고판이 비어있다고 생각했을 것이다.

그러나 이 광고는 시간이 지남에 따라 철이 산화반응을 일으켜 녹슨철의 색과 대비되면서 아우디의 광고임을 알 수 있었다. 사람들은 철이 산화되면서 조금씩 나타나는 형상에 매우 큰 관심을 나타냈으며, 시간이 지나면서 무엇이 나타날지 궁금증은 커져갔다. 결국 뚜렷한 형상이

아우디 사의 독특한 옥외광고. 시간이 지날수록 철이 산화되어 진짜 광고가 드러난다

나타난 광고판에는 아우디의 로고와 'ALL ALUMINIUM AUDI A2'라는 슬로건과 자동차 모형이 나타났다. 소비자는 이 광고를 관심 있게 지켜봤기 때문에 아우디 A2는 부식이 적은 알루미늄으로 만들어졌다는 사실을 확실히 알 수 있었다. 이 광고를 통해 당장에 아우디 A2를 구매한 소비자는 많지 않겠지만 그동안에 이 광고를 지켜본 소비자의 뇌리에는 아우디 브랜드에 대한 강한 인식을 심어줄 수 있었다.

국내에서도 자이가르니크 법칙을 이용한 티저 광고들이 이슈가 된 사례가 있다. 지금 우리는 '쿡'이라는 단어를 들으면 '인터넷 전화'라고 대뜸 말할 수 있다. 그러나 몇 년 전만 해도 사람들은 '도대체 쿡이 뭐야?'라고 다른 사람에게 물어봐야 했다. 쿡(Qook)은 인터넷, 인터넷 전화, 집 전화, IPTV 등 집에서 즐길 수 있는 모든 IT 서비스를 제공하는 KT의 새로운 브랜드다.

소비자는 KT의 메가패스, 메가TV, Ann 등의 개별 서비스를 다 기억할 필요 없이 '쿡' 하나만 기억하면 된다. '쿡'은 기억하기 쉽고 간편하지

49가지 마케팅의 법칙 플러스

자이가르니크 법칙을 이용한 **KT**의 쿡 광고

만, 새로운 서비스가 아니라 기존에 소비자가 알고 있는 서비스 브랜드들을 대체하는 것이기 때문에, 기존의 기억을 잊게 할 만큼 강한 자극과 관심 유발이 필요했다. 그래서 쿡은 먼저 대대적으로 모두가 공감하는 '집 떠나면 개고생이다'라는 컨셉의 티저 광고를 선보였다. 그 당시 인기리에 방송됐던 드라마 〈아내의 유혹〉에서 극중 변우민 씨가 집 나가서 거지같이 고생하는 드라마 내용, 산악인 엄홍길 대장님이 고생스럽게 산을 타는 모습, 아이들이 휴가지에서 고생하는 모습 등을 담아내 소비자의 웃음과 공감을 이끌어내면서 '쿡'이 무엇인지 궁금증을 유발시켰다. 결국 나중에 쿡의 존재가 알려지면서 서비스 이용자가 많지 않았던 인터넷 전화, IPTV 등의 가입이 증가하는 효과를 얻게 됐다.

최근 화제가 된 광고로 "아~ 남자한테 정말 좋은데~ 어떻게 표현할 방법이 없네"라는 천호식품 김영식 회장이 출연해 화제가 된 산수유 광고가 있다. 김 회장은 "돈이 없었다. 그래서 최대한 저렴하게 광고를 하게 됐다. 식품은 약이 아니라서 과대광고를 할 수 없었다. 그래서 '남자한테 정말 좋은데 어떻게 표현할 방법이 없네'라고 그냥 넋두리를 늘어났고 그걸 그대로 광고 카피로 사용했다"라고 당시 상황을 설명했다. 김회장은 그냥 넋두리를 늘어놓았을 뿐인데 광고를 본 시청자들에게는 알 듯 모를 듯한 궁금증을 강력하게 불러일으킨 것이다.

또 한 편의 특별한 광고가 있었다. 어느 날 갑자기 서울 하늘 곳곳에서 목격되는 거대한 붕어 형상의 외계비행선과 이를 쳐다보는 일상 속의 시민들, 비장한 배경 음악과 함께 나지막이 깔리는 내레이션, 유튜브와 TV를 통해 공개된 이 티저 영상은 SF 블록버스터 영화처럼 완성도 높은 영상과 절제된 유머가 흥미를 유발하며 후속편을 기다리게 만들었다. 바로 빙그레 싸만코의 티저광고였다. 뒤이은 본편 광고에서는 강원도 평창에 불시착한 외계생명체 싸만코가 100년 만의 한파를 견디지 못하고 쓰러져 아이스크림이 돼 지구인에게 먹히고 만다는 '싸만코의 기원' 편과 복수를 위해 싸만코들이 지구 총공격에 나서지만 결국 실패해 단체로

티저 광고 화제작들. 왼쪽은 산수유 광고, 오른쪽은 참붕어 싸만코 광고

49가지 마케팅의 법칙 플러스

먹힌다는 '싸만코의 역습' 편이 방영되었다. 싸만코 광고는 기발하고 코 믹한 설정이 주는 재미를 넘어 기존 제과 광고의 틀을 깨뜨림으로써 광 고계에 신선한 충격을 줬다는 평가를 받고 있다.

왜 그는 LF 소나타 를 기다렸을까?

고형철 씨는 자신이 이제껏 구매한 제품 중에서 가장 고가의 제품인 자동차를 사게 되었다. 한두 푼짜리 물건이 아니기 때문에 여러 자동차 회사의 다양한 브랜드와 차종을 비교하면서 고민중이었다. 이때 아직 출 시되지도 않은 신형 LF 소나타의 유출 사진(스파이 샷)을 보게 되었다. 고 형철 씨는 모든 정보를 알고 있는 다른 자동차에 비해, 출시도 공개도 되 지 않은 LF 소나타의 사진을 보고는 호기심과 궁금증이 증폭되었다. 부 분적인 모습들의 기대감 때문에 LF소나타의 전체 모습이 보고 싶은 자이 가르니크 법칙이 발생했던 것이다. 결국 자이가르니크 법칙으로 인해 고 형철 씨는 LF 소나타의 출시까지 구매를 미룬 것이다.

17

희소할수록
더 간절하다

▶ **희귀성의 법칙** ◀

66 마트에서 장을 보는 50대 주부 이지숙 씨. 그녀는 좀 늦은 시간에 장을 보러 나온다. 그 이유는 이지숙 씨가 이용하는 마트는 저녁 시간에 시간제한을 두고 품목마다 파격세일을 하기 때문이다. 특히 생선이나 채소 같은 경우는 반값도 안 되게 살 수 있다. 이지숙 씨 같이 파격세일을 노리고 오는 주부들이 많기 때문에 주부들 간의 경쟁도 치열하다.

천천히 살 것들을 둘러보고 있는데 방송에서 7시부터 10분간 생선 코너에서 오징어를 50% 할인 행사한다는 말이 들린다. 언제나 방송에서는 조기에 다 팔릴 수 있으니 빨리 오라는 말도 잊지 않는다. 이지숙 씨는 오징어를 살 계획은 없었지만 5마리를 잽싸게 샀다. 저녁에 오징어 요리를 하면 그만이다. 그런데 또 안내 방송이 나온다. 지금 배추를 사면 1개 가격에 2개를 준다는 방송이다. 이지숙 씨는 다시 발걸음을 빠르게 움직인다. **,,**

TV홈쇼핑은 소비자가 원하는 상품이 있으면 바로 구매가 가능하다는 장점으로 인해 꾸준히 성장하고 있다. 우리나라에서 홈쇼핑은 1995년 39쇼핑(현 CJ 홈쇼핑)이 상품 판매를 위한 방송을 시작하면서, 백화점, 대형마트 등과 함께 유통산업의 핵심으로 성장했다. 처음에 홈쇼핑은 상품을 직접 눈으로 보지 못하고 오로지 설명만 듣고 구매 결정을 해야 했기 때문에 제대로 운영될지 우려하는 소리가 많았다. 또한 홈쇼핑은 쇼 호스트의 현란한 멘트와 방송판매 방식 때문에 충동구매를 조장할 수 있어 불필요한 소비가 발생될 수도 있다는 걱정도 많았다. 하지만 이런 염려에도 불구하고 홈쇼핑 시장은 1995년 34억 원의 시장규모에서 2008년 5조 원까지 급속도로 성장했다.

왜 소비자들은 물건을 직접 보지도 않고 설명만으로 상품을 선택하는 것일까? 물론 홈쇼핑을 운영하는 기업들이 대부분 CJ, GS, 현대 등 대기업이기 때문에 기본적으로 소비자들의 신뢰가 존재한다. 대기업은 제품, AS, 배송 및 반품 등에 있어서 노하우와 자본이 충분하기 때문이다. 또 상품을 설명하는 쇼 호스트들은 얼마나 말을 잘 하는가? 상품의 장점과 효능을 설명하면서 이 상품을 구매하지 않으면 소비자가 손해를 보는 것처럼 말하고 있다.

❖ '마감임박'으로 소비자의 합리적 판단을 일시 정지

그런데 홈쇼핑 방송을 보는 소비자의 상품 구매 충동이 가장 높은 순간은 언제일까? 그것은 아마도 다른 소비자가 그 상품을 선택하였을 때, 그리고 매우 많은 소비자가 상품을 선택하고 있다는 정보를 얻었을 때일 것이다. 비록 자신이 직접 상품을 본 것은 아니지만 다른 많은 소비자들이 구매하는 것을 확인하고는, 상품에 대한 신뢰감이 강하게 작용하여 이 상품을 놓치면 안 되겠구나 하는 생각을 한다고 한다. 특히 '마감임박'이라는 글자가 TV화면에 나타난다면 구매에 대한 마음은 더욱 강렬해진다. 이럴 때 쇼 호스트는 센스 있게 '고객님 조금 늦게 결정하신다면 이 좋은 상품을 만나실 수 없습니다'라고 이야기한다. 소비자는 상품이 얼마 남지 않은 상황으로 판단하고, 즉시 전화기로 주문을 한다.

소비자가 이런 선택을 하게 하는 상황은 꼭 TV홈쇼핑에만 적용되는 것은 아니다. 실제 매장을 방문하였을 때도 이와 같은 감정과 흥분을 경험하여 구매를 결정하는 경우가 종종 있다. 매장을 방문하여 마음에 드는 상품을 발견하고 살펴보고 있는데, 점원이 와서 이 상품이 마지막 상품이라는 말을 한다면, 아마도 소비자는 '인기상품이구나. 역시 내가 보는 눈이 있다니깐! 마지막 상품을 건지다니, 운이 좋네!' 이렇게 생각하면서 생각보다 훨씬 빨리 구매를 결정하는 경우가 적지 않다.

❖ '한정판매'로 소비자의 강렬한 소유 욕구를 자극

한정판매는 어떠한가? 최근 한 소비자 조사에 따르면, 직장인 10명 중 7명이 충동구매를 하는 이유는 바로 '한정판매' 때문인 것으로 나타났다. 그 다음으로 조급함(14%), 군중심리(4%), 스트레스(4%) 등의 순이었다. 평소 관련 상품에 대한 관심이 있던 소비자가 한정판매라는 소식을 듣는 순간, 해당 상품을 구매하기 위하여 마음이 바빠지기 시작한다. 남들보다 더 빠르게 움직여야만 상품을 손에 쥘 수 있기 때문이다.

여러분은 스타벅스의 럭키백을 구매해 본 적이 있는가? 럭키백은 안에 구성품이 조금씩 다른 선물 세트로, 일본에서 상품을 무작위로 넣고 복불복으로 구매하도록 하는 복주머니 행사에서 유래한 것이다. 구매하기 전에는 고객이 절대 그 구성품을 알 수 없다. 스타벅스는 2007년부터 럭키백 이벤트를 시작했다. 올해 2014년 스타벅스가 판매한 럭키백 선물 세트는 총 5,000개 한정이었고, 가격은 4만 5,000원이었다. 2014년 스타벅스 럭키백은 지난 2년간 프로모션으로 출시됐거나 상시 판매되고 있는 텀블러, 머그, 캐니스터, 코스터 등 150여 종의 상품으로 구성됐다. 스타벅스의 올해 럭키백 이벤트도 대부분 매장 오픈과 동시에 판매 종료였으며, 아침 일찍부터 럭키백을 위해 줄서서 기다리는 진풍경을 연출하기도 했다. 소비자가 이처럼 스타벅스 럭키백에 열광하는 이유는 무엇일까?

스타벅스의 럭키백 세트

스타벅스 럭키백은 내용물을 알지 못한다는 궁금증과 함께 즐거움을 소비자에게 선사한다. 또한 럭키백에 들어있는 스타벅스의 제품들을 저렴한 가격에 살 수 있다는 것과 함께, 럭키백이 총 5,000개 한정이라는 사실 즉 희귀성의 법칙이 강력한 구매 욕구를 불러일으킨 것이다.

해외의 유명 브랜드들도 한정판매로 일시적인 판매실적도 올리고 브랜드 명성도 제고하는 일석이조의 효과를 보고 있다. 폭스바겐은 한국에서 자사의 인기 차종인 '골프'의 특별한정판 '골프 GTI 파렌하이트'를 판매했다. 이 차는 폭스바겐이 전 세계에 1,200대만 한정판매하는 것으로 국내에는 50대가 배정됐는데, 출시 열흘 만에 50대가 다 팔렸다. 일반 골프 모델이 한 달에 평균 40대 정도 팔리는 것에 비하면 매우 큰 인기를 모았다고 볼 수 있다. BMW의 소형차량인 '미니'도 한정판인 'JCW 미니쿠퍼 S'를 출시하여 큰 호응을 얻었다. 30대 한정판이 순식간에 팔린 후에도 구매를 요청하는 이들이 많아 원하는 고객들에게는 JWC 튜닝키트 세트를 장착해 팔았을 정도다. 결국 소비자들에게는 전 세계에서 몇 개 없는 희귀한 제품이라는 점이 크게 어필했던 것이다.

❖ 희귀할수록 제품의 가치는 실제보다 커 보인다

왜 소비자들은 마감임박, 한정판매 등을 보면 구매 충동이 부추겨지는 것일까? 그 이유는 아마도 희귀성 효과 때문일 것이다. 심리학자 브렘(Brehm)은, 사람들이 이미 누리고 있는 자유가 상실된다는 사실을 견디지 못해 그 특권을 되찾기 위해 행동하는 과정을 '심리적 저항이론'이라고 명명하였다. 만일 어떤 대상이 점차 희귀해져서 선택의 자유를 침해하게 된다면 우리는 그 대상을 이전보다 더 강렬하게 소유하려는 심리적 저항을 하게 된다.

희귀성의 법칙은 초콜렛 과자의 소비자 선호도 실험에서도 알 수 있다. 평가자 절반에게 10개의 과자가 들어있는 상자가 제공되고 나머지 절반의 평가자들에게는 과자가 2개 들어있는 상자가 제공되었다. 2개 중의 하나를 시식하는 평가자들은 10개 중의 하나를 시식한 평가자들보다 과자를 더 긍정적으로 평가하였다. 또한 처음에는 10개의 과자가 들어있는 상자를 제공받았던 피실험자들에게 시식하기 직전에 2개의 과자만 들어있는 상자로 교체하여 과자의 맛을 평가하였더니, 원래부터 2개의 과자만 가지고 있던 피실험자들보다 더 긍정적인 평가를 하였다.

희귀성은 경쟁 심리를 부추겨 소비자들의 제품 구매시 실제 제품이 제공하는 가치보다 더 큰 가치를 얻는 것으로 착각하게 만드는 것이다.

왜 그녀는 오징어와 배추 를 구매했을까?

이지숙 씨 같은 경우는 희귀성 법칙의 수혜자이자 피해자라고 할 수 있다. 실제 대형마트 같은 곳에서는 재고 처분을 위해 폐장 시간을 앞두고 파격적인 할인행사를 하고 있기 때문에 이를 이용하는 것이 주부들에게는 이득이 될 수 있다. 하지만 문제는 계획에 없고 필요하지도 않은 물건까지 한정판매 내지 할인판매라는 이유 때문에 구매하게 된다는 점이다. 이지숙 씨도 애초 오징어를 살 계획은 없었지만 싼 가격으로 오징어를 구매할 수 있는 기회라고 판단하여 오징어를 구매하였다. 사실은 안 사도 되는 물품을 단지 싸다는 이유 때문에 구매한 것으로 결코 합리적인 소비라고 볼 수는 없을 것이다.

18

하지 말라고 하면 디 힌다

▶ 청개구리 효과 ◀

66   같은 아파트에 사는 이웃 주민 이혜영 씨와 조숙희 씨. 남편을 회사에 보내고, 아이들도 학교에 가고 나면, 언제나 모여서 커피 마시며 수다 떠는 것이 하루 일과다. 오늘은 화장품 방문판매원이 오는 날이다. 이혜영 씨는 스킨, 로션이 떨어졌고, 조숙희 씨는 립스틱이 떨어졌다. 각자 원하는 상품을 고르는데 새로운 상품이 눈에 띄어 방문판매원에게 물어본다. 방문판매원은 "이번에 새로 나온 상품인데 고가 라인이어서 사모님이라고 불리시는 분 아니면 사지를 않는다"고 너스레를 떤다. '사모님'이라는 말에 살짝 민감해지면서, '도대체 얼마기에 못 산다는 거야?' 하며 신상품을 한번 발라본다. '좋은 물건은 돈값을 한다'는 말도 있듯

이 왠지 더 촉촉하고 풍부한 느낌이 든다. 가격을 묻자 방문 판매원은 "이 크림 하나에 45만 원인데요, 한 번 써 본 분들은 또 찾아요. 사실 거면 특별히 할부로 해드릴게요"라고 말한다. 이 말에 조숙희 씨는 '난 이런 것 못 써'라고 단박에 포기했다. 하지만, 평소에도 자존심이 강한 이혜영 씨는 방문판매원의 할부라는 말에 무시를 당한 것 같아 화가 나, 평소 비상금으로 모아둔 돈을 몽땅 털어 일시불로 크림을 구매했다. **"**

≪사람의 마음을 움직이는 설득심리≫(이현우, 더난출판사, 2002)에서 저자는 청개구리 효과란 우리의 자유를 의도적으로 제한하여 심리적 저항을 유발시키려는 목적의 설득 기법이라고 설명하였다. 즉, 청개구리 효과는 금지된 것을 더 궁금해 하고, 갖지 못하는 것을 더 갖고 싶어 하는 사람들의 심리적 저항을 말한다.

심리적 저항 이론은 앞서 희귀성 효과에서도 잠시 설명하였다. 청개구리 효과 역시 어떤 대상에 대해서 선택의 자유가 제한되거나 위협 당하게 되면, 그 자유를 유지하기 위한 동기가 유발되어 그 자유를 이전보다 더 강렬하게 원하게 된다는 사실에 근거를 두고 있다. 하지만 청개구리 효과는 희귀성 효과와는 소비자 행동측면에서 차이가 있다. 희귀성 효과는 소비자가 구매할 수 있는 시간과 수량을 박탈함으로써 소비자의 심리를 자극한다. 그렇지만 청개구리 효과는 직접적으로 소비자의 행동을 저지함으로써 소비자의 반발 심리와 호기심을 자극하는 것이다.

❖ 금지하고 제한하고 방해하면, 반항하고 싶은 것이 인지 상정

'클릭하지 마시오!'라는 배너가 깜빡인다. '친절하게 클릭해 주세요!'라고 했다면 수많은 배너광고를 무시하고 지나가는 것처럼 그냥 지나쳤을 텐데, '클릭하지 마시오!'는 왠지 클릭하고 싶은 마음이 들지 않는가? '무엇 때문에 클릭하지 말라는 거지?'라는 궁금증이 자연히 생긴다. 실제 많은 배너 광고들이 무시된 채 그냥 지나치는 경우가 많은데, '클릭하지 마시오!'와 같은 제한적이고 금지적인 표현의 광고들은 상대적으로 클릭률이 높다고 한다. 미국에서도 'Don't click here!'라는 표현을 쓴 배너 광고의 클릭률이 더 높다는 통계가 있다.

왜 그럴까? 그 이유가 궁금한 것은 실제 우리가 그런 행동을 많이 하고 있기 때문일 것이다. 학창 시절에 엄마가 "공부 좀 해라. 집에서는 책상 앞에 앉아있는 꼴을 못 보겠네"라고 말하면, 오랜만에 마음먹고 책상 앞에 앉아 있으려고 했던 마음이 싹 사라진다. 이런 심리를 청개구리 효과라고 하는 것이다. 동화 속에서 엄마가 하라는 것은 무조건 반대로 했던 청개구리 이야기가 전해지면서, 청개구리는 하라는 대로 하지 않고 그 반대로 행동하는 모습을 대변하는 대명사가 되었다.

'17세 이상만 씹어주세요'라는 광고 카피를 보고 15살 소년이 '왜 17세 이상만 씹어야 하지? 15살이 씹으면 안 되나? 씹어봐야겠다'라고 마음먹고 구매를 결정한다. '17세 이상만 씹어주세요'라는 광고 카피는 지금으로부터 꽤 오래전에 출시된 해태제과의 '뷰티 알로에' 껌의 광고 전략이었다. 청개구리 효과를 이용한 대표적인 마케팅 성공 사례로 널리 알려져 있다. 해태제과는 신제품 알로에 껌을 출시하면서 '17세 이상만 씹어주세요'라는 광고 카피를 대대적으로 홍보하였고, 씹지 말라는 10대들에게 오히려 폭발적인 인기를 누려 껌 판매 1위를 기록했다. 하지 말라면 더 하고 싶은 10대들의 강한 반발 심리를 마케팅에 적절히 이용하여 성공하였던 것이다.

청개구리 효과처럼 소비자의 반발·저항 심리를 이용하는 경우는 비단 우리나라에만 해당하는 것은 아니다. 특히 명품이라고 일컬어지는 브랜드들은 소비자의 반발 심리를 이용하는 경우가 많다. 프랑스 파리의 루이비통 매장은 고객에게 매장 문을 활짝 열어놓지 않는다. 심지어 매장에 들어가려는 고객조차 막는다. 매장에 제한적으로 고객을 들여보내기 때문이다. 그런데 사람들은 자신을 들여보내 주지 않는 매장에 기분 나빠할 것 같지만, 상황은 오히려 그 반대다. 루이비통 매장에 들어가고 싶어 몇 시간씩 그 앞에 줄을 선다. 마침내 루이비통 매장에서 들어가서 제품을 사고 나올 때면, 마치 승리자라도 된 듯 한껏 어깨에 힘을 주고 매장을 걸어 나온다.

왜 그녀는 45만 원짜리 크림 을 구매한 것일까?

이혜영 씨는 45만 원짜리 크림을 샀고, 조숙희 씨는 사지 않았다. 방문 판매원은 '비싸서 아무나 사지 못 하며, 만약 사신다면 할부로 해주겠다'고 말했다. 이 말에 이혜영 씨는 '내가 비싸서 못 살 것 같아?'라는 반발 심리가 크게 작용하였고, 반대로 조숙희 씨는 자신에게 안 맞는다고 생각해 구매를 포기하였다. 평소 자존심 강하고 다소 다혈질인 이혜영 씨는 청개구리 효과에 의해 반발심리가 크게 작용하여 45만 원이나 하는 크림을 사게 된 것이다.

19

빚지고는 살 수 없다

▶ 미리주기 효과 ◀

   신촌에서 친구와 약속이 있는 대학생 K양. 약속시간이 남아 친구를 기다리고 있는데, 옆에 있는 크리스피 크림 매장에 사람들이 줄을 서고 있다. '시간도 남았으니 도넛이나 공짜로 먹어볼까?'하는 생각으로 K양도 줄에 합류했다. 따뜻하고 달콤한 오리지널 글레이즈를 하나 받아 먹어본 순간, '하나 더 먹을까? 친구 것도 살까?'라는 생각이 든다. 도넛을 먹다보니 어느새 주문대 앞까지 가게 됐다. 그 때 종업원이 "주문 도와 드리겠습니다. 금방 나온 도넛이라 맛있죠?"라며 친절히 말을 건넨다. K양은 도넛도 공짜로 먹었고, 너무 맛있고 달콤하기도 하고 해서, 그냥 도넛 12개가 들어있는 더즌을 구입했다. 99

미리주기 효과는 '상호성의 법칙'으로, 상대방에게 원하는 것이 있으면 그 사람에게 뭔가 해주라는 것이다. 사람은 누구나 자신이 빚진 만큼 갚고자 하는 심리가 있기 때문에, 그 심리를 이용하여 상대방으로부터 자신이 원하는 것을 얻어내는 기술이다.

심리학자 리건(Regan, 1971)의 연구에 의하면 작은 것이라도 호의를 받으면 아무 것도 받지 않을 때 보다 호의를 베푼 사람의 요구를 더 잘 들어준다고 한다. 작은 호의라도 받았다는 사실 자체가 호의를 받은 사람을 일종의 빚진 상태로 만들기 때문이다.

리건은 피실험사를 두 사람씩 짝을 지어 그림을 감상하고 평가하게 하였다. 그 둘 중 한 사람은 리건 교수의 실험 조교였고, 다른 사람이 모르게 피실험자인 듯 가장하고 실험에 참여하였다. 첫 번째 실험에서 그 조교는 2병의 콜라를 가져와서 다른 피실험자에게 한 병을 주었고, 두 번째 실험에서는 콜라를 가지고 오지 않았다. 그림에 대한 평가가 모두 끝나고 실험이 종료되기 직전에 그는 피실험자에게 행운권을 사줄 것을 부탁했다. 두 경우에서 실험 조교의 호의를 받은 피실험자들은 그렇지 않은 피실험자들 보다 2배나 많은 행운권을 구입했다.

❖ 샘플이나 증정으로 호의를 베풀면 소비자는 그냥 가지 않는다

요즘 미샤와 더페이스샵을 필두로 한 저가 화장품 시장이 인기다. 우리가 잘 모르는 저가 화장품 브랜드도 정말 많다. 저가 화장품 매장은 특히 명동, 강남역, 신촌 등과 같은 번화가에서 경쟁하듯 입점하고 있다.

저가 화장품 매장은 많은 소비자를 매장 안으로 끌어 들이기 위해서 나레이터 모델들을 앞세워 화장품 샘플이나 소정의 선물들을 소비자에게 나눠주면서 방문을 유도한다. 소비자는 매장에 들어가는 순간부터 증정 선물이 담긴 쇼핑 바구니를 들고 매장을 둘러보기 때문에 천 원짜리 매니큐어라도 구매하고 나온다. 왠지 그냥 선물만 챙겨 나오는 것은 마음이 불편하기 때문이다. 바로 소비자에게 이런 심리를 자극하여 구매를 하도록 유인하는 것이 미리주기 효과이다. 미리주기 효과는 소비자의 매장 방문을 유도하고 더불어 구매로 이어질 수 있는 확률이 높기 때문에 새로운 브랜드의 출시나 주위에 경쟁 매장이 많을 경우 매우 효과적이다.

크리스피 크림의 도넛을 공짜로 먹어 본 적 있는가? 크리스피 크림(Krispy Kreme)은 1937년에 탄생한 미국의 도넛 브랜드이다. 미국에서는 크리스피 크림 도넛을 맛보기 위하여 차로 한 시간이 넘는 거리를 운전했다는 일화도 있다. 그만큼 크리스피 크림 도넛의 맛은 매우 중독적이다. 크리스피 크림은 아시아 최초로 2004년 12월에 대한민국 신촌에 1호점을 오픈하였으며, 현재 한국 내에서 30개나 넘는 점포를 운영 중이다.

크리스피 크림 매장과 오리지널 글레이즈 더즌 상자

크리스피 크림은 광고를 많이 하지 않는 독특한 마케팅 전략으로도 유명하다. 독자도 크리스피 크림을 공짜로 먹기 위해 기나긴 줄을 섰던 경험이 있지 않은가? 혹은 음료를 시키고 공짜로 도넛을 맛 본 경험이 있지 않은가? 크리스피 크림은 광고 비용을 낮추는 대신 소비자에게 도넛을 공짜로 맛볼 수 있도록 한다. 이것이 그 유명한 'HOT NOW 네온사인'이다.

'HOT NOW 네온사인'은 크리스피 크림의 가장 기본적인 오리지널 글레이즈가 따끈하게 나오는 시간이다. 이 시간에 맞춰 매장을 방문하면 도넛을 공짜로 맛볼 수 있다. 크리스피 크림은 도넛 생산이 가능한 매장에서는 'HOT NOW 네온사인' 시간을 운영하며, 하루에 약 4~5만 개의 도넛을 소비자에게 맛보이고 있다. 또한 매장 안에서는 기계에서 도넛이 만들어지는 과정을 투명한 유리창으로 직접 볼 수 있게 함으로써 재미를 제공하고 있다. 달콤한 향기와 제조과정을 보는 즐거움으로 크리스피 크림 매장은 항상 줄을 서서 기다리는 손님들로 만원이다. 혹자는 공짜 도넛만 먹는 소비자들이 많다며 크리스피 크림의 마케팅 전략이 적절한지 의문을 제기하기도 하지만, 미리주기 효과가 작용하는 한 우리가 걱정할 필요는 없을 것 같다.

°왜 그녀는 크리스피 크림 을 구매했을까?

공짜 도넛을 먹은 대학생 K양은 공짜로 도넛만 먹고 그냥 가기에는 왠지 양심에 찔리기도 하고, 먹어본 도넛이 맛도 있고 해서 그냥 도넛을 구매하였다. 도넛만 먹고 나오기에는 빚진 기분이 들었기 때문이다. 크리스피 크림의 'HOT NOW 네온사인' 전략은 미리주기 효과를 이용하여 도넛을 살 마음이 없는 소비자, 혹은 한두 개 소량만 구매하고 싶은 소비자에게 12개짜리 더즌을 구입하도록 유도하고 있다.

49가지 마케팅의 법칙 플러스

문화적 욕구를
충족한다

▶ 컬처 효과 ◀

❝ 10월에 전역을 하고 복학까지 몇 달의 시간이 남은 예비역 강현모 씨. 무엇을 하며 시간을 보낼까 고민중이다. 아르바이트를 해서 돈을 벌까? 군대에서 못한 공부를 해볼까? 아니면 여행을 가볼까? 생각만 많다.

그러던 어느 일요일 저녁, 예능 프로그램〈1박 2일〉을 보게 됐다. 오늘 여행지는 영월이다. 프로그램에서는 영월의 청령포, 선암마을 한반도 지형, 선돌 등의 여러 관광지가 소개되었다. 관광지들이 역사와 함께 하고 있는 생각에 가보고 싶다는 생각이 절로 들었다. 밤에 출발하는 도깨비 여행으로 컨디션만 잘 조절하면 오전부터 여행지를 볼 수 있는 장점도 있었다. 컴퓨터를 켜서 영월 여행의 정보가 있는 블로그를 찾아다니면서 가볼 곳과 동선을 대충 짰다. 블로그에서는 영화 〈라디오 스타〉 촬영지까지 소개되어 있었다. 이준익 감독의 〈라디오 스타〉는 너무 재밌게 봐서 〈라디오 스타〉 촬영지까지 둘러볼 생각이다. 천문대에서 별을 볼 생각을 하니 벌써부터 가슴이 설렌다. 어둠이 한창인 새벽 2시, 강현모 씨는 영월로 출발했다. **99**

문화(文化)는 인류의 지식·신념·행위의 총체적 개념으로, 영국의 인류학자 E.B.타일러는 저서 ≪원시문화 ; Primitive Culture≫(1871)에서 문화는 "지식·신앙·예술·도덕·법률·관습 등 인간이 사회의 구성원으로서 획득한 능력 또는 습관의 총체"라고 설명하였다.

일반적으로 우리가 생각하는 문화라 함은 교양과 지식, 세련되고 우아함, 예술의 총 망라이다. 문화의 범주는 정확한 정의가 내려지지는 않았지만 음악, 미술, 전시, 영화, 문학, 드라마 등 폭넓은 범주를 갖고 있으며 매스미디어, 행사, 축제, 광고, 디자인 등에 의해 일반인에게 폭넓게 전달된다.

❖ 미래 사회의 핵심적인 삶의 가치인 문화 콘텐츠

인본주의 심리학을 주도한 매슬로(A. Maslow)는 기본적인 생리적 욕구에서부터 자기실현에 이르기까지 '매슬로의 욕구 5단계'를 주장했다. 매슬로 욕구는 처음 단계인 신체적 욕구를 시작으로 안전에 대한 욕구 ➪ 소속감과 애정의 욕구 ➪ 존경의 욕구 ➪ 자아실현의 욕구로 연결된다.

매슬로의 욕구 5단계

매슬로에 따르면 인간은 살아가는 데 기본적인 신체적 욕구가 채워지면 그 다음 안전에 대한 욕구가 생기고, 안전이 보장되면 소속감과 애정을 갈망하는 욕구가 생긴다고 한다. 즉 인간은 의식주와 관련되는 필수적인 욕구인 하위 단계의 욕구가 채워지고 나면, 정신세계와 관련되는 고차원적 욕구가 생기는 것이다. 그런데 인간이 자아실현을 추구하는 데는 문화가 큰 역할을 수행한다. 그래서 인간은 의식주가 해결되면 자연스럽게 문화에 대한 관심을 갖고 문화를 발전시켜 나가는 것이다.

현대 사회는 문화에 주목하고 있으며 문화는 경제적 고부가가치를 창출할 수 있는 매개체이다. 또한 문화산업은 인간이 추구하는 높은 수준의 향유물로 기업과 국가에서도 주도적으로 키워나가고 있는 미래지향적 산업이다. 코펜하겐 미래학 연구소장 롤프 옌센은 "이제 정보사회 시대는 지나갔고, 앞으로는 소비자에게 꿈과 감성을 제공해하는 것이 차별화의 핵심이 되는 드림 소사이어티 시대가 온다"라고 말했다. 여기서 꿈과 감성을 제공해주는 차별화의 핵심적 요소가 바로 문화이다.

현대 소비자는 단순히 필요에 의해서만 제품을 구매하지 않는다. 소비자는 단순한 네모 모양의 수세미가 싱크대 서랍에 있지만 미키마우스 모양의 스폰지 수세미를 발견하고는 또 하나 구매한다. 그 이유는 무엇일까? 미키마우스 수세미를 사용하면 미키마우스의 귀여운 캐릭터 때문에 설거지가 힘들지 않기 때문이다. 이것이 미키마우스 캐릭터가 가지고 있는 힘이다.

❖ 문화(명화)를 이용해 브랜드 고급화에 성공한 LG

LG는 고급스럽고 차별화된 이미지를 부각시키기 위해서 컬처 효과에 힘쓰고 있는 기업 중 하나다. 몇 년 전 선보인 LG의 명화 광고는 '2009년 소비자가 뽑은 광고상'을 수상할 만큼 컬처 효과를 톡톡히 보았다. LG 명화 광고는 세계적으로 유명한 예술가인 고흐, 고갱, 드가 등의 서양화와 우리나라의 김홍도, 신윤복 등의 동양화 작품 속에 LG 제품과 로고 등을 삽입하였다. 고흐의 '닥터가세'에서는 싸이언 휴대폰, '론강의 별밤'은 옥외 광고, 드가의 '오페라 극장 대기실'은 휘센 에어컨, 로리머 '할머니 생일'은 디오스 냉장고, 다조 '예술 비평가들'은 엑스캔버스 등이 숨어 있다. 또한 김홍도의 '빨래터'에서는 드럼세탁기 트롬, 신윤복의 '단오풍정'에서는 엘지생활건강의 엘라스틴 샴푸가 보인다.

소비자는 명화 속에 자연스럽게 숨겨진 LG제품들을 보면서 이것을 이용하면 자신의 생활이 곧 예술이 될 수 있다는 착각에 빠진다. 또한 명화라는 고급스러움 때문에 LG 브랜드와 제품들에 대한 고급스러운 이미지가 더욱 향상된다.

이처럼 명화의 이미지가 광고를 비롯한 제품, 상품패키지 등에 삽입

LG의 기업 광고 소재로 활용된 국내외 명화 광고 장면

됨으로써 예술작품에서 느낄 수 있는 고급스러운 이미지가 제품자체에 전이되어 제품을 평가하는 데 긍정적인 영향을 미치는 현상을 아트 인 퓨전 효과(Art-Infusion Effect)라고도 한다. 미국 조지아대 교수 헨릭 헤그베트 등은 한 가지 실험을 하였는데, 동일한 은식기 세트를 포장해 한 상자에 는 반 고흐의 '밤의 카페 테라스' 작품을 그려 넣고, 다른 상자에는 고흐 작품과 느낌은 비슷하지만 그림이 아닌 그냥 일반 사진을 넣었다. 이후 소비자들을 대상으로 선호도를 조사했더니 고흐의 그림이 들어간 제 품을 더 고급스럽게 느끼는 것으로 나타났으며, 제품에 대한 선호도 역 시 고흐 그림이 들어간 쪽이 더 높게 나왔다.

최근 폭스바겐의 광고도 매우 효과적인 사례이다. 폭스바겐은 '터무 니없이 낮은 연료소비'라는 메시지를 살바도르 달리와 르네 마그리트 그림을 활용해 표현했다. 달리와 마그리트는 독특하고 기괴한 이미지로 유명한 초현실주의 화가들인데, 이들의 그림은 '터무니없다'는 폭스바겐 의 캐치프레이즈와 딱 맞아떨어졌다. 이 광고를 본 소비자들은 폭스바

폭스바겐이 자사 자동차의 연료소비효율이 뛰어나다는 점을 홍보하기 위해 초현실주의 작가 르네 마그리트의 그림을 활용해 제작한 광고

겐의 메시지를 달리와 마그리트 그림을 통해서 보다 새롭고 신선하며 흥미로운 방식으로 체험할 수 있었다.

❖ 문화 콘텐츠를 직접 창조하며 적극적으로 소비자와 소통하는 기업

컬처 효과는 단순히 기업들이 문화를 후원하거나 LG처럼 문화를 이용하여 소비자에게 고급스러운 이미지를 형성시키는 경우도 있지만, 기업이 주도적으로 자체 문화를 만들어서 소비자가 직접 이용할 수 있도록 하는 경우도 있다. 이런 경우는 소비자에게 긍정적 이미지를 형성하는 데서 그치는 것이 아니라, 직접 그 제품을 이용하고 싶은 욕구를 자극하여 매출 증대에까지 이르게 할 수 있다.

컬처 효과를 적극적으로 이용하는 대표적 기업이 현대카드다. 현대카드는 카드 업계의 후발 주자이었지만, 지금은 ≪현대카드처럼 마케팅하라≫(추성엽, 토네이도, 2009)와 같이 현대카드 마케팅을 주제로 한 책들이 다수 출간될 만큼 차별화된 마케팅으로 업계를 선도하고 있다. 현대카드는 '슈퍼 매치'라는 서비스를 통하여 테니스, 피겨스케이팅 등 분야의 세계적 스타들의 경기를 소비자들이 직접 만나볼 수 있는 기회를 제공한다. 또한 '슈퍼 콘서트'는 크랙 데이빗, 비욘세 등 세계적인 가수들의 내한 공연을 주최하여 최고의 공연을 볼 수 있는 기회를 제공한다. 이처럼 현대카드는 차별화된 컬처 콘텐츠를 통하여 다양한 프리미엄 서비스를 제공하고, 현대카드만의 브랜드 이미지를 만들어 가고 있다. 많은 소비자들은 현대 카드만의 차별적인 서비스와 혜택을 이용하기 위하여 현대카드를 발급받는다.

SKT 역시 'Week & T'라는 문화체험 서비스를 통해 SKT 회원들에게 T와 함께하는 즐거운 일요일을 제공하고 있다. 'Week & T 레스토랑/재즈 음악축제/비치파티/디자인 스트리트/대학축제' 등은 정해진 기간 동안 정해진 장소를 방문하여 문화를 직접 체험해 볼 수 있는 기회를 제공한다. SKT는 'Week & T' 서비스를 통하여 유명한 레스토랑, 클럽 공연, 디자인 장소 등을 직접 찾아가는 열정적 소비자를 만날 수 있으며, 이왕이면 다양한 문화 서비스를 제공하는 SKT 같은 통신사를 이용하고자 하는 잠재 소비자를 창출할 수 있다.

°왜 그는 영월 로 여행을 떠났을까?

　강현모 씨는 제대 후 남은 시간에 무엇을 할지 고민 중이었다. 여행을 가겠다는 구체적 계획도 없었다. 그런데 우연히 〈1박 2일〉이라는 프로그램을 시청한 후 영월로 여행을 떠났다. 〈1박 2일〉은 우리나라의 숨겨진 명소들을 찾아다니며 여행 속에서 생기는 에피소드를 시청자에게 전달하는 프로그램으로, 방송 중간에 명소들을 간접적으로 소개하면서 은근히 한번쯤 가볼 것을 권장하기도 한다. 그래서 〈1박 2일〉 여행지 리스트는 인터넷 상에서 화제가 되기도 했다. 프로그램이 인기를 얻으면서 여행지까지 인기몰이를 한 것이다. 이것이 인기 프로그램들이 가지는 파급 효과이다. 드라마 〈겨울연가〉가 일본에서까지 큰 인기를 끌면서 겨울연가의 촬영지인 '남이섬'이 관광 명소가 되는 것과 비슷하다. 결국 강현모 씨는 〈1박 2일〉 프로그램의 컬처 효과 때문에 충동적으로 여행을 떠나게 된 것이다.

우리에게 내재된
원시적 삶에의 동경

▶ 스포츠 효과 ◀

❝ 영국 런던에 사는 청년 찰스. 런던에서 나고 자란 찰스는 어릴 적
부터 축구를 보고 즐기며 축구를 너무나도 사랑하는 축구 마니아다. 가
장 좋아하는 팀은 영국 프로축구인 EPL의 신흥 명문팀 첼시다. 밥을 못
먹는 한이 있어도 첼시의 경기는 봐야하고 여자 친구와의 데이트도 첼
시 경기 다음으로 생각한다. 그런데 올해부터 첼시를 후원하는 기업이
삼성이란다. 파란색 유니폼에 등장한 SAMSUNG이라는 로고를 본 순
간 처음엔 상당히 낯설고 어색하기만 했다. 그런데 한 경기 한 경기 지나
다보니 어느 순간 삼성이라는 브랜드가 익숙해지고 왠지 모를 호감이
생기기 시작했다. 어느 날 스마트폰 구입을 위해 들른 가전매장에서 삼

성이 만든 스마트폰 갤럭시를 발견한 찰스는 가격과 사양도 제대로 살피지 않고 바로 갤럭시를 집어들고 계산대로 향한다. **,,**

최근 여가시간 증가와 건강에 대한 관심 증대로 인해 스포츠 산업이 폭발적으로 성장하고 있다. 또한 스포츠 산업의 발전과 함께 '스포츠를 통한 마케팅' 또한 기업의 핵심 커뮤니케이션 수단으로 활용되고 있다. 현재 미국 기업의 2/3 이상이 스포츠 마케팅에 참여하고 있으며, 그 규모는 약 124억 달러로 추산될 정도이다.

사실 스포츠는 인류 역사상 가장 오래된 '육체적·지적 놀이'로서, 보는 이들에게 무한한 감동을 제공한다. 최근 고인이 된 넬슨 만델라는 생전에 "스포츠는 열정을 불러일으키는 힘, 사람들을 단결시키는 힘, 세상을 바꾸는 힘이 있다"라고 스포츠의 중요성을 강조하였다. 스포츠야말로 인류가 인종과 국적을 불문하고 함께 즐기고 함께 공감할 수 있는 매개체인 것이다. 사람들이 왜 스포츠에 그토록 열광하는가에 대해서는 ≪스포츠, 그 열광의 사회학≫(엘리스 캐시모어, 한울아카데미, 2010)이라는 책을 통해서 보다 근본적인 이유를 이해할 수 있다.

이 책은 독특한 사회적 의미망을 형성시키는 스포츠의 마력에 대한 사회학적 이해를 시도하고 있는데, 저자 엘리스 캐시모어는 사람들이 스포츠에 빠져드는 이유를 다음의 세 가지 전제에 대한 보상심리라고 주장한다. 1) 삶이 너무 뻔하다(predictable) 2) 삶이 지나치게 예의바르다(civil) 3) 삶이 너무 안전하다(safe). 한마디로 스포츠는 너무 뻔하고, 예의바르고, 안전하기만 한 현대인의 삶에 대한 도전으로 볼 수 있으며, 스

'아디다스'의 뉴질랜드 럭비대표팀 'All Blacks' 후원

포츠가 가진 이러한 불예측성, 거칠음, 스릴 등이 결국 사람들로 하여금 스포츠로 끌어들이는 마력을 발휘하는 것이다. 최근 이종격투기에 열 광하는 국내외 팬들이 많은데 이는 결국 인간의 본능에 내재된 원시적 인 삶에의 동경이 스포츠를 통해서 나타난다고 볼 수 있겠다.

따라서 소비자는 스포츠 선수 및 팀을 후원하는 기업에 대해 강한 동 질감을 느끼게 되며 그 기업에 대한 선호도와 신뢰감이 상승하게 된다. 왜냐하면 스포츠가 지닌 감동과 매력이 경기를 통해서 고스란히 이를 후원하는 기업의 이미지로 전이되기 때문이다. 실제 독일 브랜드인 '아 디다스(Adidas)'가 뉴질랜드의 국민 브랜드로 발돋움하는 데에는 아디다 스가 뉴질랜드의 국가스포츠인 럭비 대표팀 'All Blacks'를 후원한 것이 큰 역할을 하였다고 한다.

❖ 스포츠로 프리미엄 브랜드가 된 삼성

대중매체를 통한 기업의 획일적·일방적 커뮤니케이션이 그 효과 측면에서 한계를 드러내면서 최근 이를 보완할 수 있는 새로운 커뮤니케이션 채널로 스포츠가 각광받고 있다. 스포츠는 소비자의 '브랜드에 대한 경험'을 극대화함으로써 대중매체 커뮤니케이션의 한계를 보완해주는 역할을 할 수 있다. 실제 2002 한일 월드컵은 세계 213개국에 중계되었고, TV 시청자 수는 연인원 약600억 명으로 추산된다.

또한 소비자들은 기업의 스포츠 후원 활동을 자연스럽게 'CSR(사회적 책임활동)'의 일환으로 인식한다. 즉 스포츠 마케팅을 통해 커뮤니케이션 효과뿐만 아니라 사회적 책임을 다하는 기업이라는 이미지의 제고도 가능하다. 세계적 금융그룹인 '산탄데르'(Santander)가 금융위기에도 흔들리지 않는 위상을 확보하는 데에는 지역별 맞춤화된 스포츠 마케팅이 큰 기여를 한 것으로 알려지고 있다.

삼성은 스포츠 마케팅의 가장 대표적인 성공기업이다. 글로벌 대형 플랫폼 아래에서 지역 특화적인 스폰서십을 추진함으로써 글로벌 브랜드의 일관성을 유지하면서도 지역적인 특색을 반영하는 마케팅을 실행하고 있다. 전체적인 체계를 보면, 글로벌 인지도를 위해서는 주로 올림픽을 이용하고 있으며, 대륙 내지 지역친화적인 측면에서 아시안컵, 아프리카 네이션스 컵 등을 이용한다. 개별 국가별 특성을 맞추기 위해서는 나스카, 축구(첼시, 인터밀란 등), NFL, 럭비, 승마 등의 다양한 스포츠를

영국 프로축구 명문팀 첼시를 후원하는 삼성

활용하고 있다. 특히 삼성은 축구 마케팅으로 우리에게 잘 알려져 있다.

이러한 다양한 활동의 구체적 효과를 살펴보면, 먼저 브랜드 측면에서 1998년 올림픽 공식 후원사로 참여하면서 '중저가 가전브랜드'에서 일약 '글로벌 IT브랜드'로 탈바꿈한 역사를 가지고 있다. 또한 기업매출 측면에서 보면 영국 프로축구 리그(EPL)의 명문클럽 '첼시'를 후원함으로써, 삼성전자의 유럽 매출이 2004년 17조 원에서 2009년에 36조 원으로 2배 이상 성장한 사례가 있으며, 최근에는 NFL 경기장에 대형스크린을 설치함으로써 브랜드 경험을 극대화하여 삼성전자의 북미 HDTV 시장점유율을 크게 올린 바 있다.

❖ 급성장하는 스포츠 마케팅과 스포츠 미디어

스포츠 마케팅이란 기업이 스포츠 행사나 단체 및 선수 개인에 대해 물질적·조직적 서비스를 제공하여 자사의 마케팅 커뮤니케이션 목적을 달성하고자 하는 모든 활동을 의미한다. 스포츠 마케팅의 유형은 마케팅하고자 하는 대상의 유형에 따라 '스포츠 자체에 대한 마케팅'(Marketing of Sports)과 일반 기업들이 스포츠를 커뮤니케이션에 활용하

NBA의 '야오밍' 활용 광고

는 '스포츠를 통한 마케팅'(Marketing through Sports)으로 구분할 수 있다. 중국 팬 확보를 위해 NBA는 미국 NBA에서 활약중인 중국 농구스타 '야오밍'을 적극 활용하였는데 이는 전자에 속하는 경우이며, NFL 결승전 '슈퍼볼' 중 NFL 스타 'Brett Favre'를 활용하여 자동차 광고를 한 현대자동차의 슈퍼볼(Super Bowl) 광고는 후자에 속하는 경우로 볼 수 있다.

'스포츠를 통한 마케팅'(Marketing through Sports)의 최근 사례 중에서 경기 운동장을 활용한 경우도 있다. 최근 코카콜라가 레알 마드리드의 홈구장인 산티아고 베르나베우에 자신의 회사 이름을 사용하는 명명권을 사들이기 위해 사상 최고액(1년에 약 1,155억 원)을 입찰했다고 한다. 사실은 지난 해에도 세계적 IT기업인 마이크로소프트(MS)사 역시 막대한 금액으로 입찰한 바 있다.

축구계의 '성지' 중 하나로 불리는 레알 마드리드 홈구장인 산티아고 베르나베우는 레알 마드리드가 1947년부터 사용해온 구장으로 8만 명 이상이 입장할 수 있는 세계에서 가장 유명한 축구장 중 하나다. 세계적 거대 기업들이 이런 천문학적인 금액을 지불하고서라도 명명권을 따내려고 경쟁하는 데는 이를 통해 투자금액을 넘어서는 마케팅 효과를 볼 수 있다고 판단하고 있기 때문일 것이다.

현대사회에서 스포츠의 인기는 커뮤니케이션 테크놀로지의 발달 및 미디어의 진화와 밀접한 관계를 맺으며 상승해왔다. 따라서 스포츠와 미디어는 미디어 스포츠라는 양식으로 발전해오면서 상호 발전을 견인하는 관계를 형성하게 되었는데, 이제는 미디어의 핵

레알 마드리드 홈구장인 산티아고 베르나베우

심콘텐츠로 자리하면서 스포츠전문 미디어시장과 광고시장을 치열한 경쟁상황으로까지 유도하고 있다(송해룡과 김원제, 〈미디어 2.0과 콘텐츠 생태계 패러다임〉, 2009).

스포츠가 인터넷에서도 핵심적 킬러 콘텐츠로 급부상하면서 메이저 포털 내에서는 기사뿐 아니라 커뮤니티, DB, 문자중계 등 다양한 방식으로 제공되고 있다. 스포츠라는 콘텐츠와 스포츠 소비의 본질적인 특성을 고려할 때, TV라는 매체가 여전히 스포츠 콘텐츠 유통과 관련해서 지배적이지만, 온라인과 모바일 플랫폼이 빠르게 진화하면서 퍼스널 미디어로서의 이들의 위상이 최근 급상승하고 있다. 최근 네이버가 제공하는 스포츠 생중계 코너는 전 세계의 유명 스포츠 경기를 시공간의 제약 없이 시청할 수 있도록 함으로써 국내 스포츠 마니아들에게 폭발적인 사랑을 받고 있다. 왜냐하면 생중계(Live Broadcasting)는 스포츠팬의 입장에서는 드라마팬의 '본방사수' 이상의 의미를 지니며, 스포츠 경기의 스코어를 실시간으로 확인하고 자신이 응원하는 팀의 승리를 염원하고자 하는 팬들의 욕구를 정확히 충족시켜 주기 때문이다.

미래 소비시장에서 스포츠는 마케팅의 가장 강력한 도구이자 미디어

네이버의 스포츠 경기중계 페이지

가 될 것이며, 따라서 스포츠를 이용한 마케팅, 즉 스포츠 마케팅의 기법과 활용도 더욱 발전하고 다양화될 것이 분명하다. 마케팅은 더 이상 소비자를 억지로 불러 모아서 내 이야기를 들려주는 방식은 통하지 않는다. 소비자가 가장 좋아하고 몰입하는 대상과 장소에 기업이 직접 찾아가서 소비자들과 함께 느끼고 감동하고 소통하는 것이 바로 마케팅이기 때문이다.

왜 찰스는 갤럭시 휴대폰 을 선택했을까?

찰스 군이 가전매장에서 갤럭시 휴대폰을 보자마자 집어든 것은 바로 삼성이라는 브랜드에 대한 강한 선호도 때문이었다. 찰스가 가장 사랑하는 축구팀인 첼시를 후원하는 삼성이기 때문에 특별한 이유를 떠올리지 않고도 삼성을 선택할 수 있었으며, 또 첼시를 후원할 만한 기업이라면 그만한 능력과 가치가 있을 것으로 생각했기 때문이다. 자기가 가장 좋아하는 스포츠 팀에 대한 선호도가 이를 후원하는 기업에게로 그대로 전이된 효과로 볼 수 있을 것이다.

22

헌 집 줄게
새 집 다오

▶ New 선호의 법칙 ◀

　올해 38세의 변호사 장동민 씨. 어린 시절부터 지금에 이르기까지 그의 유일한 취미는 영화 감상이다. 예전에는 대형 스크린의 극장에서 영화를 보았지만 변호사가 된 이후에는 극장에 자주 갈 시간이 없기 때문에 집에 홈시어터를 구비해 놓았다. 집에서 영화를 감상하는 경우가 많기 때문에 수준 높은 음향과 생생한 화질을 중요시해서 다른 제품은 몰라도 유독 TV 화면과 홈시어터 음향에 민감하다. 신제품이 나올 때마다 어떤 기능이 업그레이드 됐는지 관심 있게 지켜보는데, 그 때문에 고가의 홈시어터와 TV지만 사용 기간이 1년 정도로 매우 짧다.

　현재 장동민 씨는 작년초 새로 구입한 홈시어터로 영화를 감상하고 있다. 그러나 LG에서 보내 온 광고 메일에서 'Real 9.1 ch 시네마 3D사운드'의 홈시어터가 출시됐다는 소식을 접했다. 장동민 씨는 좀 더 힘 있는 사운드에 욕심이 생겨 매장에 들려 직접 음향을 들어보고 교체하기로 마음먹었다. 99

    New 선호 법칙은 말 그대로 새로운 것들을 선호하는 소비 성향을 말한다. 심리학적 용어로는 쿨리지 효과와 그 의미가 비슷하다. 쿨리지 효과(Coolidge Effect)란 상대를 바꾸었을 때 욕망이 증대되는 경우를 일컫는 용어로서 미국의 30대 대통령이었던 캘빈 쿨리지(Calvin Cooldge) 부부의 일화에서 유래됐다.

    어느 날 쿨리지 대통령이 부인과 함께 한 농장을 찾았는데 마당의 수탉 한 마리가 부인의 눈길을 사로잡았다. 쉴 새 없이 마당의 암탉들과 교미를 하고 있었기 때문이다. 그 광경을 보던 부인은 농장 주인에게 "저 수탉, 정말 대단하네요. 이 이야기를 꼭 대통령에게 전해주세요"라고 말했다. 이 말을 전해들은 쿨리지 대통령이 농장주에게 물었다. "그 수탉이 한 마리하고만 하던가, 아니면 매번 다른 암탉하고 하던가?" 농장주가 "매번 암탉을 바꿔가며 합니다"라고 대답하자 대통령은 이렇게 말했다. "바로 그걸세. 그 사실을 아내에게 꼭 전해 주게".

    이처럼 쿨리지 효과는 매일 보는 사람보다는 새로운 다른 사람을 보았을 때 더욱 마음이 끌리게 되는 심리를 표현한 용어이다. New 선호 법칙은 새로운 사람을 보았을 때와 같이 제품 역시 매일 사용하는 제품보다는 신제품에 더욱 끌리게 되는 감정과 관련이 깊다.

New 선호 법칙은 아마도 한국 소비자의 성향을 가장 잘 나타내는 표현 중 하나일 것이다. 우리나라가 불과 몇십 년 만에 엄청난 경제 성장을 이룩하고 매사에 '빨리빨리'를 외치는 것처럼, 우리나라 소비자들의 제품 구매주기 역시 다른 나라 소비자들에 비하면 상대적으로 매우 빠르다. 대한민국 소비자는 새로운 것에 민감하고, 밴드웨건 효과가 강하게 나타나 남들이 하는 것을 자기가 하지 않으면 안 되는 성향 때문에 신제품 출시 성공률이 높고, 브랜드 리뉴얼 역시 실패할 확률이 상대적으로 적다고 한다.

❖ 자동차, 가전 등에서 구매주기가 매우 빠른 우리나라

우리나라에서 New 선호 법칙은 한 번 구매하면 연 단위로 사용하는 내구재의 경우에도 예외가 없다. 자동차, 냉장고 등 고가의 내구재 구매주기 역시 다른 국가에 비해 빠르고 New 선호 법칙이 점점 더 강해지고 있다.

제품 주기가 너무 빨라져 더 이상 내구재로 구분하기도 모호한 휴대폰은 우리나라의 New 선호 법칙이 얼마나 강하게 나타나는지 알 수 있는 대표적인 제품이다. 휴대폰은 1983년 모토롤라 DynaTAC 8000X가 출시된 이후, 현재는 스마트폰이 대세를 이룰 만큼 약 25년 동안 눈부시게 성장했다. 우리나라 역시 1995년에 통신사 가입자 수가 100만 명을 넘으면서 휴대폰의 대중화가 시작되었다. 지금은 10살이 채 안 된 아이들부터 할아버지, 할머니까지 휴대폰 보급률이 95%에 육박한다. 휴대폰 시장이 발전하면서 신제품의 출시 속도는 더욱 빨라졌고, 그에 맞게

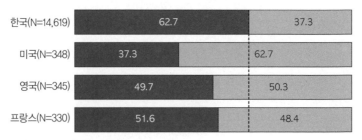

최신 모델 vs 검증된 모델

한국(N=14,619)	62.7	37.3
미국(N=348)	37.3	62.7
영국(N=345)	49.7	50.3
프랑스(N=330)	51.6	48.4

국가별 휴대폰 구매 성향. 한국인은 유독 최신 모델을 선호한다

소비자 역시 휴대폰 교체 주기가 매우 빠르다. 2년 이내에 휴대폰을 교체하는 소비자는 61%가 넘고, 특히 10대 소비자는 1.4년 주기로 휴대폰을 교체하는 것으로 조사됐다.

위의 표는 국내의 마케팅 리서치 업체 마케팅 인사이트에서 2008년에 한국, 미국, 영국, 프랑스의 휴대폰을 구매할 때의 구매 성향을 조사한 것이다. 그 중에 '최신모델과 검증된 모델' 중 어떤 것에 더 끌리는지를 조사한 결과, 한국 소비자들이 미국, 영국, 프랑스의 소비자들보다 최신 모델 휴대폰을 더욱 선호함을 알 수 있다. 특히 일본 같은 경우는 경제 불황으로 인해 점점 휴대폰 구매(교체) 주기가 증가하고 있다고 한다.

❖ 패션, 가구 분야도 New 선호가 대세

패스트 패션 역시 New 선호 법칙을 잘 반영한 트렌드이다. 패스트 패션은 패션 제품들이 유행에 따라서 제품을 빨리빨리 바꾸어 내놓는 것을 일컫는 말이다. 패션 업계는 기본적으로 봄, 여름, 가을, 겨울 시즌별로 제품을 생산한다. 그러나 패스트 패션은 시즌별 생산이 아닌 약 1주일 단위로 새로운 제품을 출시하여 유행을 좀 더 빠르게 반영하여 출시한다는 특징을 가지고 있다. 패스트 패션 브랜드로 가장 유명한 스페인 브랜드 '자라'(ZARA)는 유럽에서 인기를 얻으면서 2008년 우리나라에 들어왔다. 명동, 코엑스 등을 시작으로 입점이 시작된 자라는 처음 오픈한 날 매출이 1억 원을 넘겨 소비자가 자라를 얼마나 기다렸는지 단적으로 보여주었다. 자라는 매주 신상품이 나오기 때문에 매장에서 옷을 마음에 두었다가 다음 번에 구매하는 것은 거의 불가능할 정도다. 패스트 패션은 1주일 단위로 신제품이 나오는 시스템, 가격대가 다양한 점, 상대적으로 저가 제품들이 많은 점 등으로 인해 New 선호 법칙이 강한 국내 소비자에게 가장 잘 맞는 제품의 특성을 제시하여 성공했다.

가구 분야에도 New 선호 법칙이 확산되는 추세다. 한 번 산 가구를 수십 년 쓰던 방식에서 변화가 예상되고 있다. 이케아(IKEA)는 스웨덴의 다국적 가구 기업으로 저가형 가구, 액세서리, 주방용품 등을 생산, 판매하는 기업이다. 이케아는 좋은 디자인과 싼 가격, 그리고 무엇보다 손수 조립할 수 있는 가구로 유명하다. 이러한 이케아가 한국의 광명, 고양에 이어 서울에까지 매장 오픈을 준비하고 있다. 이케아가 한국에 진출

저가할인 가구매장 이케아의 매장 모습

한다는 사실은 결국 우리나라에서도 한 번 구매해 수년씩 사용하던 고가 내구재인 가구의 구매주기가 짧아질 수밖에 없음을 의미한다. New 선호 법칙은 한국에서만은 이제 분야를 불문하고 거스를 수 없는 대세가 되어가고 있다.

왜 그는 새로운 홈시어터 를 구매했을까?

유독 TV 화면과 홈시어터 음향에 민감한 장동민 씨는 비록 고가이지만 제품의 교체 주기가 매우 짧다. 장동민 씨는 새로 업그레이드된 제품이 출시되면 제일 먼저 구매해서 사용해야만 직성이 풀리는 소위 '얼리 어답터'(Early adopter)에 해당된다. 즉 기능, 디자인, 속성 등 다양한 스펙에서 새로운 제품이 출시되면 제일 먼저 구매해서 사용하는 사람들이다. New 선호 법칙은 얼리 어답터가 주로 전자제품이나 첨단 IT제품 등에 국한된 반면, 모든 제품군에서 신제품 내지 리뉴얼 제품을 보다 선호하는 현상을 보편적으로 가리킨다. 장동민 씨 같은 경우는 New 선호 법칙이 전자제품군에 집중되어 나타난 현상으로 볼 수 있다. 보통 소비자들이 TV나 홈시어터를 구매한 경우 평균 5년 이상을 사용하는데 반해, 장동민 씨는 1~2년 주기로 새로운 제품을 구매하고 있다.

이야기가 있는 상품을 선택한다

▶ 스토리텔링의 법칙 ◀

66 여섯 살 아들을 둔 아빠 노태민 씨. 크리스마스가 다가오자 평소 회사일이 바빠 자주 놀아주지 못한 것이 미안해 이번 크리스마스 선물은 자신이 사겠다고 아내에게 얘기해 놓았다. 그러나 막상 어떤 것을 살지 고민이다. 그러던 노태민 씨는 퇴근하는 전철에서 경제매거진을 읽고 아들의 크리스마스 선물을 결정했다. 노태민 씨가 읽고 있던 잡지에 레고(LEGO)에 관한 이야기가 실려 있었는데 그 이야기는 레고의 어느 종업원이 레고의 부속품들을 상자에 담는 과정에서 면도칼을 실수로 같이 넣었으나 자신의 실수를 인정하고, 모든 레고 박스를 뒤져서 면도칼을 찾아냈다는 것이다.

노태민 씨는 집 근처 토이저러스 매장으로 들어갔다. 그리고 레고를 판매하는 진열대에서 아들이 소방차를 좋아하는 것을 떠올리고 소방차와 소방서를 만들 수 있는 레고를 구매하였다. **"**

마케팅에서 감성이 핵심적 개념으로 떠오르면서 소비자의 감성을 자극할 수 있는 다양한 마케팅 기법이 부각되고 있다. 그 중에서 최근 주목받고 있는 것이 바로 '스토리텔링' 기법이다. 마케팅에 관심 있는 사람이라면 스토리텔링에 대해서 한 번쯤은 들어봤을 것이다. 스토리텔링은 이야기(Story)와 말하기(Telling)의 합성어로, 스토리텔링 마케팅이란 제품의 기본적 사양에 관한 정보를 소비자에게 전달하는 것이 아니라 제품에 얽힌 이야기를 전달하는 것이다. 소비자가 사람과 사람 사이에서 느끼는 감정을 제품에서도 느낄 수 있도록 하는 것이다. 특히 스토리텔링은 소비자가 브랜드와 제품에 감정적으로 동요할 때 소비를 결정한다는 점에서 소비자의 감정을 잘 활용하고 있다.

❖ 제품 속에 깃든 스토리로 소비자의 감성을 자극해야 성공하는 시대

스토리의 중요성은 문화가 중요한 산업으로 부상되면서 더욱 강조되고 있다. 미래학자 롤프 옌센(Rolf Jensen)은 "사람들은 쓸모 있는 상품보다 자신의 꿈과 감성을 만족시키는 상품을 구매하는 경향이 있다. 사람들을 매혹시키는 것은 상품의 사용가치나 교환가치가 아니라 그 상품에 깃들여 있는 이야기"라고 말함으로써 스토리텔링의 중요성을 강조하였다.

스토리 즉 이야기란 유아기에 엄마가 읽어주는 동화에 잠이 들고, 청소년기에 만화를 보고, 어른이 되어 드라마를 보고, 소설을 읽는 등 평생을 살아가면서 우리를 항상 흥미진진한 긴장과 감동의 세계로 이끄는 마술과도 같은 존재이다. 그렇기 때문에 제품과 브랜드에 소비자가 감정적 동요를 일으킬만한 스토리가 부여된다면 소비자의 일회적인 소비가 아닌 반복적이고 충성적인 구매가 일어나는 것이다.

월트 디즈니의 애니메이션을 한 번도 못 본 사람이 있겠는가? 월트 디즈니는 그야말로 '이야기를 만들어 내는 기업'으로 스토리텔링의 효과를 가장 잘 활용하고 있다. 월트 디즈니가 만들어낸 라이온 킹, 미녀와 야수, 인어공주 등은 전 세계 어린이들이 공감하는 너무나도 유명한 애니메이션들이다. 월트 디즈니의 애니메이션을 본 아이들은 디즈니 캐릭터가 사용된 제품만을 고집하며, 유아용품 시장에는 디즈니 캐릭터가 들어가지 않으면 명함도 못 내밀 정도다.

아이들 뿐 아니다. 디즈니 애니메이션을 보고 성장한 어른들 역시 아이리버에서 나온 미키마우스 모양의 mp3를 사용하고, 푸우 캐릭터 무늬 티셔츠를 입는다. 가족 단위로 도쿄로 여행을 가면 도쿄 디즈니랜드는 필수 여행 코스다. 왜 우리는 미키마우스 제품을 사용하고, 디즈니랜드에 가는 것일까? 그것은 바로 애니메이션을 볼 때와 똑같은 감정을 제품을 사용하고, 디즈니랜드에 가면서 느낄 수 있기 때문이다.

아모레퍼시픽의 녹차 브랜드 '설록'은 화학적 제품인 화장품을 생산하는 기업에서 생산하고 있지만 소비자는 설록에 대한 거부감이 전혀 없다. 오히려 화장품이 외모를 가꾸어준다면 차는 내적 건강을 가꾸어

준다는 믿음으로 외적 내적 아름다움을 동시에 만들어 내는 시너지 효과를 연상케 함으로써 아모레퍼시픽의 브랜드 신뢰도에 긍정적인 효과를 주고 있다.

소비자에게 설록이 건강한 녹차 브랜드로서 인식된 이유는 아모레퍼시픽 창업주가 '설록' 사업을 시작하게 된 이야기가 알려지면서부터이다. 아모레퍼시픽의 창업자 서성환 회장은 우리나라에 차 문화를 만들고자 제주도 불모지를 개간하였다. 개간된 땅 '설록 다원'은 황무지 같았던 척박한 땅에서 초록빛 건강한 녹차 밭으로 바뀌었다. 다원에서 자란 녹차는 좋은 품질로 재배되었고, 대량생산 시스템이 갖추어지면서 '설록'이라는 브랜드로 생산되어 판매되었다. 설록의 인기로 국내 최초의 차 박물관 오설록 뮤지엄이 2001년에 설립되면서 제주도의 유명 관광지가 되었고, 커피를 판매하는 카페가 만연한 도시에서 건강한 녹차를 전문적으로 판매하는 오설록 티하우스가 여성 소비자에게 큰 인기를 끌고 있다. 설록 브랜드가 탄생된 이야기가 소비자에게 전해지면서 우리나라에 차 문화를 만들고자 했던 창업자의 마음이 함께 전달된 것이 성공의 비결이었다. 또한 이 이야기는 미국 소비자에게까지 전달되어 미국 시장에 진출한 아모레퍼시픽의 브랜드 신뢰도를 높이는 데도 큰 역할을 하였다.

소비자에게 좋은 품질의 녹차로 만들었다고 광고하는 것은 전달력과 진정성에 한계가 있다. 하지만 설록의 창업자 이야기는 처음 사업을 시작할 때의 창업자의 마음이 그대로 소비자에게 전달됨으로써, 소비자들이 스토리 없는 커피를 마시기보다 스토리 있는 설록을 선택할 수 있었다.

오설록 티하우스 　　　　　제주 오설록 뮤지엄

　남자의 담배 말보로(Marlboro)에는 전설적 일화가 있다. 1800년대 말 미국, 지금의 MIT공대의 전신인 대학교를 다니는 가난한 고학생이 지방유지의 딸과 사랑에 빠진다. 하지만 여자 집안에서 둘 사이를 반대해 여자를 멀리 친척 집에 보내버린다. 그 후 비가 추적추적 내리던 어느 날 사방을 헤매던 그가 실의에 잠겨 그녀 집 앞으로 갔는데, 마침 집으로 돌아오던 그녀와 집 앞에서 해후를 한다. 그러나 그녀의 입에서 나온 말은 "나 내일 결혼해"였다. 남자는 "내가 담배 한 대 피우는 동안만 내 곁에 있어줄래?"라고 말하고는 담배를 피운다. 그 당시 담배는 지금처럼 필터가 있는 담배가 아니라 몇 모금 빨면 금세 다 타들어가 버리는 종이에 말아 피우는 잎담배였다. 짧은 시간이 흐른 후 결국 그녀는 집으로 들어갔고 둘 사이는 그걸로 끝이었다.

　담배에 대한 아련한 추억 때문이었는지 이후 남자는 친구와 동업을 해서 세계 최초로 필터가 있는 담배를 만들어 백만장자가 된다. 세월이 흐른 후 남자는 남편도 죽고 혼자 병든 몸으로 빈민가에서 외로이 살고 있다는 그녀의 소식을 들었다. 하얀 눈이 펑펑 내리는 어느 겨울

날 남자는 하얀 벤츠를 타고 그
녀를 찾아가서 구혼을 했다. "나
는 아직도 당신을 사랑하오! 나
와 결혼해 주겠소?" 여자는 망
설이다가 생각할 시간이 필요하
다고 했고, 남자는 다음날 다시
오겠다고 하고 그 다음날 그녀
를 찾아갔는데 그녀는 목을 매
단 채 싸늘하게 죽어 있었다. 그
후부터 그는 자기가 만든 담배에

Marlboro의 전설 같은 탄생 스토리

Marlboro라는 이름을 붙였는데, 그 의미는 'Man Always Remember
Love Because Of Romance Over(남자는 흘러간 로맨스 때문에 항상 사랑을
기억한다)'였다.

❖ 제품에 맞는 스토리를 직접 만들어 전략적으로 시장에
  출시하기도

제품 탄생의 숨겨진 이야기를 소비자에게 공개하면서 소비자의 감정
을 움직이는 경우도 있지만 일부로 제품에 맞는 스토리를 지어냄으로써
스토리를 마케팅 전략으로 사용하는 경우도 있다.

요즘 가장 눈에 띄는 사례가 알록달록한 '비타민 워터' 라벨에 적혀
진 스토리이다. 혹시 매장에서 노란색, 흰색, 자주색 등 6가지 색과 맛을
내는 병들이 진열되어 있는 것을 본 적이 있는가? 글라소 비타민워터는

코카콜라가 2009년 여름에 출시한 건강음료다. 뉴욕에서 큰 인기몰이를 한 글라소 비타민워터는 미국, 영국, 캐나다, 프랑스, 호주를 거쳐 아시아에서는 처음으로 한국에 출시되었다. 뉴욕에서 멋을 안다는 트렌드세터들에게 인기를 끌면서 한국까지 상륙하게 된 글라소 비타민워터는 6가지 다른 맛을 단순히 레모네이드, 트로피컬, 시트러스 등으로 표기한 것이 아니라 라벨에 스토리를 적어 음료의 효과를 설명하였다. 글라소 비타민 워터 노란색 라벨 energy(tropical citrus)에는 '우리는 대한민국!을 외치며 박수로 장단을 맞추는데 브라질 친구들은 엉덩이를 씰룩이며 응원을 하더라고요, 뭘 먹고 저렇게 잘 노는 걸까…. 흠, 이 음료에는 비타민B와 브라질 사람들이 즐겨 먹는다는 과라나가 들어있어요. 그래서 프리미어리그에서 뛰시는 완전 유명한 선수들을 볼 때, 더더욱이나 한밤 중 생중계라면 권하고픈 음료랍니다'라는 재미난 문구가 적혀있다. 소비자는 스토리를 읽으며 맛을 떠올리고 자신이 원하는 맛을 선택하면 된다.

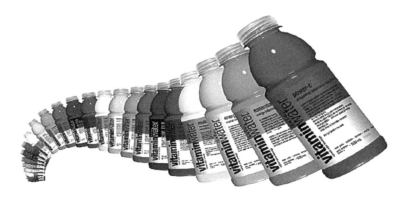

6가지 색상을 가진 글라소 비타민워터의 병 모습

글라소 비타민워터를 출시한 회사 측에 따르면 라벨에 쓸 스토리만 작성하는 데 6개월 이상이 걸렸으며, 특히 브랜드팀 직원들은 젊은 소비자들이 사용하는 인터넷 용어들을 별도로 공부했다고 한다. 글라소 비타민워터는 한국에 출시된 지 1년이 되지 않았지만 젊은 세대에게 큰 인기를 끌고 있으며, 2009년 신세대에게 가장 많이 팔린 워터 제품에 꼽힐 정도로 소비자의 사랑을 받고 있다.

코카콜라가 최근에 내놓은 스토리텔링 패키지 'Share a Coke'도 매우 재미있는 프로모션이다. 상대방에게 전하고 싶은 말을 전달할 수 있도록 제품 라벨에 '닉네임' 또는 '메시지'가 표시된 게 특징으로, 22종의 라벨 메시지는 '우리가족', '자기야', '친구야' 등의 닉네임과 '잘 될 거야', '사랑해', '최고야' 등으로 구성돼 있다. 이는 지난해 코카콜라가 10~30대 남녀 1,000명을 대상으로 실시한 '너의 마음을 보여줘' 설문조사를 바탕으

코카콜라가 새롭게 내놓은 스토리텔링 패키지 'Share a Coke'의 모습

로 선정된 단어들이다. 특히 닉네임과 메시지를 어떻게 조합하느냐에 따라 다채로운 스토리텔링이 가능하기 때문에 서로의 마음을 주고받기에는 매우 독특하고 매력적인 일종의 메신저가 될 수 있다.

사실 가까운 사람들에게 자신과 상대방에 대한 마음을 이야기하기가 가장 어렵다. 따라서 평소에 상대방에게 속마음을 말하고 싶었으나 전하기 어려울 때 코가콜라가 마음을 전하는 매개의 역할을 해줄 수 있다는 것으로 소비자들의 감성을 자극하고 있다. 특히 소비자는 자신이 원하는 스토리를 직접 만들 수 있기 때문에 능동적 참여라는 색다른 재미도 누릴 수 있다.

왜 그는 레고 를 구매했을까?

노태민 씨는 여섯 살 아들의 크리스마스 선물로 레고를 구매하였다. 그가 레고를 구매한 이유는 하나이다. 바로 레고에 얽힌 이야기 때문이다. 노태민 씨는 우연히 자신이 읽고 있는 매거진에서 레고에 관한 이야기를 읽게 되었다. 레고의 종업원의 실수로 면도칼을 같이 박스에 넣었는데 종업원의 정직한 실수 인정으로 다시 면도칼을 찾을 수 있었다는 이야기이다. 이 이야기는 레고의 제품 사용자가 주로 어린 아이들이기 때문에 더욱 레고에 대한 신뢰성을 높여준다. 그래서 아이의 안전을 언제나 걱정하는 부모의 마음을 동요시켰다. 노태민 씨도 이 이야기를 읽고 레고라는 기업에 대한 신뢰감과 호감이 생겨 레고를 구매하게 된 것이다.

24

추억을 팔아라

▶ 향수정서 자극의 법칙 ◀

❝ 사교성이 좋아 주위에 친구들이 많은 32세의 성주호 씨. 초등학교 동창을 우연히 길에서 만났다. 왜 우리는 동창회를 하지 않느냐는 친구의 말에, 주호 씨도 동창회다운 동창회가 한 번도 열리지 않은 것 같은 생각이 들었다. 거창한 동창회는 아니더라도 같은 반 친구들이라도 봐야겠다는 생각에 일단 반창회라도 열기로 결심했다.

평소에 초등학교 친구들과 연락을 한 덕분에 꽤 많은 친구들에게 연락을 할 수 있었다. 반창회 장소는 조그만 호프집을 빌렸다. 식사와 주류 등은 간단히 정했다. 그러나 뭔가 특별하지가 않았다. 추억거리가 빠진 것 같아 아쉬움이 남았다. 그러다가 그 시절에 친구들과 매일같이 먹었던 불량식품들이 떠올랐다. 요즘은 슈퍼에서도 판매하지 않아 어디서 살까 고민을 하다가 인터넷 지식인을 이용하기로 했다. 그런데 '불량식품'이라고 검색창에 입력하니 불량식품을 따로 판매하는 사이트가 있는 것이 아닌가? 대량으로 살 수 있다는 것이 더욱 마음에 들어 여러 가지 종류를 충분히 구매하였다. 친구들이 좋아할 것을 생각하니 이런 아이디어를 낸 자신이 너무 대견하게 느껴진다. **99**

향수정서 자극의 법칙은 소비자의 과거 경험을 자극시켜 옛 추억에 대한 정서가 되살아나서 소비하게 되는 것을 의미한다. 향수(鄕愁)는 고향을 그리워하는 마음이라는 사전적 의미를 갖고 있지만 지나간 과거를 그리워하는 마음으로 좀 더 넓게 이해할 수 있다.

인간은 추억을 먹고 산다는 말이 있다. 그만큼 인간은 지나간 과거를 그리워하고, 자신이 경험했던 것을 소중히 생각한다. 또한 인간은 과거를 회상할 때, 좋았던 경험만 기억하려는 습성과 비록 힘들고 어려웠던 시간을 경험했더라도 그 시간을 아름답게 포장하는 경향이 있다. 이것을 '무드셀라 증후군'(Mood Cela Syndrome)이라고 하는데 인간이 좋은 기억만을 남기려는 이 습성 때문에 기업에서도 소비자의 향수를 자극시켜 좋았던 기억을 회상하고 그 감정을 불러일으켜 소비를 유도한다.

❖ 지역과 세대에 독특한 과거 추억을 소재로 한 제품이 종종 부활

향수정서 자극 법칙을 이용하여 최고로 성공한 제품인 오리온 초코파이 '情'은 많은 유사 초코파이 제품 사이에서 소비자와 30년을 함께해 온 정을 강조하여 히트 상품이 되었다. 초코파이 '情'은 학창시절 쉬는 시간에 친구와 먹었던 초코파이, 이병 시절 화장실에서 몰래 먹은 초코파이의 향수를 불러일으켜 소비를 자극한다. 초코파이 '情'은 30대 후반 이상의 소비자와 군대를 다녀 온 남성 소비자와 함께 했던 추억 때문에 젊은 소비자층보다 더욱 강하게 향수가 자극되는 제품이다. 하지만 다른 많은 초코파이를 먹고 자란 요즘 젊은 세대에게는 향수 자극이 부족한 점도 있다.

1980년대에 초등학교 시절을 지낸 사람이라면 학교 앞 문방구에서 팔던 불량식품들이 기억날 것이다. 100~200원이면 사먹을 수 있었던 불량식품은 아폴로, 쫀드기, 달고나, 신호등 사탕 등 여러 가지가 있다. 부모님이 몸에 좋지 않다고 아무리 먹지 말라고 해도 하교 길에는 어김없이 불량식품을 사러 갔다. 나이가 들면서 불량식품은 자연히 먹지 않게 되었으나, 스무 살이 훌쩍 넘어서도 가끔씩 슈퍼나 길거리에서 판매되는 불량식품을 보게 되면 괜시리 순수했던 어린 시절이 떠오른다. 요즘은 이런 불량식품들을 판매하는 곳을 찾기가 쉽지 않지만,

아폴로, 쫀드기, 달고나 등 1980년대 팔던 불량식품들

옛 추억을 생각하며 이런 것을 찾는 소비자들도 꽤 있어 이것들을 전문으로 판매하는 인터넷 사이트들도 있다고 한다.

최근 케이블TV에서 방영된 한 드라마가 화제다. 이미 영화나 드라마 시장에서 몇 년 전부터 복고 열풍이 슬슬 불기 시작하더니, 〈응답하라 1994〉가 마침내 흥행의 정점을 찍었다. 이미 가요계에서는 조용필 등 1980·1990년대를 풍미한 가수들이 성공적 컴백을 알린 데 이어 90년대 가요의 리메이크 바람이 불고 있다. 이러한 대중문화의 복고 열풍은 90년대 청년기를 보낸 지금의 30·40대들이 사회적으로 가장 활동이 왕성한 세대가 된 점과 무관하지 않다. 〈응답하라 1994〉에서도 90년대 신촌의 한 대학에 입학한 시골출신 하숙생들이 모여서 엮어내는 너무나 진솔하고 인간적인 스토리들이 현재의 30~40대들에게 공감백배가

2013년 최고 인기드라마인 〈응답하라 1994〉의 출연진들

되었던 것이다. 또한 글로벌 위기 이후 지속되는 경제 불황도 자연스레 '좋았던 그 시절'을 떠올리는 데 한몫을 하였다.

사람들은 누구나 즐겁고 따뜻했던 어린 시절에 대한 향수 속에서 현재의 어려운 현실을 위안 받는다. 또 사람들은 현재가 힘들고 미래가 불확실해 보일수록 모든 것이 조금 더 단순했고 순진했던 과거의 시절을 그리워한다. 삶의 소소한 추억과 재미에 기대고 싶은 현대인의 마음이 최근의 '복고 열풍'의 진원지인 것이다.

❖ 레트로 마케팅으로 기업에 재활력을 불어넣다

경기가 불황이면 현재의 힘든 상황 때문에 현재보다 상황이 괜찮았던 과거를 그리워하는 경향이 강하다. 그래서 경기가 좋지 않을수록 '레트로 마케팅'이 성행한다. 레트로 마케팅이란 과거를 회고시키는 마케팅으로 향수자극 효과를 이용한 마케팅이라 할 수 있다. 전 세계적으로 경제 불황을 겪고 있는 요즘 레트로 마케팅을 이용한 성공 사례는 여러 곳에서 찾을 수 있다.

귀여운 딱정벌레 모양의 폭스바겐 차를 아는가? 바로 폭스바겐의 뉴 비틀이다. 뉴 비틀은 레트로 마케팅의 대표적 성공사례로 손꼽힌다. 1998년 세계를 깜짝 놀라게 하며 재등장한 폭스바겐 뉴 비틀은 오리지널 폭스바겐의 디자인을 현대적인 감각으로 계승해 레트로 디자인의 열풍을 불러일으킨 차다. 데뷔 후 전 세계 여성들의 사랑을 한몸에 받으며 단순한 자동차가 아닌 젊은 여성들의 문화적 아이콘으로 단단히 자리매김하고 있다.

외식업계에도 요즘 레트로 바람이 거세다. 요즘 여의도, 건대입구, 신촌, 홍대, 압구정 등 사람들이 많이 몰리는 번화가에서 '새마을식당'을 쉽게 찾을 수 있다. 새마을식당에서 식사를 하지 않았더라도 그 앞을 지나가다 보면 외관과 간판이 독특하여 한번쯤 돌아봤을 것이다. 새마을식당은 그 이름에서 풍겨지는 느낌처럼 새마을운동이 일어났던 시절의 식당과 같은 외관으로 눈길을 끈다. 새마을식당은 부담 없는 가격으로 고기를 구워먹을 수 있는 곳으로, 중장년층은 그 시대로 돌아간 듯한 느낌을 가질 수 있어서 새마을식당을 찾으며, 20대 젊은 세대는 텔레비전에서만 보아오던 곳을 직접 경험할 수 있어서 즐겨 찾고 있다.

카메라에 관심이 있는 사람이라면 올림푸스 PEN을 알고 있을 것이다. 올림푸스 PEN은 출시되기 전 예약판매 5시간 만에 1,000대가 판매될 만큼 큰 인기를 끌었다. 2차 판매에서도 전량이 매진되었다. 또한 직영점인 강남점과 코엑스점에서는 올림푸스 PEN을 사기 위하여 외국인 및 지방에서 올라온 소비자들로 장사진을 이루었다고 한다. 왜 소비자들은 올림푸스 PEN에 열광했을까? 올림푸스 PEN은 DSLR과 같은 고

추억을 파는 전략으로 성공을 거두고 있는 새마을식당과 올림푸스 PEN

화질 사진을 촬영할 수 있음에도 가벼운 무게와 세계에서 가장 작은 크기를 가진 혁신적인 제품이다. 무엇보다도 디자인은 1959년에 출시된 올림푸스 PEN을 모던한 스타일로 바꾸어 출시되어 올림푸스 PEN을 기억하고 있던 소비자에게 향수를 불러일으켰다. 실제 1959년 출시된 PEN은 올림푸스 역사상 가장 큰 인기를 끈 모델로 아직까지도 마니아 층이 있을 정도다. 2009년에 새롭게 출시된 제품은 PEN의 아날로그 디자인과 최신 디지털 기능을 동시에 갖춤으로써 화려한 부활을 할 수 있었던 것이다.

왜 그는 불량식품 을 구매했을까?

앞서 말한 것처럼 불량식품은 1980년대에 초등학교 시절을 보낸 사람이라면 한번쯤 먹어봤을 추억의 간식이다. 그러나 이후 값싸고 좋은 제품들이 많이 나오고, 불량식품이 건강에 나쁘다는 인식이 확산되면서 이들은 자연히 시장에서 사라졌다. 그러나 옛 추억을 그리워하는 복고 열기가 생겨나면서 불량식품은 다시 시장에 나오게 되었다. 소비자들의 향수가 이들을 다시 시장으로 불러낸 것이다. 이런 제품들이 인기를 끌면서 최근에는 불량식품을 전문으로 판매하는 인터넷 사이트들까지 생겨나게 되었다.

25

제품에 '재미'를
덧씌운다

▶ 플레이 법칙 ◀

66 대학생 아들을 둔 55세 주부 최민자 씨는 주위의 놀림에도 아랑곳하지 않고 2G 폴더폰을 꿋꿋하게 쓰고 있다. 선천적으로 기계에 익숙하지 않은 탓도 있지만 핸드폰은 전화만 잘 걸고 받을 수 있으면 됐지 그 이상 뭐가 필요하냐고 생각하기 때문이다. 그러던 와중에 핸드폰이 고장나 아들에게 적당한 2G 폰을 추천해달라고 하자 아들은 이참에 신형 스마트폰으로 바꿀 것을 적극적으로 권한다. "엄마, 작년부터 골프 배우기 시작했잖아. 골프 앱을 이용하면 전국 모든 골프장의 위치 검색이나 비거리 측정, 홀 정보까지 한 눈에 볼 수 있다고. 골프 교육용 앱도 엄청 많고. 게다가 엄마처럼 중년 여성에게 꼭 필요한 다이어트나 건강관리까

지 해결할 수 있단 말이야. 스마트폰으로 게임만 하는 줄 알았다면 오산이야."

작년부터 배우기 시작한 골프 치는 재미에 푹 빠져있던 최민자 씨에게 아들의 이러한 권유는 솔깃했다. 부쩍 늘어나는 뱃살 때문에 다이어트도 고민하던 차였다. 며칠을 고민하던 최민자 씨는 결국 가까운 스마트폰 매장으로 향했다. 99

플레이(Play) 법칙이란 'Play'의 유희, 오락, 기분전환의 의미에 착안한 효과로 소비자가 기쁜 감정, '희(喜)'를 느낌으로서 소비 행위가 일어나는 현상을 말한다.

현대의 소비자는 과거 소비자보다 소득이 많아지고 노동시간이 줄어들었다. 그래서 현대의 소비자는 의식주 생활을 영위하기 위한 필수적인 소비를 하고도 남은 돈을, 드디어 인생을 즐기는 데 소비하기 시작하였다. 현대에 있어 노동의 개념은 단순히 생존을 위한 행위가 아니라, 노동에 대한 대가를 통하여 자신의 삶을 윤택하게 만들기 위한 것이라 할 수 있다. 윤택한 삶을 살기 위해서는 즐겁고 행복한 감정을 느껴야 하며, 'play'는 바로 이런 감정을 불러일으키는 마케팅 기법을 의미한다. 또한 'Play'는 인간의 본능으로 태어나서 죽을 때까지 추구하는 것이라고도 할 수 있다.

≪퍼센트 경제학(숫자로 읽는 4,900만 한국인들의 라이프 보고서)≫(구정화, 해냄, 2009)이라는 책에 따르면, 대한민국 국민의 주당 여가 활동 시간은 29시간 45분이며, 하루 평균 3만 6,000명이 해외로 떠난다고 한다. 물론

해외로 떠나는 사람들 중 여행객만 있는 것은 아니지만 3만 6,000명에 포함되어 있는 여행객들을 짐작하면 과거에 비해 해외 여행객이 기하급수적으로 증가하였음을 알 수 있다. 잘 노는 것이 멋지게 사는 것의 상징처럼 인식되면서, 많은 소비자들이 여가를 위해 돈을 아끼지 않고 있다. 또한 기업에서도 플레이 효과를 이용한 제품과 서비스를 선보이며 소비자의 희(喜) 감정을 불러일으켜 지갑을 열게 하고 있다.

❖ 재미와 놀기를 원하는 소비자의 니즈를 파악하라

저자가 플레이 법칙을 생각하면서 가장 먼저 떠올린 것이 바로 폭스바겐의 자동차 테마파크 '아우토슈타트'였다. 아우토슈타트는 자동차의 디즈니랜드로 불리는 곳으로 2,000년에 완공되어 독일의 명소가 된 곳이다. 아우토슈타트는 독일 볼프스부르크에 위치한 폭스바겐 본사 바로 옆에 있다. 폭스바겐의 생산 공장, 출고장, 자동차 전시관, 그리고 놀이시설 등이 결합된 일종의 자동차 테마파크다. 폭스바겐의 전 회장, 페르디난트 피에히는 소비자가 교통수단으로서의 폭스바겐을 구매하는 것이 아닌 폭스바겐을 구매하면서 환상적인 경험을 느끼게 해주기 위해서 아우토슈타트를 건설하게 되었다고 설립 배경을 밝혔다.

아우토슈타트는 소비자가 새 자동차를 구매하고 설레는 마음으로 출고되는 차량을 직접 인도 받는 꿈같은 곳이다. 폭스바겐 소비자는 어두컴컴한 공장에서 차량을 인도 받는 것이 아니라, 영화에서나 나올 법한 첨단 시스템으로 무장한 유리타워에서 자신의 자동차가 인도되는 모습을 지켜볼 수 있다. 자동차가 자신에게 가까워질 때마다 그 흥분은 점점 더 커진다. 특히 가족 단위로 이곳을 찾는다면 자동차가 생기는 그 흥분과 더불어 가족들을 위한 다양한 플레이 공간을 즐길 수 있다. 폭스바겐 그룹의 아우디, 벤틀리, 람보르기니, 폭스바겐 등의 다양한 브랜드 전시관에서 자동차 역사박물관 짜이트 하우스(Zeithaus), 어린이들이 운전면허를 취득할 수 있는 운전면허 시험장 등 둘러볼 곳들이 너무너무 많다.

아우토슈타트는 폭스바겐을 구매한 소비자뿐 아니라 테마파크를 이용하기 위하여 방문하는 관광객들도 상당수이며 방문자 중 약 7%는 해외 관광객들이라고 한다. 방문자의 90%는 이곳을 '아주 만족한다'라는 평가를 하고 있으며, 이제 아우토슈타트는 독일에서 꼭 가봐야 할 명소가 되었다. 또한 아우토슈타트로 인해 전 세계의 소비자는 폭스바겐을 더욱 호의적으로 기억하게 되었다.

폭스바겐 아우토슈타트의 자동차 출고장 내외부 모습

최근 폭스바겐은 또 다른 재미 프로젝트를 가동했다. 바로 'Funtheory 캠페인'이다. 재미와 즐거움이 사람들의 행동, 태도를 긍정적인 방향으로 바꾸어준다는 취지에서 기획된 프로그램이다. 예를 들어 쓰레기를 특별한 휴지통에 넣으면 지하 300m쯤까지 떨어지는 사운드 효과가 나게 한다든지, 지하철에서 피아노 계단을 밟으면 피아노 음계 소리가 나서 그동안 에스컬레이터를 주로 이용하던 사람들을 모두 계단을 이용하게 만든다든지 하는 것들이다.

이러한 인기에 힘입어 2010년에 폭스바겐은 전 세계의 일반인들을 대상으로 'Fun Theory Award' 공모전을 개최했다. 약 35개국에서 699개의 아이디어가 접수되었고, 최고의 아이디어로 선정된 작품이 스톡홀름에서 실제 실행되었다. 아이디어 제목은 'Speed Camera Lottery(과속카메라 복권)'이었는데, 과속감시카메라를 지나면 복권을 받는 프로젝트였다. NTF(스웨덴 도로교통부)와 협업으로 진행된 이 프로젝트는 과속카메라를 찍어 규정 속도에 맞게 지나간 사람들에게 보상으로 복권을 주었다. 보상금은 과속을 한 사람들로부터 받은 과태료로부터 지급되었

폭스바겐 Funtheory 닷컴 홈페이지와 Speed Camera Lottery 실행장면

다. 이 프로젝트로 해당 도로의 평균 속도를 32km/h에서 25km/h로 낮출 수 있었고, 많은 참가자들로 하여금 즐거움과 재미로 미소 짓게 만들 수 있었다.

플레이를 할 수 있는 곳이 밖이라는 편견은 이제 버려야 할 것 같다. 집 안에서도 충분히 플레이를 할 수 있는 각종 기구들이 출시되어 소비자의 사랑을 받고 있다.

Wii는 TV에 연결하여 여러 명이 함께 즐길 수 있는 닌텐도에서 출시한 게임기로 세계적인 히트 상품이 되었다. 간단한 리모컨 조작으로 누구든지 다양한 게임을 즐길 수 있으며, 온몸으로 반응하는 짜릿함과 재미를 즐길 수 있어 큰 인기를 끌고 있다. 여러 가지 소프트웨어로 다양한 게임을 즐길 수 있으며, 특히 Wii-fit와 Wii-sports는 집 안에서도 실제 운동을 하는 것과 같은 체험을 준다. 요가, 복싱, 골프, 유산소운동, 근력 키우기 등을 할 수 있으며 다이어트에 관심 있는 소비자라면 구매 욕구가 생길 수밖에 없는 제품이다. 이러한 인기를 반영하듯 대학가를 중심으로 Wii 카페까지 생겨나면서 자취생, 하숙생, 기숙사생 등 Wii를 할 수 없는 상황의 대학생 소비자에게도 인기를 끌고 있다.

온 가족이 함께 Wii를 즐기는 모습

닌텐도 Wii는 어린이부터 할아버지 할머니까지 전 연령대가 즐길 수 있는 제품이다. 그 동안 게임기는 주로 어린 아이, 젊은 세대만 즐겼다면, Wii는 부모님 세대까지 즐길 수 있도록 함으로써 새로운 구매 욕구를 자극하고 있다.

가족 구성이 핵가족화 되고 가족 간의 대화가 줄어들면서, 플레이 법칙을 노린 이런 제품들은 향후에도 많은 인기를 끌 것이다. 또한 플레이의 법칙은 제품에만 국한되는 것이 아니라 서비스 분야에도 활발하게 적용될 수 있다. 미국 사우스웨스트항공사의 경우 유머와 편경영으로 유명한 회사다. 이 회사는 고객에게 재미를 주기 위해서는 '별짓'을 다한다. 승무원이 천장에 붙어 있는 짐칸에서 불쑥 튀어나오기도 하고, 기내방송을 노래나 랩으로 하기도 한다. 또 기내방송으로 농담도 자주 던지는데, "오늘도 저희 사우스웨스트 항공사를 애용해 주셔서 감사합니다. 저희는 여러분을 사랑합니다. 그리고 고객 여러분의 돈도 사랑합니다"라는 식이다. 사우스웨스트는 플레이 법칙을 잘 활용한 덕에 대형 항공사가 나가떨어지는 극심한 경제위기 속에서도 승승장구하고 있다.

향후 소비자들은 단순한 기능만 제공하는 제품과 서비스보다는 재미와 볼거리가 포함된 제품과 서비스를 더욱더 찾게 될 것이다.

°왜 그녀는 스마트폰 을 구매했을까?

    소신처럼 2G폰만을 고집하던 최민자 씨가 스마트폰을 결심하게 된 궁극적인 이유는 한창 재미를 붙인 '골프' 때문이었다. 자신이 즐겨 치는 골프의 재미를 한층 더할 수 있다는 아들의 말에 마음이 움직인 것이다. 스마트폰의 다양한 '앱'을 이용해서 골프를 좀 더 재미있게 칠 수 있다면 기계치이지만 조금 힘들더라도 사용법을 배워보기로 한 것이다. 게다가 건강관리까지 할 수 있다면 일석이조라는 생각도 들었다. '재미'에 대한 욕구가 평소의 습관이나 두려움을 넘어선 것이다.

26

울면서도 겨자를
먹는다

▶ 콩코드 법칙 ◀

❝ 평소 화장품에 관심이 많은 25세 한민지 씨. 한 달 생활비에서 화장품이 차지하는 비중이 커 매달 초 화장품을 조금만 사려고 다짐을 하지만, 신제품이 출시됐다는 소식을 들으면 몸은 이미 백화점에 와 있다. 그리고는 다이어트도 할 겸 식비를 아끼면 된다는 마음으로 또 신상품을 산다.

11월에는 돈 쓸 일이 많아 긴축재정에 들어간 한민지 씨. 그러나 슈에무라에서 츠모리 치사토 컬렉션을 출시했다는 소식을 들었다. 어떤 컬렉션인지 보기만 하려고 인터넷을 찾아봤다. 그런데 화장품 케이스가 너무 귀여워 신제품이 도저히 머릿속을 떠나질 않는다. 백화점이 집에서 멀어 귀찮았지만 그래도 열심히 화장하고 최대한 멋을 내고는 백화점으로 향했다. 사람들이 하도 많아서 버스에서 내내 서서 가야했다. 그런데 웬걸, 가장 사고 싶었던 쉐도우 두 가지가 모두 'sold out(매진)'이라고 적혀있는 것이 아닌가? 조금만 일찍 올 걸 하는 후회가 막심하다. 립스틱은 눈에 보이지도 않았다. 실망해서 집에 그냥 가려고 했으나 화장하고, 멋 내고, 버스에서 고생한 것이 너무 아까워서, 뭐라도 하나 사지 않으면 억울해서 못살 것 같다. 결국 그녀는 화장품 코너를 쭉 돌다가 베네피트에서 새로 나온 '원 핫미닛' 브론즈 파우더를 하나 집어 들었다. **99**

혹시 미리 사려고 계획하지는 않았지만 그 동안에 썼던 시간과 돈이 아까워 구매를 한 적이 있는가? 이런 심리를 콩코드 효과 혹은 매몰비용 효과라고 부른다. 매몰비용(Sunk Cost)은 이미 지출되었기 때문에 회수가 불가능한 비용을 말한다. 엎지른 물은 다시 주워 담을 수가 없고, 깊은 바닷속에 빠트린 반지는 다시 건질 수 없듯이, 이미 지출된 비용은 다시 돌아오지 않는다. 매몰 비용은 이미 지출되었기 때문에 경제학적으로 생각하면 합리적인 선택을 하기 위해서는 고려해서는 안 되는 비용이다. 현재의 의사결정에는 향후의 비용과 편익만을 고려해야한다.

그렇다면 왜 콩코드 법칙이라고도 불리는 걸까? 콩코드 여객기는 한 번쯤 들어봤을 것이다. 그 유명한 부루마블 게임에도 등장한다. 실제 콩코드 여객기는 1969년 프랑스와 영국이 합작 투자한 초음속 여객기이다. 콩코드는 개발 도중 엄청난 경비를 들였고, 완성되더라도 채산성을 맞출 가능성이 거의 없었다. 결국 워낙 투자비용이 많이 들어갔기 때문에 콩코드 여객기의 운임은 일반 항공기의 몇 배에 달했으며, 비싼 돈을 지불하고 타려는 소비자는 거의 없었다. 콩코드 여객기는 매몰비용으로 인한 합리적인 판단을 하지 못해 실패한 대표적인 케이스였던 것이다.

❖ 과거 지불된 비용 때문에, 미래를 위한 합리적 의사결정을 못함

영화관에서 가서 영화를 볼 때 우리는 아무리 영화가 재미없더라도 대부분은 돈이 아까워 끝까지 본다. 영화가 재미없어도 영화표는 환불해주지 않기 때문에 돈이 아깝다는 생각으로 끝까지 보게 되어 결국 아까운 시간도 같이 낭비하게 된다. 소비자는 이미 써 버린 비용과 시간은 돌려받지 못한다는 생각은 하지 못하고, 아깝다는 생각에 갇혀 또 다른 비용을 지불하는 것이다.

뷔페식 음식점에 가면 우리는 단단한 각오를 하고 음식점을 찾는다. 절제를 잘하는 일부를 제외하고 대부분의 사람들은 배가 터질 만큼 음식을 먹어댄다. 왜 사람들은 뷔페 음식점에서 배가 터질 듯이 음식을 먹는 것일까? 그 이유는 '본전 뽑기'이다. 비용을 지불한 만큼 음식을 먹겠다는 것이다.

실제 뷔페 음식점에 만 원을 지불하고 들어간 소비자와 무료 시식권을 갖고 들어간 소비자 중 누가 많이 먹나 실험한 사례가 있다. 미국의 심리학자 리처드 탈러는 두 그룹을 나누어 실험한 결과 음식 양에 상당한 차이가 난다는 것을 알 수 있었다. 만 원의 비용을 지불한 소비자 그룹은 자신이 비운 접시 수가 많을수록 돈이 아깝지 않다는 생각으로 엄청난 양의 음식을 먹었다. 그러나 이미 지불한 만 원은 다시 돌려받지 못하는 매몰비용이다.

국가의 공공사업에서도 매몰비용에 대한 잘못된 인식 때문에 국가적 손해를 초래하는 경우가 종종 있다. 장래 채산성이 나쁘고, 부작용이 많으며, 계획한 목표를 달성할 수 없는데도 사업이 강행되는 경우이다. 1981년 미국에서는 테네시 탐빅비(Tombigbee) 하수로 건설 사업에 대한 중지 여부를 논의한 적이 있었다. 이때 사업 중지를 반대한 어느 상원의원은 '만일 사업을 중지한다면 납세자의 세금을 함부로 사용하게 된 것'이라고 말했다. 실제 납세자의 세금이 아까우면 더 이상 낭비해서는 안 되는데도 말이다.

❖ 손실회피, 자존심, 논쟁과다 등이 콩코드 효과 발생의 주범

그렇다면 사람들은 왜 콩코드 법칙의 지배를 받는 것일까? 일본의 경제학자인 도모노 노리오가 쓴 《행동경제학》(도모노 노리오, 지형, 2007)을 보면, 매몰비용 효과가 발생하는 3가지 이유가 잘 설명되어 있다.

첫째, 손실회피 성향 때문이다. 매몰된 비용을 포기하는 순간 매몰비용은 손실로서 확정된다. 손실을 보는 것을 좋아하는 사람은 아무도 없다. 둘째, 평판의 유지이다. 더 이상의 투자는 무모한 짓이기 때문에 도중에 계획을 중지하는 것은 과거의 결정이 잘못된 것을 인정하는 것이다. 과거의 투자를 결정한 사람이나 조직은 '헛일을 했다'는 악평을 두려

위하거나 자존심이 상하는 것을 피하기 위해 사업을 중단하지 못하고 계속한다. 셋째, 휴리스틱(Heuristic) 과잉의 일반화이다. 휴리스틱이란 깊이 생각하지 않고도 최선의 결과를 내리는 것으로, 사안별로 심플한 선택을 통해 신속한 판단과 결정을 내리는 것이다. 심사숙고와 반대되는 개념으로 이해할 수 있다.

'쓸데없는 짓을 하지 말라'는 표어나 규칙은 어릴 때부터 자주 들어온 말로서 의사결정을 할 때 휴리스틱의 역할을 한다. 하지만 단호하게 결단해야 하는 상황에서 쓸데없이 많은 생각, 즉 휴리스틱을 적용하게 되어 잘못된 결정을 내리는 것이다.

콩코드 법칙의 또 다른 사례가 있다. 언제부터인지 인기 있는 음식점이나 패밀리 레스토랑에서는 매장에 손님이 만석이 되면 새로 온 손님을 그냥 돌려보내지 않고, 예상 대기 시간을 알려주면서 대기할지 여부를 물어 본다. 대부분 30분 이내로 식사를 할 수 있기 때문에 다른 식당도 마찬가지일거라는 생각에 그냥 웨이팅 리스트에 이름을 올린다. 그러나 예상했던 시간이 길어지면서 소비자의 갈등이 시작된다. '그냥 다른데 가서 먹을까?' 아니면 '기다린 시간이 얼마인데 조금만 참자'. 성질이 급하거나 결단력 있는 사람은 기다렸던 시간을 과감히 버리고 다른 곳을 향하지만, 대부분의 소비자는 여태껏 기다린 시간이 아까워 조금 더 버틴다.

이런 음식점들은 결국 콩코드 법칙을 이용해 더 많은 매출을 올리고 있다. 음식점은 손님이 많이 몰리는 시간이 정해져 있어서 그 시간에 최대한 많은 손님을 받아야 한다. 웨이팅 리스트가 없는 음식점은 자리에 있는 손님으로 수입이 한정되지만, 웨이팅 리스트를 이용하는 음식점은 추가적인 수입을 기대할 수 있는 것이다.

왜 그녀는 베네피트 브론즈 파우더 를 샀을까?

평소 화장품에 상당히 많은 지출을 하는 한민지 씨. 최근 화장품 지출을 줄이기 위해서 노력 중이었으나, 슈에무라에서 신제품이 나왔다는 소식을 접하고는 백화점을 다시 찾았다. 그런데 이미 신상품은 품절이었다. 이때 그녀는 초심으로 돌아가 돈을 아끼려고 하던 찰나였는데 잘 됐다고 생각해서 집으로 돌아가면 그만이다. 하지만 외출준비까지 하고 백화점에 고생고생하며 온 것을 생각하니 너무 아깝다는 생각이 들면서, 결국 예정에도 없던 베네피트 브론즈 파우더를 샀다. 한민지 씨는 지나간 시간과 비용은 사라져 버린 것으로 생각하지 않고, 과거에 얽매여 투자한 시간과 비용이 아깝다는 생각에 사로잡혀, 결국 계획하지도 않은 소비를 했던 것이다.

49가지 마케팅의 법칙 플러스

27

동변상련에
호소하라

▶ 현수교 효과 ◀

66 야식을 즐겨 먹는 탓에 배가 50대 아저씨처럼 늘어진 30살 유승민 씨. 배가 나와서인지 옷을 입어도 맵시가 안 난다. 부모님도 "어느 아가씨가 그 배를 보고 시집을 오겠냐"며 핀잔을 주고, 직장 상사도 자신보다도 배가 더 많이 나왔다고 놀린다. 유승민 씨는 주위의 핀잔에 심한 스트레스를 느끼고 있지만 여전히 야식을 끊을 수가 없다. 몇 번 야식을 끊어 체중도 줄이고, 배도 줄여 봤지만, 곧잘 다시 먹기 시작하고 이전보다 더 살이 찌는 것을 여러 번 경험하면서 이제는 거의 포기상태다.

하루는 길을 가던 중에 전봇대에 붙은 벽보를 보게 됐다. 취미로 하는 권투 레슨을 배우라는 내용이었다. 헬스는 정말 하기 싫었지만 권투는 왠지 재미있을 것도 같고, 위치도 가깝고 해서 한 번 찾아가 보았다. 관장님은 유승민 씨 또래로 보였는데 몸이 장난이 아니다. 취미로 하는 권투에 대해서 상담을 받고 있는데, 벽에 있는 액자에서 자신처럼 배가 불룩한 사람이 보인다. 놀랍게도 액자 속의 인물은 바로 관장님이었다. 관장님도 불과 2년 전만해도 유승민 씨 같은 몸을 가졌지만 권투를 시작하면서 체력도 좋아지고, 규칙적인 식습관도 가지면서 지금의 몸짱이 됐다고 한다. 관장님은 유승민 씨 같은 스트레스, 심정을 충분히 이해한다고 하면서 지금 새로운 인생을 살고 있다고 권투를 해 볼 것을 강력히 권한다. 관장님의 옛 모습을 보니 동지애가 느껴지면서 이번만은 자신도 할 수 있을 것 같은 생각이 들어 등록을 결심한다. **99**

현수교 효과는 현수교와 같이 위험한 상황이나 고난을 함께 경험함으로써 동변상련을 느끼며 연대감 및 공감이 생겨나는 심리현상을 말한다. 연대감과 공감은 심리적 장벽을 허물고 친숙하게 다가갈 수 있는 감정의 고리를 만들어 줄 수 있다.

다이어트에 매번 실패해 엄청난 스트레스를 경험하고 있는 여성이 있다고 가정하자. 이 여성은 다이어트 식품을 구매하기 위해 각종 인터넷에서 다이어트 식품의 후기를 보면서 성공과 실패담을 살필 것이다. 그러다가 자신과 같이 매번 다이어트에 실패해서 요요현상을 겪다가 이 제품으로 요요 없이 10kg를 감량했다는 후기를 발견한다. 한 명의 후기로는 믿을 수 없어 다른 사용자들의 후기들도 체크한다. 대부분 건강에 이상이 없고, 성공적인 체중 감량을 했다는 사실을 확인한다. 이 여성

49가지 마케팅의 법칙 플러스

은 이들과 같은 처지라는 생각에 연대감이 형성되면서 이 다이어트 식품을 구매할 것이다. 결국 다이어트에 실패했던 다른 여성들과 자신이 동일한 경험을 했다는 생각에 일종의 현수교 효과가 작용하면서 구매를 결정한 것이다.

❖ 과시나 자랑보다는 소비자아의 공감이 우선

공감에 호소하는 현수교 효과는 다양한 마케팅 현장에 적용되고 있다. 그 중 하나가 최근 많이 볼 수 있는 생산 및 유통업체 실명제이다. 과일, 채소 등의 농산물을 생산 판매하는 업자들은 농산물을 담는 박스 등에 생산자나 산지의 사진을 직접 붙여 놓는다. 이를 통해 생산자가 최선을 다해 힘들게 재배하였다는 의사를 전달하고자 한다. 택배업체들도 택배차량의 차주 내지 운반자의 사진을 차량의 외벽에 직접 붙여 놓는다. 소비자들은 개인이 책임을 지고 운반하는 모습을 보고, 택배업체에 대한 신뢰가 보다 증가한다. 결국 실명제를 통해서 기업들은 소비자의 부모나 형제 같은 사람들이 일하고 있음을 알려 공감을 형성함으로써 소비자의 구매를 유도하고 있는 것이다.

기업은 소비자의 심리적 장벽을 허물기 위해 판매하고자 하는 제품이 어떠한 과정을 통해 만들어졌는지를 공개하면서 고객과의 연대감 및 신뢰를 조성하기도 한다.

국내에서 마케팅을 잘하기로 소문난 SK텔레콤이 진행한 특이한 광고가 하나 있다. T 스토어에서 판매하는 제품 광고인데, 실제 이 서비스를 만든 사람들이 직접 모델로 나와 왜 이 제품을 만들게 됐는지 알려준다.

제품개발 배경을 직접 개발한 일반인이 나와서 설명하는 T 스토어의 광고 장면

'뺨 때리기'라는 제품은 어떤 남성이 나와 가끔씩 때려주고 싶은 사람이 있어 이 제품을 만들었다고 고백한다. 이 남성은 때려주고 싶은 사람을 때리듯이 휴대폰을 찰싹찰싹 때린다. 어떤 남학생은 지하철에서 졸다가 맨날 내리는 역을 지나쳐 휴대폰에 내리는 역에서 알람이 울리도록 하는 제품을 만들었다. 아기 아빠는 휴대폰을 좋아하는 아기 때문에 제품을 만들었다. 아무거나 누르고 뺏으면 우는 아기를 위하여 휴대폰에 '베이비 모드'를 해 놓으면 버튼을 누를 경우 전화가 걸리는 것이 아니라 아기들이 좋아하는 동물들이 뜬다. 아기가 너무 좋아해 T 스토어에 올려놓게 되었다고 한다.

이런 제품을 만들게 된 이유는 보통 사람들이 한 번쯤 해보고 싶었거

49가지 마케팅의 법칙 플러스

나 필요하다고 느껴진 것들이다. 평소 때려주고 싶은 사람은 있는데 실제로는 방법이 없는 직장인, 매번 지하철에서 잠을 자다가 내려야 할 역을 지나치는 재수생, 장난감보다 휴대폰을 더 좋아하는 아기를 가진 부모들이라면 아마도 지금 즉시 이런 서비스를 신청할 것이다.

결국 T 스토어의 마케팅 전략은 일반인이 흔히 경험하는 상황이나 사선을 해설해주는 솔루션을 제공함으로써, 일반인의 공감과 연대감을 자극한 것이 주효했던 것이다. 거대한 통신회사에서 자기 마음대로 새로운 기술을 개발하여 일방적으로 제공한 것이 아니라, 소비자가 직접 필요한 서비스를 개발하도록 함으로써 진정한 공감을 불러일으킬 수 있었다.

최근 국내 한 케이블방송에서 오디션을 통해 선발된 지원자들의 인생을 바꾸어주는 〈렛미인〉이라는 프로그램이 인기를 끌었다. 〈렛미인〉에서는 외모 콤플렉스 때문에 육체적, 정신적으로 고통 받는 사람들이 등장해 주치의 의사들에게 성형수술을 받고, 메이크업 아티스트, 스타일리스트, 헤어디자이너 등의 도움을 받아 완전히 신데렐라가 되는 과정을 리얼하게 보여준다. 그런데 얼마 전 종영한 〈렛미인 3〉에서 소녀시대 윤아를 닮은 외모로 렛미인 최고의 반전녀로 등극한 방미정 씨가 화제다. 방미정 씨는 어린 시절 합죽이형 얼굴 때문에 놀림을 받고 왕따를 당하다 도피유학까지 떠나야 했던 사연이 공개되면서 많은 시청자들에게 감동과 놀라움을 선사했다. 그런데 이 방미정 씨가 방송 이후 자신의 양악수술을 담당했던 성형외과 병원에서 코디네이터로 근무하게 되면서 그 병원을 찾는 내원객들 수가 폭발적으로 늘었다고 한다. 그 이유는 무엇일까? 아마도 〈렛미인〉을 본 시청자들 중에서 같은 고민을 안고 있는 사람들이 강한 유대의식을 느끼게 되어 '나도 방미정 씨처럼 수술을 받게 되면 저렇게 미인이 될 수 있을 거야'라는 강한 마케팅 효과가 나타났기 때문일 것이다.

왜 그는 권투 레슨 을 등록했을까?

배가 나온 과체중 스트레스에 시달리던 유승민 씨는 권투 레슨 벽보를 보고 권투장에 찾아가게 된다. 몸짱 관장님에게 설명을 듣던중 몸짱 관장님도 과거에는 자기와 같은 몸꽝이었다는 사실을 알게 되면서 공감과 희망을 가지게 된다. 관장님은 자신도 이전에 유승민 씨와 같은 몸매였기 때문에 그의 처지를 충분히 이해하는 것 같았다. 유승민 씨는 자신과 비슷한 경험을 한 관장님에게 강한 유대의식을 느꼈다. 동질감으로 편안해진 유승민 씨는 자신도 관장님처럼 몸짱이 될 수 있다는 자신감이 생겨나 권투도장에 등록을 하였던 것이다.

신뢰와 공감의
강력한 힘

▶ 블로그 마케팅 법칙 ◀

　　결혼 1주년이 다가오면서 와이프 몰래 깜짝 이벤트를 준비하려는 장성진 씨. 다행히 결혼기념일이 주말이라 1박 2일로 여행을 갈 수 있는 상황이다. 와이프가 겨울 바다를 좋아해 동해 쪽으로 갈 계획이다. 강릉, 속초, 주문진은 가봤던 곳이라 제외하고, 유명하지만 한 번도 가보지 않은 정동진을 선택했다.

　　장성진 씨는 정동진의 맛집, 숙박, 가볼만한 곳을 알아보기 위해 블로그를 찾아 다녔다. 주위 사람들의 추천을 받는 편도 좋지만 '정동진 여행'으로 글을 올린 블로그를 찾아보면 원하는 정보를 더 많이 얻을 수 있기 때문이다. 정동진에서의 숙박은 '썬크루즈 호텔'로 정했다. 많은 블로그에 빠지지 않고 등장하는 곳이 썬크루즈 호텔이여서 마음에 끌렸다. 선박 모양의 크루즈 호텔은 객실에서 바다도 볼 수 있고, 해돋이도 볼 수 있어 로맨틱한 분위기를 연출하기 딱이었다. 스카이 라운지도 있고, 조경을 잘 관리한 공원도 있어 와이프가 매우 좋아할 것 같았다. 썬크루즈 호텔 홈페이지가 따로 있었지만 위치와 객실 요금만 파악하고, 이용시설 불편사항 같은 것은 블로그에서 좀 더 알아본 후 정동진 해변이 보이는 쪽으로 예약을 했다. **"**

블로그는 웹(web) 로그(log)의 줄임말로 인터넷을 이용하는 사람들이 자신의 관심사에 따라 자유롭게 글을 올릴 수 있는 1인 미디어 웹 사이트다. 블로그는 홈페이지 제작과 관련된 지식이 없어도 블로그 페이지만 있으면 자신의 공간을 만들 수 있으므로 매우 간편하고 손쉬운 매체이다. 자신의 관심사에 따라 일기·칼럼·기사 등을 자유롭게 올릴 수 있을 뿐 아니라, 동영상, 사진 등도 올릴 수 있어 이용 가치가 매우 크다.

블로그는 1997년 미국에서 처음 등장하였으며, 우리나라에서도 블로그를 이용하는 이용자들은 빠르게 증가하고 있다. 한국 인터넷 진흥원과 방송통신위원회의 〈2008년 인터넷 이용실태 조사〉에 따르면 2008년 기준 만 6세 이상의 인터넷 이용률은 77.1%에 해당하며, 10대, 20대, 30대 젊은 층은 98% 이상이 인터넷을 이용한다고 한다. 인터넷을 통하여 이메일을 이용하는 경우가 82.5%로 가장 많았고, 소셜네트워킹(SNS) 카페·클럽이 50.2%, 블로그·미니홈피가 58.1%의 이용률을 보였다. 특히 20대의 경우, 카페·클럽은 76.4%, 블로그·미니홈피는

82%로, 다수의 이용자들이 모여서 네트워킹하는 카페·클럽보다 1인 미디어인 블로그·미니홈피의 이용률이 더 높은 것으로 나타났다. 블로그 이용자의 75.2%는 일주일에 한 번 이상 타인 블로그를 방문하고 있으며, 목적은 친교(64.2%), 개인적 관심분야 정보획득(40.3%), 흥미 위주의 글·사진·동영상 보기(38.7%), 일상생활정보(36.6%) 등이다. 특히 블로그의 이용자가 많아지고 파워블로거의 등장으로 콘텐츠의 질이 높아지면서 블로그를 통해 정보를 획득하는 이용자가 증가하고 있으며, 연령층도 점차 확대되고 있다.

❖ 블로그의 확산으로 소비자들의 제품·서비스 정보 욕구 증가

우리가 주목해야 할 점은 블로그를 통한 정보 이용이 증가하면서, 제품·서비스 정보를 얻기 위한 소비자도 증가하고 있다는 점이다. 인터넷 이용자가 증가하면서 소비자는 제품·서비스를 이용하기 전에 충분한 정보를 손쉽게 얻을 수 있다. 그런데 소비자가 정보를 얻게 되는 경로가 점차 기업이 제공하는 홈페이지에서 개인들의 블로그로 옮겨가고 있다.

물론 제품에 대한 정확한 정보를 얻기 위해서는 기업 홈페이지를 이용해야 한다. 하지만 소비에 보다 직접적인 영향을 미치는 것은 블로그다. 소비자는 실패를 최소화하려고 하는 습성이 있기 때문에 제품·서비스의 장점뿐만 아니라 문제점도 동시에 알고 싶어 한다. 하지만 기업은 자사의 제품·서비스에 대한 문제점을 알려주려 하지 않기 때문에 소비자는 자연스럽게 블로그를 찾는다. 소비자는 누구나 이용 가능한 블로그에 더 친근한 감정으로 접근한다. 같은 소비자 입장에서 제공되는 블로그 정보에 대하여 보다 많은 신뢰와 공감을 느낄 수밖에 없다. 이것이 바로 블로그 마케팅의 힘이다.

실질적 가계소비를 좌우하는 주부들 역시 블로그의 이용률이 높아지면서 블로그 효과가 가계 소비에도 큰 영향을 미치고 있다. LG경제연구원 〈주부 블로거 스타, 와이프로거(Wifelogger)가 뜬다〉(2006) 보고서에 따르면 와이프로거(Wife + Blogger)가 등장하고 있으며, 와이프로거의 블로그는 과거에 비해 오프라인 네트워크가 감소하면서 생활정보에 대해 목말라 하는 젊은 주부들의 새로운 정보 창구가 되고 있다고 밝혔다. 와이프로거는 상류층 주부가 아닌 평범한 주부들로서 그들이 제공하는 생활 속 아이디어 정보는 많은 주부들의 공감을 일으키면서 주부들의 일상생활에 많은 영향을 끼치고 있다. 와이프로거는 주로 주부들의 관심사인 요리, 인테리어, 제품 이용후기 등의 정보를 전해주고 있다. 이들은 주부들의 열렬한 지지로 책을 출간하기도 하고, 기업의 제품 모니터 요원으로도 활동한다. 와이프로거는 많은 주부들에게 미국의 '살림의 여왕'이라 불리는 마사 스튜어트와 같은 영향력을 행사한다.

❖ 기업이 직접 블로그를 제작하여 소비자와의 관계를 강화

블로그가 소비에 미치는 영향력은 결국 입소문 효과를 통해 나타난다. 하지만 입소문 효과는 블로그가 소비자에게 감정적 영향을 미친 후에 나타나는 2차적 효과이다. 이에 착안하여 최근 기업들은 파워 블로거에게 정보를 올리는 조건으로 자사의 제품을 협찬해 주거나, 기업이 직접 일반 정보가 제공되는 홈페이지와 별도로 블로그를 만들어 소비자에게 접근하고 있다.

블로그 문화가 발달한 미국에서는 나이키, 코카콜라, 델, IBM 등 유명 기업들이 소비자와 친밀해지기 위하여 기업 블로그를 운영하고 있으며, 국내에서도 점차 블로그를 운영하는 기업이 늘어나고 있다. 글로벌 기업으로 도약하고 있는 LG전자 역시 2009년 3월에 'The Blog'를 오픈하였다. LG전자는 단순히 제품 홍보가 아닌 소비자와의 유대관계를 만들기 위한 공간으로 'The Blog'를 제작하였다. 디자인, 테크놀러지, 아트, 사람, 세계의 이야기, 사이드 스토리 등의 주제로 소비자가 알지 못하는 디자인 스토리나 광고현장, 디자이너들의 현장 소식 등 정보를 포스팅한다. 소비자는 제품 정보뿐만 아니라 그 외의 다양한 정보를 'The Blog'를 통해서 얻게 되고, 포스팅된 글에 자유롭게 댓글을 달면서 LG전자와 보다 가까워지고 있다.

최근에는 프로스포츠의 세계에서도 블로그가 강력한 마케팅 도구로 활용되고 있다. 미국 프로 아이스하키팀인 뉴욕 아일랜더스는 '블로그 박스'(blog box)라는 프로그램을 만들어 인터넷 블로거들에게 기자증을 제공하고 각종 경기를 취재할 수 있는 권한을 부여했다. 아일랜더스는 이들에게 모든 취재상의 편의를 제공하고 독점 인터

LG의 기업 블로그인 'The Blog'의 모습

뷰를 할 수 있는 권한도 제공했다. 그 결과 블로그 박스 회원들이 자신의 블로그에 다양한 글을 싣기 시작하면서 팀은 물론 구단의 평판까지 덩달아 오르기 시작했다. 기존 언론을 통한 홍보에서는 기대할 수 없었던 성과였다. 이것은 바로 소극적이고 무심한 대중을 팀의 강력한 전파자로 전환시켰기 때문에 가능했던 것이다.

왜 그는 블로그 를 이용했을까?

장성진 씨는 결혼 1주년을 기념하기 위하여 정동진 여행을 계획했다. 숙박, 맛집 등 여행에 필요한 정보를 이미 정동진을 여행한 유명 블로거들의 블로그에서 정보를 얻었고, 블로그에서 썬크루즈 호텔에 대해서도 알게 되었다. 썬크루즈 호텔 홈페이지가 있었지만 객실요금과 위치만 확인한 후, 블로그를 통해 객실 이용후기 등을 참고하고 최종 예약을 했다.

장성진 씨는 홈페이지를 통해 객관적 정보를 얻는 데 도움을 받았지만, 실질적으로 블로그의 이용후기를 보면서 블로거의 정보에 대한 신뢰와 공감을 가지게 되어, 최종적으로 썬크루즈 예약을 결심하게 되었다.

49가지 마케팅의 법칙 플러스

감각을
이용한
마케팅의 법칙

49 가지
마케팅의
법칙 개정판

29

보기 좋은 떡이
먹기도 좋다

▶ 다홍치마 효과 ◀

66 대기업 기획실에 근무하는 34세의 조복래 씨. 이제 입사한 지도 5년이 넘었고 결혼해서 꿈같은 신혼생활을 한 지도 벌써 3년이 지났다. 결혼하면서 큰 맘 먹고 장만한 경차가 최근 이래저래 잔고장이 많아지더니 급기야 도로에서 멈춰버리는 사고를 당했다. 정말 자칫했으면 큰 사고를 당할 뻔한 복래 씨, 경제성도 좋지만 무엇보다 자동차는 안전이 제일이라는 사실을 다시 한 번 깨달으면서 새 차를 사기로 했다. 정보를 얻기 위해 인터넷 사이트도 들러 보고 주변 지인들의 추천도 귀담아 들으면서 최종적으로 현대 소나타와 기아 K5를 대안으로 선택했다.

퇴근길에 아내와 함께 대리점에 들러 전시된 차량을 둘러보고, 집으로 돌아와 아내와 상의하게 된 복래 씨. 브랜드도 괜찮고, 가격도 비슷하고, 성능도 비슷하고, 지인들의 추천도 거의 반반이다. 고민에 빠진 그에게 아내의 한마디, "이왕 사는 거, 좀 예쁜 걸로 사는 게 어때요? 요즘 기아가 디자인 광고 하는 걸 보니까 정말 디자인이나 색상이 많이 좋아진 것 같던데, K시리즈도 너무 예쁜 것 같고…." 아내의 말에 곰곰이 생각해 본 그는 결국 이왕 사는 거 좀 더 디자인이 잘 나온 K5를 사기로 최종 결심했다. **99**

다홍치마 효과란 가격이나 다른 조건이 비슷하다면 좀 더 예쁘고 매력적인 것에 호감이 더 간다라는 뜻이다. '기왕이면 다홍치마'라는 우리 속담처럼 같은 값이면 예쁜 것이 더 낫다라는 것이다. '보기 좋은 떡이 맛도 좋다'라는 속담도 역시 물건을 고를 때 외양이나 디자인을 중시여기는 우리나라 소비자들의 특징을 잘 보여 준다.

실제 우리 주변에서도 다홍치마 효과를 심심찮게 찾아볼 수 있다. 애플의 MP3플레이어 제품인 아이팟(ipod)은 경쟁제품보다 우수한 특징이나 성능이 없음에도 불구하고 독특하고 심플한 디자인과 색상으로 젊은 계층의 대대적인 호응을 얻어 대성공을 거두었다. 국내에서도 기아자동차는 외국의 유명 자동차 디자이너를 영입하고 전사적으로 '디자인 경영'을 표방하면서 턴어라운드에 성공하기도 하였다. 수년간의 노력과 투자 끝에 기아자동차 제품들은 비슷한 디자인을 채용하면서 일명 'Family Look'이라는 브랜드 개성요인을 가지게 됨으로써, 소비자들에게 새로운 모습으로 인식되고 있다. 이를 주도했던 피터 슈라이어는 그

디자인으로 성공한 대표적 사례 아이팟과 기아자동차의 소울(Soul)

성과를 인정받아 최고 디자인 책임자(CDO : Chief Design Officer)의 자리에 올랐고, 이후에도 역량을 유감 없이 발휘하고 있다.

❖ 제품과 사람을 불문하고, 소비자는 기왕이면 예쁜 것을 선호

다홍치마 효과는 소프트웨어 시장에서도 최근 두드러진다. 소프트웨어(SW) 개발의 새로운 화두로 디자인이 떠오른 것이다. 소프트웨어도 '이왕이면 예쁜 것이 좋다'라는 의미이다. 프레젠테이션을 보다 멋있게 만들거나 화려한 그래픽을 자랑하는 홈페이지를 만들 수 있는 솔루션이 인기를 끄는 것은 기본이고, 이제는 기능뿐 아니라 솔루션 그 자체도 예뻐서 사용하고 싶도록 만들어야 하는 시대이다. PC게임의 화려한 그래픽과 인터페이스에 익숙한 세대가 소비의 주류로 성장하고 있기 때문이다. 최근 PC게임 개발 툴을 살펴보면 디자이너와 개발자의 업무가 분리됐던 과거와 달리 최근 나오는 솔루션은 개발자와 디자이너가 함께 쓸 수 있는 툴이 주류를 이루고 있다. 즉 디자인이 SW 개발에서 중요한 요소가 되다 보니 개발자도 더 이상 디자인을 모르고서는 경쟁력을 가질 수 없게 된 것이다.

'보기 좋은 떡이 맛도 좋다'라는 속담을 여실히 보여주는 사례도 있다. 편의점업체 세븐일레븐은 손말이 김밥 2종의 디자인을 리뉴얼한 결과, 변경 전보다 매출이 15% 증가했고, 샌드위치도 디자인을 리뉴얼한 후 매출이 20% 늘었고 햄버거는 100% 증가했다. 바이더웨이도 삼각김밥의 패키지 디자인을 리뉴얼한 이후 매출이 22.6% 증가했고, GS25는 '참맛나는 세상'이라는 과자 자체브랜드(PB) 제품의 포장 디자인을 바꾼후 매출이 125% 늘었다. 이처럼 소비자들은 맛을 알지 못하는 신상품을 고를 때 디자인을 먼저 고려한다. 그리고 이후 맛이 만족스러울 경우 다시 재구매로 이어진다. 이렇듯 신제품은 디자인이 좋아야 일단 소비자들의 선택을 받을 수 있다.

또한 다홍치마 효과는 단순히 제품이나 브랜드에 국한된 현상이 아니다. 얼마 전 서울시 공무원을 대상으로 실시한 사이버 여론조사에서 94.2%가 공무원 사회에서도 외모가 사회생활의 중요한 요소라고 답하고 있다. 일반적으로 보수적이라 여겨지던 공무원 사회에서조차 외모지상주의가 확산되고 있음을 알 수 있다. 이처럼 신체적 매력이 있는 사람은 그렇지 않은 사람에 비해 사회생활에서 보다 유리한 위치를 점할 수가 있다. 취업 면접시, 첫인상의 중요성은 더 이상 강조될 필요가 없으며, 같은 학벌과 능력 등을 소유하고 있다면 이왕이면 멋지고 잘생긴 직원을 뽑고 싶은 것이 면접관의 인지상정이 아닐까?

이런 다홍치마 효과의 영향력은 어디서 기인하는 것일까? 학자들에 따르면 2가지 연관 효과와의 관련성을 지적한다. 첫째는, 후광 효과(Halo Effect)인데, 상대방의 신체적 아름다움이 당사자의 지각과 인식체계를 철저하게 왜곡시킨다는 것이다. 우리는 종종 외모가 잘생긴 사람을 만나게 되면, 그 사람이 성격도 좋고 머리도 영리하며 모든 것을 잘 할 것이라는 막연한 호감을 가지게 되는 경우를 경험한다. 둘째는, 동일시 효과(Identification Effect)로, 아름다운 사람과 동일시되고 싶어 하는 동기를 유발함으로써 아름다운 사람에게 쉽게 동의하게 된다. 아름다운 상대방을 접하게 되면 이 사람과 대립하기보다는 이 사람과 가까이 하고 싶은 욕구가 자연스럽게 발생하기 때문이다.

❖ 최소 비용으로 최대 효과를 노리는 합리적 이성적 소비 행태

그렇다면 과연 다홍치마는 소비자들의 다분히 감정적이고 즉흥적인 충동구매의 일환으로만 봐야 하는가? 다시 말해 다홍치마 소비자는 매우 감성적인 소비자인 것인가? 이 질문에 대해서는 보다 포괄적으로 한 번 생각해볼 필요가 있다. 다홍치마 효과란 결국 물건을 고를 때 가격이 동일하다면 자기에게 좀 더 유리하고 편리하며 품질이 좋은 것을 선택한다는 의미이다. 여기서 같은 가격이라는 말은 결국 소비자가 이래저래 조사해 본 결과 최대로 지불할 가치가 있는 가격이자 본인이 지불할 수 있는 최대가치의 돈이라는 뜻이다. 그리고 다홍치마는 결국 소비자 자신에게 최대의 효과와 혜택을 돌려주는 제품을 의미한다. 따라서 결과적으로 '다홍치마 효과'는 최소의 비용으로 최대의 효과를 누리는 가장 이상적인 소비패턴으로 볼 수 있다. 다홍치마 소비자는 어찌 보면 가장 이성적이고 합리적인 소비자일지도 모르겠다.

 왜 그는 K5 를 선택했을까?

그는 비슷한 가격대와 기능 및 성능을 보유한 소나타와 K5를 두고 고민한 가운데 결국 K5를 선택하였다. 전통적으로 현대의 소나타가 모든 면에서 조금은 더 낫다는 생각을 가지고 있었지만, 최근 나온 K5의 디자인이 확 개선되었다는 사실을 접하자마자 선택의 기준은 명확해졌다. 고만고만한 사양과 성능, 그리고 가격대를 가진 제품이라면 이왕이면 타고 다닐 때 폼나고 멋 있는 차가 더 실속 있는 차라는 결론을 내렸기 때문이다. 물론 여기에는 디자인이나 색상을 보다 중시여기는 여성 소비자인 아내의 의견도 일조하였다. 모든 조건이 동일하다면 나의 개성과 보다 어울리며, 색상이나 디자인에서 한발 앞서가는 제품을 선택하는 것은 어쩌면 너무나 합리적이고 이성적인 소비행태가 아닐까?

49가지 마케팅의 법칙 플러스

상징성과 간결함으로
감성을 자극하라

▶ 알파벳의 법칙 ◀

❝ 결혼 5년차 부부 민성과 신애 씨.

직장 초년병 시절 맞벌이 부부로 결혼한 지도 벌써 5년이 훌쩍 지났다. 결혼하면서 목표한 것도 있고 해서 아직 2세는 없고, 5년 동안 열심히 돈을 모으면서 지내왔다. 그러다보니 부모님의 2세 출산에 대한 독촉이 어마어마하다. 내년쯤에는 2세를 가지기로 결심한 그들은 올해 겨울 마지막으로 둘만의 달콤한 시간을 보내기로 한다. 둘 다 바쁜 직장생활로 시간이 넉넉지 않은 그들이기에 일단 서울 시내 호텔에서 2박 3일 알차고 멋지게 휴가를 보내기로 했다. 요즘 실속파 직장인들은 돈 들여 고생하지 않고 편하고 혜택 많은 호텔패키지를 많이 이용한다는 기사를 신문에서 봤기 때문이다. 그런데 과연 어떤 호텔을 선택해야 할지? 깊은 고민에 빠진 민성과 신애 커플. 인터넷 여행 웹사이트를 둘러보던 중, 아주 색다르고 특이한 이름의 호텔을 발견하고는 호기심이 발동한다. 'W 호텔…' 이런 호텔이 있었나? 하고 확인해 보니 세계적인 호텔그룹이 운영하며, 광장동 워커힐호텔과 붙어있는 6성급 호텔이다. 뭔가 다른 색다른 신비감이 느껴지는 W호텔에서 2박을 하기로 최종 결정하고, 민성이 신애 커플은 부푼 마음에 오늘 밤 잠을 설친다. **"**

알파벳 마케팅 혹은 알파벳 법칙이란 알파벳이 가지는 상징성과 간결함 등을 이용해 소비자들의 호기심과 상상력을 자극하는 마케팅 기법이다. 알파벳이 지니는 상징성 내지 간결함은 소비자들에게 원하는 메시지를 간결하고 함축적으로 전달함으로써, 기업이나 제품 브랜드의 인지도를 높이는 데 매우 효과적으로 사용될 수 있다. 또한, 복잡하고 어려운 개념을 단순화할 수 있는 장점도 있다. 이성보다는 소비자의 감성을 겨냥한 마케팅 기법의 일종이다.

❖ 국내 마케팅 성공 사례 중 알파벳 활용 건수 증가

기아차는 2009년 준대형 고급승용차를 새로 출시하면서 차명을 K7이라고 발표했다. A4, A6, A8 등 A라는 브랜드를 사용하는 아우디처럼 해외차 메이커에서는 가끔 볼 수 있지만, 국내 승용차 브랜드명을 영어약자 하나로 표기한 것은 처음 있는 일이라 많은 소비자들의 호기심을 불러일으켰다. 실제 K7이라는 차명을 선택하기 위해서, 기아차는 약

국내 승용차 중 최소로 알파벳 네이밍을 적용한 기아 K7

15개월 동안 해외 유수의 네이밍 컨설팅 회사 및 신경과학 분야 권위자의 자문을 받았다. 새로 출시되는 차량에 가장 어울리는 알파벳과 숫자의 조합을 찾기 위해 국내 및 해외 소비자 2백여 명을 대상으로 단어 연상, 시각 추적(eye-tracking), fMRI(기능성 자기공명 영상장치) 측정 등 뇌 반응 추적이라는 과학적 검증방법을 동원했다고 한다. 여기서 K는 기아차(Kia), 대한민국(Korea), '강함, 지배, 통치'를 나타내는 그리스어 Kratos, '활동적인, 동적인'의 뜻인 영어 Kinetic의 첫 글자를 의미하며, 7은 국내외에서의 대형차급을 의미하고 행운의 숫자도 의미하는 것으로 알려졌다. 결국 기아차는 브랜드적인 정체성뿐만 아니라 소비자의 직관 내지 무의식까지 반영해서 브랜드명을 결정한 것이다.

사실 국내에서 알파벳 마케팅의 효시는 바로 현대카드이다. 현대카드는 주력카드 종류만 수백 가지에 이르는 국내 카드시장에 26개 영어 알파벳을 소재로 한 알파벳 카드를 출시하여 대히트를 기록했다. 2000년대 초반 신규사업자로 시장에 진입한 현대카드가 2009년 말 현재 업계 2위까지 오를 수 있었던 원인 중 하나가 바로 알파벳 마케팅의

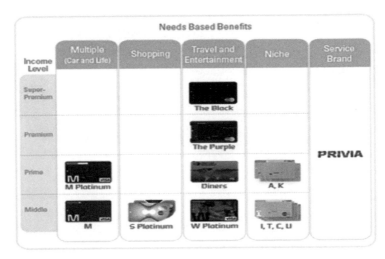

	Needs Based Benefits				
Income Level	Multiple (Car and Life)	Shopping	Travel and Entertainment	Niche	Service Brand
Super-Premium			The Black		
Premium			The Purple		PRIVIA
Prime	M Platinum		Diners	A, K	
Middle	M	S Platinum	W Platinum	I, T, C, U	

고객세분화 그룹과 알파벳을 매칭시킨 현대카드

힘이었다.

예를 들어 M은 원래 자동차 토털 서비스를 강조하는 motor의 의미에서, 자동차에 관심 많은 남성 Man, 시대적 트렌드인 Mobile, 최근에는 보다 많은 혜택을 강조하는 Multiple의 의미를 포함하고 있다. S는 흔히 여성의 볼륨감 있는 몸매를 표현하는 말로, 여성의 특징을 나타내는 Style, sexy, 그리고 여성들의 최대 관심사인 Shopping 등의 단어를 연상시킨다. 최근에는 P도 출시하였는데, 이는 Purple(자주색)의 약자로 우리나라에서 전통적으로 고급스러운 귀족 양반의 색상을 강조하여 VIP 타깃 카드로 런칭하였다. 이처럼 현대카드는 각 소비자의 세그먼트별 취향과 특성을 가장 잘 나타내는 알파벳을 찾아냄으로써, 소비자의 니즈를 충족시키면서 자사의 브랜드 이미지를 각인할 수 있었다.

❖ 알파벳은 소비자에게 상징성, 호기심, 심미감 등을 제공

미국의 마케팅 서비스업체인 스트레티직 네임 디벨롭먼트사에서 미국인들에게 가장 많이 알려진 1,000개의 브랜드 네임을 대상으로 실시한 조사에 따르면, 응답자들은 첫 알파벳에 따라 전통적-혁신적, 남성적-여성적 분위기의 브랜드 네임을 인지하였다. 가령 C, S, B로 시작되는 브랜드 네임은 전통적인 분위기가 연상되는 것으로 조사됐다. 코카콜라(Coca-Cola), 시어스(Sears), 버드와이저(Budweiser) 등 장수 브랜드가 이들 알파벳으로 시작하는 단어가 많기 때문에 소비자들에게 친숙하게 느껴진 것이다. 이에 반해 브랜드명이 Q, X, V로 시작하는 경우 혁신적인 분위기가 느껴진다고 한다. 이들 알파벳은 많이 쓰이지 않는 자음들이기 때문에 신선하게 느껴지는데, 특히 X도 과거의 부정적인 인식에서 벗어나 미래지향적이고 적극적인 의미를 내포하는 것으로 조사됐다. 또한 여성에게 어필하는 브랜드 네임을 정할 때는 L이나 V로 시작하는 단어가 좋으며, 남성을 대상으로 하는 마케팅에서는 단연 X가 주목을 받고 있다.

이러한 조사결과는 국내 사례에서도 여실히 입증되고 있다. 광동제약은 출시 후 매출이 부진하던 '광동 옥수수 수염차'에 'V라인'이라는 컨셉트를 도입하여 대박 상품을 만들어 냈다. 즉 옥수수 수염을 차로 끓여마시면 붓기가 빠져 얼굴이 V라인이 된다는 사실에 근거해 'V'를 강조함으로써 여성 소비자들의 마음을 사로잡았다. LG는 수년 전 'X 마케팅'을 적극적으로 활용한 바 있다. LG전자는 대화면 TV 'X-CANVAS', 노트북 브랜드 'X-NOTE', LG파워콤의 인터넷서비스 브랜드 'Xpeed' 등을 사용함으로써, 전자 정보통신 분야의 계열사들이 모두 'X'라는 알파벳을 표시했다. 이를 통해 젊은 남성 소비자들에게 첨단, 미래, 혁신 이미지를 효과적으로 전달했다.

SK텔레콤은 이동통신 선두업체로써 기업 브랜드와 개별상품 브랜드를 다양하게 사용해 오다가, 통합적으로 상품 및 기업 브랜드를 아우를 수 있는 브랜드로 'T'를 도입했다. 'T'는 Telecom, Technology, Top, Trust 등 다양한 의미를 가지며, 다시 브랜드 슬로건 '24 : hours T'를 통해서 일관된 광고마케팅 활동을 펼쳤다. SK텔레콤은 T를 통해서 다양한 개별 브랜드들을 관리함과 동시에 이동통신 산업을 넘어서 다양한 신규 사업에까지 나아가는 기업 이미지를 소비자들에게 심어주고자 하였다. 이동통신업체인 KTF는 음성통화 외에 메시지 콜·예약 콜 등 다양한 통화방식이 가능한 '보이스엔' 서비스를 도입하면서 알파벳 '엔(N)'을 강조하는 마케팅을 선보이기도 했다.

왜 기업들은 이렇게 알파벳 마케팅을 적극적으로 사용하고 있을까? 광운대 산업심리학과 이병관 교수는 한 신문사와의 인터뷰에서 다음과 같이 설명한다. "알파벳 마케팅은 불완전한 정보를 완결하려는 인간의 동기와 호기심을 자극하는 일종의 변형된 티저 기법으로, 기업의 서비스나 브랜드 이미지를 간결하고 효과적으로 전달하는 데 적극적으로 사용될 수 있다. 그리고 함축적 의미를 지속적이고 차별성 있게 고지하여 브랜드 정체성을 축적, 유지시켜야만 원하는 마케팅 효과를 거둘 수 있다."

결국 알파벳 마케팅은 소비자들에게 다양한 호기심과 상상력, 그리고 미적 감흥을 줄 수 있으며, 기업은 이를 통해 소비자 세그먼트별 취향과 특성을 잘 반영함으로써 소비자 만족을 유도하며, 다양한 연관 분야로의 브랜드 확장을 추진케 하는 등의 역할을 할 수 있는 것이다.

°왜 그들은 W호텔 을 선택했을까?

민성과 신애 커플은 둘만의 달콤한 여행지로 호텔을 계획한 다음, 여러 대안들 중에서 W호텔을 선택하였다. W호텔은 모 신문사에서 발표한 조사에서 국내 3위를 차지하였다. 2006년 8월에 오픈한 신생 호텔이 국내 굴지의 호텔들을 제치고 3위를 기록한 것을 두고 업계에서는 적지 않게 놀라고 있다. 실제 W호텔이 주 컨셉트로 내세우고 있는 스타일, 트렌드, 디자인, 최첨단, 릴렉스 등의 이미지와 함께 제시되고 있는 'W'라는 브랜드는 젊은 신세대 계층에게는 기존 호텔들과는 완전히 차별화되는 새롭고 모던한 이미지로 다가갈 수 있었다. 여기에 Wealth, Well-being, Whatever, Whenever 등의 부가적 연상 이미지가 떠오르면서 민성과 신애 커플에게는 무한한 상상력과 호기심이 일어났던 것이다. W호텔이 신세대 커플들에게는 가장 가고 싶고 확인하고 싶은 호텔로 포지셔닝할 수 있었던 비결이 바로 'W'에 있었던 것이다.

31

색상으로 개성을
표현한다

▶ 컬러의 법칙 ◀

    " 사회생활 5년차를 맞는 영미 씨는 고민 끝에 부모님과 떨어져 분가를 결심했다. 외동딸이 혼자 사는 것을 염려하는 부모님의 만류에도 불구하고, 결혼 전에 자신만의 공간과 시간을 가져보고 싶었던 것이다. 그간 나름대로 계획적인 생활과 저축을 해온 탓에, 만기가 다가온 적금과 펀드 등으로 작지만 아담한 원룸 보증금 정도는 해결할 수 있을 듯 했다. 이삿날이 다가오자 영미 씨의 극구 만류에도 불구하고 어머니는 이것 저것 살림살이를 장만해주겠다고 나서신다. 영미 씨는 부모님의 도움은 가급적 안 받겠다는 생각이었지만 한사코 거절하기도 어렵고 해서 냉장고 하나만 사달라고 말씀을 드렸다.

어머니와 함께 대형마트와 가전제품 매장을 둘러보던 영미 씨는 생각보다 냉장고 색상이 다양한 것에 내심 놀랐다. 회사일에 바빠 관심이 없을 때는 그저 냉장고는 하얀 색만 있는 것으로 알았는데 빨간색이나 핑크색은 물론 가구에나 있을 법한 고급하고 엔틱한 무늬까지 그 종류가 다양했던 것이다. 며칠을 둘러보던 영미 씨는 평소 자신이 가장 좋아하는 빨간색의 장미 문양이 새겨진 LG 디오스 냉장고를 선택했다. 그녀는 평소에도 빨간색 립스틱을 주로 바르고, 가방이나 머플러도 거의 빨간색만을 사용하곤 했다. **99**

컬러 마케팅 혹은 컬러의 법칙은 색상으로 소비자의 욕구를 자극시키는 기법을 말한다. 소비자의 구매력을 자극하는 가장 중요한 요인을 색으로 보고, 이를 활용해 소비자의 구매를 결정짓게 하는 마케팅 기법이다. 기업의 제조기술이 상향평준화 되면서 제품 자체보다는 브랜드와 디자인 등이 강조되고 있으며 디자인의 한 속성으로써 색상이 강조되고 있다. 일반적으로 소비자들은 색채에 대해서 감성적 반응을 보이므로 이것이 구매충동과 연결될 수 있다는 것이 컬러 마케팅의 기본 논리다.

❖ 컬러는 세계적 기업들의 필수 마케팅 도구

기업에서의 컬러 마케팅의 시초는 1920년 미국 파커사의 빨간색 만년필이다. 그 당시만 해도 여성용 만년필은 남성용보다 조금 가늘었을 뿐 검은색이 전부였다. 이때 파커사는 여성의 립스틱을 응용하여 빨간색 만년필을 출시, 센세이션을 일으키며 엄청난 매출을 올렸다. 1993년 다시 태어난 폭스바겐의 뉴비틀을 이야기할 때도 빼놓을 수 없는 것이 색상이다. 은색, 노란색, 연구색 등 그 당시만 해도 자동차에는 생소한 색상을 선보이면서 소비자들의 대단한 관심을 불러일으켰다. 또한 차량명에도 카메오 블루, 레몬 엘로우, 사이버 그린, 테크노 블루 등 색상을 연상시키는 이름을 사용하였다.

코카콜라의 붉은색을 이용한 마케팅은 컬러 마케팅의 신화적인 성공 사례로 손꼽힌다. 콜라하면 가장 먼저 떠오르는 이미지가 바로 빨간색이다. 물론 최근 펩시콜라가 파란색 이미지를 사용하면서 파란색을 떠올리는 소비자들도 일부 있지만 아직까지 대세는 빨간색이다. 엄청난 브랜드 가치를 가지고 있는 코카콜라는 전 세계 각국에서 다양한 마케팅을 전개하고 있지만 빨간색만큼은 통일되게 사용하고 있다. 코카콜라는 병, 패키지, 웹사이트, 자동판매기, 차량, 광고물 등에 모두 공통적으로 코카콜라의 로고와 빨간색을 사용함으로써, 브랜드 이미지와 브랜

컬러 마케팅으로 성공한 뉴비틀과 코카콜라

드 연상을 통한 브랜드 자산 가치의 상승을 유도하고 있다. 심지어 코카콜라는 산타클로스를 상업적으로 활용함으로써 자사의 컬러 마케팅에 사용하기도 하였다. 전설 속에 나오는 산타클로스를 빨간색과 하얀색 망토를 입은 인자한 모습의 할아버지로 부활시켜, 빨간색과 하얀색 조합의 로고인 코카콜라와 완벽하게 매칭시킴으로써, 겨울에도 소비자들이 코카콜라를 찾도록 한 것이다.

❖ 국내에서도 컬러가 마케팅의 핵심적 도구로 사용되는 사례 증가

최근 국내에서도 컬러 마케팅은 중요한 마케팅 기법으로 활발히 사용되고 있다. 코엑스(COEX)에서 20, 30대 직장인 221명을 대상으로 조사한 결과를 보면, 전체 응답자의 92.6%가 제품 구입시 시각적인 요소를 가장 중시한다고 답했다. 반면 만져보고 산다는 5.6%, 듣고 산다와 냄새를 맡아보고 산다는 각각 0.9%에 그쳤다. 다음으로 상품 구매시 컬러가 얼마나 중요한 영향을 미치는가에 대해서도 전체 응답자 중 84.7%는 색상에 절반 이상의 비중을 두고 구매한다고 응답하였다.

국내에서 전통적으로 컬러 마케팅이 가장 활발히 사용되고 있는 분야는 휴대폰시장이다. 도입초기에서 1997년까지 휴대폰의 주요 색상은 블랙이었다. 초창기는 디자인이나 컬러보다는 기술에 보다 집중하였던 것이다. 1998년부터 2005년까지는 실버와 골드 색상이 중심이었다. 하지만 폴더형, 슬라이드형 등 다양한 디자인이 도입되면서 색상도 점차 다양화하게 된다. 그러다가 2006년 이후는 블랙, 화이트, 핑크, 노랑, 아

파격적으로 다양한 컬러를 선보인 애플의 아이폰 5C

이보리 등 다양한 컬러의 핸드폰이 등장하면서 휴대폰의 패션 시대가 열리게 되었다. LG전자 CYON의 컬러홀릭폰, 롤리팝 등 모델은 수십 가지의 다양한 원색을 사용한 제품을 출시하고 있으며, 삼성전자 Anycall도 컬러재킷폰, 햅틱팝, 고아라폰 등의 모델을 통해서 다양한 색상과 무늬를 사용한 휴대폰을 판매하고 있다. 애플이 촉발시킨 스마트폰 역시 마찬가지다. 초기 아이폰이나 갤럭시 등의 스마트폰은 화이트와 블랙 두 가지 색상뿐이었지만 2013년 애플은 파격적으로 다양한 컬러의 아이폰 5C를 내놓았고, 삼성의 갤럭시 시리즈나 LG의 G 시리즈도 여러 가지 색감의 제품을 내놓고 있다.

최근 DSLR 카메라 시장에도 컬러 바람이 세차게 불고 있다. 전통적으로 전문가들이나 사용하는 고급 사양의 카메라로 인식되던 DSLR 카메라의 수요층이 일반인 및 여성층으로 확대되면서 화이트, 브라운, 레드 등 다양한 색상의 카메라가 등장하기 시작하였다. 디지털 카메라 시장이 급속히 성장하면서 이미 디지털 카메라 시장은 다양한 색상과 디자인이 제품 선택의 기준으로 작용한 지 오래다. 하지만, DSLR 카메라의 경우 전문가들만 사용하는 제품으로서 제품의 기능과 성능이 여전히 가장 중요한 요소로 인식되었다. 하지만 올림푸스가 '뮤' 시리즈를 출시하면서 발상의 전환을 통해 전통적인 검은색을 버리고 다양한 색상들을 선보이면서 이러한 시장의 흐름은 완전히 뒤바뀌게 된다. 곧이어 소니와 펜탁스 등 경쟁업체들도 속속 컬러 제품들을 출시하면서 이제 DSLR 카메라 시장은 컬러의 완전경쟁 시장으로 바뀌게 되었다.

기업의 대대적인 혁신을 위해 기업 CI나 제품 브랜드의 로고나 색상을 교체하는 경우는 컬러가 기업의 생존을 좌우할 정두로 중요하다. 최근 CJ제일제당의 '백설' 사례가 바로 그러한 경우이다. 1965년 '백설표 설탕'으로 시작한 백설 브랜드는 44년간 눈 결정체 모양의 로고를 사용하며 성장을 거듭해 왔다. 하지만 다양한 제품군으로 사업영역을 확대하면서 기존 브랜드 이미지의 한계를 느끼면서 새로운 브랜드 정체성(BI)를 만들게 되었다. 그런데 새롭게 바뀌게 된 백설 브랜드 로고에서 가장 두드러진 부분이 바로 강렬한 색감의 사용이다. 전통적으로 사용하던 설탕 이미지인 흰색을 버리고 강렬한 빨간색을 선택한 것이다. 톡톡 튀는 감성, 그리고 에너지와 열정을 지향하는 새로운 '백설'의 이미지 컬러로 감각적인 레드 컬러를 낙점했다는 설명이다. 이를 통해 CJ제일제당은 '백설' 브랜드의 주 소비계층인 30, 40대 주부층을 넘어 20대 젊은 층에까지 어필할 수 있는 젊고 감각적인 브랜드로 자리 잡으려 하고 있다.

컬러 마케팅이 최근 각광받고 있는 가장 큰 이유는 앞의 사례들에서 본 것처럼 바로 색채가 가지는 이미지와 상징의 힘이 매우

파격적인 빨간색으로 재탄생한 백설표 로고

크기 때문이다. 여러 가지 컬러들은 모두 자신만의 이미지를 가지고 있으며, 이는 역사적, 사회적으로 형성된 상징을 표현한다. 가령 초록색이나 파란색을 보면 우리는 마음이 편안해지는 느낌을 받으며 빨간색이나 자주색 등을 보면 정열적이고 따뜻한 느낌을 가지게 된다. 이와 같이 서로 다른 여러 가지 색상들은 자신만의 독특한 느낌과 상징을 표현함으로써, 일상 생활에서 능률적이고 쾌적한 분위기를 조성할 뿐만 아니라 기업의 마케팅 측면에서도 효과적이고 강력한 도구로 활용되고 있다.

왜 그녀는 왜 빨간색 냉장고 를 선택했을까?

앞서 말했듯이 빨간색은 정열적인 느낌을 주는 색으로 젊은 층의 취향을 대변한다. 신혼부부의 단골 혼수품목인 냉장고나 김치 냉장고, 에어컨 등의 색상에 많이 사용되는 까닭이다. '백색가전'이라는 말이 무색한 시대가 된 것이다. 소비자는 자신이 자주 접하는 제품의 색상을 적극적으로 선택함으로써 감정을 이입하고, 때로는 주위 사람들에게 그 제품을 통해 자신의 정체성이나 감정 상태 등을 전하기도 한다. 10대 소년이 입고 있는 빨간색 스웨터와 70대 노인이 입고 있는 빨간색 스웨터가 똑같이 느껴질 수 있을까? 누구에게는 자연스런 일상의 소품이 누구에게는 삶을 좀 더 공격적으로 살아가려는 의지의 표현일 수도 있는 것이다. 영미 씨는 평소 자신이 좋아하는 빨간색 냉장고를 선택함으로써 심리적 안정감과 동시에 독립에의 의지를 새삼 다진 것이라 볼 수 있다.

32

짧지만 강한
'소리'의 마력

▶ **청각 자극의 법칙** ◀

　　　　　결혼 12년차인 준성과 영희 씨 부부. 오랫동안 맞벌이를 하면서
고생 끝에 분당에 30평대 아파트를 장만하게 되었다. 이전에 20평대 아
파트에 오래 살았기 때문에 그동안 사고 싶은 가구나 가전이 있어도 꾹
참고 살아왔다. 그래서 아이들과 함께 가족회의를 한 결과, 이번 기회에
가장 많이 사용하는 TV와 냉장고를 바꾸기로 결정한다. 어디로 가서 살
지를 고민하던 준성과 영희 씨 부부에게, 10살 난 큰 아들이 이렇게 말
한다. "하이마트로 가요~♬, 얼마 전에 친구 동식이도 거기 가서 휴대폰
을 샀대. 싸고 좋은 전자제품이 정말 많이 있다던데…." 항상 TV에서 듣
던 CM송을 다시 들은 준성과 영희 씨 부부는 친숙하면서도 편안한 멜

로디와 함께 좋은 이미지로 기억하고 있는 하이마트인지라 바로 결심을 하고, 이번 주말에 온 가족이 함께 근처에 있는 하이마트로 가기로 약속했다. **99**

'찹쌀떡~♬, 메밀묵~♬'. 우리나라의 40, 50대층은 골목에서 들려오는 찹쌀떡 장수 아저씨의 카랑카랑한 외침에 군침이 도는 경험이 있을 것이다. 이처럼 청각 자극의 법칙이란 시각적인 것보다 재미나 흥미를 유발할 가능성이 보다 높은 청각적 효과를 이용하여 소비자들의 뇌리에 각인시켜 홍보하는 마케팅기법이다. 최근 펀(Fun) 마케팅 차원에서 재미를 가미한 CM송이나 효과음이 인기를 얻으면서, 이를 활용하여 성공한 다수의 히트 상품들이 등장하였다. 국악소녀의 판소리가 인상적인 올레KT, 광동제약 비타 500, S-oil, 하이마트 등 이루 셀 수 없을 정도다. 일반적으로 청각 자극은 종류가 다양하고 비용대비 효과가 큰 것으로 알려지고 있으며, 특히 CM송의 경우 사람들에게 무의식적으로 따라 부르게 하는 효과가 있어 브랜드 인지도를 높일 수 있는 등의 장점을 가지고 있다.

❖ 노래 또는 운율로 브랜드를 반복 전달하여 친밀감 제고

청각 자극 법칙과 관련해서 가장 많이 사용되고 있는 기법이 바로 징글(Jingle) 이다. 징글은 흔히 CM송이라고도 불리는데 정확한 표현은 징글 또는 싱잉 커머셜(singing commercial) 이 맞다. 짧은 내용을 반복해서 연속적으로 호소하거나 노래하는 등의 장단을 말한다. 즉 광고를 목적으로 만든 CM송(Commercial Message Song)으로서 회사명, 상품명, 슬로건 등의 기억과 재생을 위한 CM 표현기법이다. CM은 다시 노래로 만든 것, 상품명만을 반복 호소하는 것, 그리고 기업 전체나 상표를 노래하는 것 등으로 나누어진다.

대표적인 CM송 사례로는 S-oil을 들 수 있다. S-oil 광고를 제작한 제일기획은 품질의 우수성을 감성적인 내용으로 표현하기 위해 노래를 사용했다고 제작배경을 설명한다. 광고기획을 담당한 이원열 AE는 "광고를 기획했을 당시 S-oil은 주유소 수도 많지 않고 시장점유율도 상대적으로 높지 않았지만 품질이 뛰어나다고 생각하는 마니아층이 많았다"고 회상했다. 결국 S-oil은 손예진, 차승원, 김태희, 박찬욱 감독 등 유명 연예인을 밴드형식으로 선보이면서, '오늘은 왜 이리 잘나가는 걸까? 나는 S-oil, 좋은 기름이니까'라는 CM송을 부르게 함으로써, 소비자들의 머릿속에 S-oil이라는 브랜드를 확실히 각인시킬 수 있었다.

최근 KT는 유무선 통합서비스인 'ALL-IP서비스'를 런칭하면서 고객에게 새롭고 다소 어려운 이 개념을 어떻게 전달할지 고민하였다. 그 결과 이 어려운 개념을 노래가사를 통해 쉽게 풀어내고자 재미있고 흥미로운 CM송을 도입하였다. 노래가사는 "올라잇, 올아이피 / 스마트폰·TV·태블릿·인터넷과 집전화 / 꿈으로만 이뤄졌던 상상의 언덕을 지나 / 모든 게 경계 없이 모든 게 연결되고 / 날아올라 올라잇 올라잇"이다. 또한 오디션 프로그램인 KPOP스타에 출연하여 큰 화제를 모으고 있는 다양한 신인가수들을 모델로 사용해 참신함을 더함으로써 효과를 배가시킬 수 있었다.

남매로 구성된 악동뮤지션이 등장하는 **KT의 ALL-IP** 광고 장면

CM송 이외에 '효과음+브랜드 로고'를 사용한 경우도 있다. 인텔(Intel)은 컴퓨터의 CPU(중앙처리장치)를 생산하는 업체로 소비자에게 직접적으로 제품을 판매하지 않고 델이나 삼성전자 같은 컴퓨터제조회사에 납품한다. 따라서 소비자들에게 자사의 브랜드를 알릴 수 있는 기회가 상대적으로 제한적이다. 하지만 인텔은 4박자의 짧은 디지털적인 징글음을 사용함으로써, 소비자들에게 인텔의 첨단 기술을 상상하게 하면서, 징글 소리만 들어도 인텔 마크를 떠올릴 수 있도록 만들었다. 이처럼 효과적인 징글 운율과 함께 보이는 브랜드 로고나 심볼 등은 복합적인 상승효과를 일으킴으로써, 소비자들로 하여금 해당 브랜드를 더욱 강하고 오랫동안 기억하도록 할 수 있다.

단순히 브랜드명을 리드미컬하게 읽는 것만으로도 대단한 효과를 거둘 수 있다. 유니레버는 한국에 들어온 초창기, 소비자들이 도브, 바세린, 립톤 등 개별 제품명은 많이 알고 있지만, 기업명 유니레버는 거의 모

독특한 운율과 함께 브랜드 로고를 전달하는 인텔

른다는 사실을 발견하였다. 한국에서는 대기업이나 유명회사 등이 생산한 제품을 보다 신뢰하는 경향이 있음을 파악한 유니레버는 기업브랜드 홍보를 보다 강조하기로 한다. 결국 모든 유니레버 제품의 광고 마지막에 기업브랜드 제시와 함께 리드미컬한 멘트를 삽입함으로써, 소비자들에게 일관되고 인상적인 인식을 심어줄 수 있었다.

❖ 시각의 한계를 보완·발전시키는 청각 효과

≪한국형 마케팅 불변의 법칙 33≫(여준상, 더난출판사, 2003)을 보면, 한글과 영어로 된 브랜드의 경우 시각적 자극 외에 청각 자극을 추가했을 때 호감도가 증가한다고 한다. 따라서 기업브랜드 광고 등에서 시각적 자극과 함께 청각적 자극을 사용할 경우 소비자들의 친밀감을 증가시킴으로써, 광고 효과를 극대화할 수 있다. 국내 광고 학술지에 발표된 한 논문(나운봉, 2009)에서도 광고 메시지 전달에서 청각적 요소가 시각적 요인에 비해 소비자들의 태도 및 행동에 더 큰 영향을 미치는 것으로 나타났다. 특히 15초의 광고시간 동안 시계열적으로 보면 초기에는 시각적 효과가 보다 강하게 작용하였으나 후반으로 갈수록 청각적 요소가 더 크게 영향을 미치는 것으로 나타났다. 따라서 광고의 마지막

3~4초간에 징글과 같은 청각적 메시지를 확실하게 전달해야만 성공적인 광고 캠페인이 될 수 있다.

하지만 징글이나 CM송이 항상 효과가 있는 것은 아니다. 삼성전자의 고급가전 브랜드인 하우젠의 경우, 은나노 세탁기 제품에 대한 광고에서 '살균세탁 하셨나요? 하우젠~♬'이라는 CM송을 사용하였으나, 너무 하이톤으로 듣기 거북한 여성의 음성을 반복함으로써 소비자들의 비난을 감수해야 했다. 징글이나 CM송은 항상 소비자들의 감성과 취향을 잘 반영해야만 성공할 수 있다는 사실을 잊지 말아야 한다.

왜 그들은 하이마트를 선택했을까?

준성과 영희 씨 부부는 평소 TV를 통해 다양한 배우와 에피소드를 통해 재미있는 광고를 보여주는 하이마트를 잘 알고 있었다. 특히 항상 광고 중에 나오는 "하이마트로 가요~♬"라는 소절은 재미있는 광고 장면과 함께 자주 보고 들어서인지, 항상 친숙하고도 즐거운 느낌을 받곤 했다. 이처럼 "하이마트로 가요~♬"라는 CM송은 무의식적으로 준성과 영희 씨 부부에게 하이마트에 대한 호감과 친밀감을 강화시키는 역할을 했던 것이다. 실제 삼성전자나 LG전자의 가전대리점, 전자랜드 등은 지속적인 광고활동을 하지 않고 있어서인지, 백화점이나 할인점을 이용하지 않는 소비자들은 대부분 하이마트를 이용하고 있다. 재미있고 멋진 CM송을 꾸준하게 해 온 것이 바로 하이마트의 성공 비결 중 하나였던 것이다.

33

몽타주로 호기심을
자극히리

▶ 크레쇼프 효과 ◀

❝ 결혼 10년차 주부 은진 씨.

  남편과 아이들이 모두 출근하고 난 월요일 오전, 편안한 마음으로 소파에 앉아 커피 한 잔을 즐기면서 케이블TV를 시청중이다. 결혼 후 두 아이를 키우느라 항상 집에 있다 보니 가장 많은 시간을 같이 하는 것이 TV다. 특히 아침드라마와 저녁드라마는 거의 빠짐없이 보는데, 갑자기 TV에서 새로운 드라마 〈신의 선물〉 예고가 나오기 시작했다. 평소 좋아하던 이보영, 조승우, 김태우는 물론 소위 뜨고 있는 아이돌 배우 바로까지 최고의 캐스팅도 매력적이지만 예고편 곳곳에 뭔가 엄청난 비밀이 숨어있을 것 같은 호기심이 발동한다. 전혀 다른 형태의 스릴러를 표방한 드라마인 것 같은데 대충 줄거리를 알 것 같기도 하고, 또 전혀 모를 것 같기도 하다. 새로운 드라마를 보고 싶은 마음에 들뜬 은진 씨, 마지막 장면에 나오는 최초 방송 일자를 눈여겨보며 달력에 메모까지 한다. **99**

크레쇼프(Koulechove) 효과는 몽타주('조립하는 것'이라는 의미의 프랑스어) 효과라고도 하며, A장면 뒤에 바로 B장면을 배치시켜 보다 함축적인 의미를 전달하는 기법을 말한다. 이는 사진이나 영상을 본 사람들이 자신의 가치관이나 성향에 따라 그것에 의미를 부여하는 것을 마케팅적으로 활용한 것이다. 따라서 크레쇼프 효과를 이용한 광고 장면을 본 소비자는 단순히 수동적으로 메시지를 받아들이는 것이 아니라, 각 장면의 관계 속에 숨어있는 의미를 보다 능동적으로 찾아가게 된다.

원래 크레쇼프 효과는 영화제작 기법으로 잘 알려진 몽타주 기법에서 유래하며, 이는 러시아의 영화 이론가인 레프 크레쇼프에 의해 완성되었다. 그는 한 실험에서, 먼저 한 인물의 무표정한 얼굴을 관객에게 보여준 다음, 관 앞에서 울고 있는 여인, 소꿉장난하고 있는 천진스런 어린 애들, 식탁의 스프 접시를 각각 연결하여 관객에게 보여주었다. 그러자 관객은 한 인물의 동일한 표정을 전후의 각 상황에 따라 다른 표정으로 느낀다는 것을 발견하였다. 이후 연속된 실험을 통해 몽타주 기법은 하나의 표현기법으로 완전히 정착하게 되었다.

❖ 영화, 드라마, 광고에서 가장 활발히 사용되는 영상 기법의 일종

실제 크레쇼프 효과를 가장 많이 활용하고 있는 곳은 영화나 드라마, 그리고 광고 분야이다. 영화나 드라마의 경우 예고편을 통해서 소비자들의 관심과 주목을 끄는 데 많이 활용되고 있으며, 광고의 경우 티저 광고 형태로 본 광고가 런칭되기 전 소비자의 궁금증을 불러일으키는 데 주로 사용되고 있다.

영화 〈모던보이〉(2008)의 경우, 유명 배우들의 출현과 함께 몽타주 기법을 활용한 예고편의 상영을 통해서 개봉 전부터 많은 화제를 불러 모았다. 영화에서도 빵, 커피, 시계, 지갑, 신발 등 6개의 장면만으로 연결 컷을 구성하여 외출준비 장면임을 암시하는 내용 등은 전형적인 몽타주 기법을 잘 보여주고 있다. 영화 〈친절한 금자씨〉(2005)에서도 주인공이 교도소를 출소하는 장면에서, 쟁반위의 두부를 받다가 접시를 떨어뜨리는 장면을 연주자의 심벌이 떨어지는 장면으로 오버랩한다. 이를 통해 형태(접시와 심벌즈)와 음향(접시 깨지는 소리와 심벌즈 소리)의 연상을 유도했다.

TV 프로그램이나 드라마의 예고편도 크레쇼프 효과를 광범위하게 사용하고 있다. 특히 TV 프로그램과 드라마의 경우, 최근 증가하는 채널 수로 인한 채널경쟁의 심화로, 소비자들의 주목과 관심을 즉각적으로 끄는 것이 무엇보다 중요하다. 최근 런칭하는 예능 프로그램들의 예고편을 보면, MC와 출연진, 그리고 다채로운 프로그램들을 짤막짤막한 컷으로 신속하게 보여주면서 소비자들로 하여금 재미와 흥미, 그리

자동차 충돌장면에 동물을 사용해 이슈가 된 피아트의 광고

고 호기심과 궁금증을 증폭시키는 것을 볼 수 있다.

광고 분야에서도 크레쇼프 효과는 매우 유용한 기법으로 사용될 수 있다. 광고에 대한 주목과 호기심을 자극하여 광고효과를 극대화하는 데 도움을 줄 수 있기 때문이다. 국내에서 가장 흔히 볼 수 있는 사례가 바로 자동차회사들이 신차를 출시하기 전에 내보내는 티저 광고이다. 자동차의 주요 부분과 핵심 기능에 대한 장면들을 스틸컷 형태로 연속해서 보여줌으로써, 소비자들의 관심과 궁금증을 극대화하는 효과를 보고 있다.

몇 년 전 몽타주 기법으로 제작된 이탈리아 피아트사의 광고는 색다른 결과를 가져왔다. 각종 동물들을 운전석에 앉히고 충돌실험을 하는 장면을 내보냈는데, 피아트사는 자동차 생산과정에서 환경에 끼치는 악영향을 최소화한다는 점을 강조하고자 하였다. 또한

49가지 마케팅의 법칙 플러스

온실가스 배출을 줄여 지구 환경 보호에 기여하고 나아가 위기에 처한 동물들도 구하겠다는 의도였다. 하지만 의도는 좋았는데, 문제가 발생했다. 네티즌을 중심으로 동물학대의 인상을 준다는 불만이 제기된 것이다. 결국 피아트사의 의도와는 상관없이 소비자들로 하여금 불신을 가져오는 역효과를 가져온 것이다.

크레쇼프 효과의 사용범위와 빈도는 앞으로도 더욱 늘어날 전망이다. 하지만 피아트사의 광고에서도 본 것처럼, 크레쇼프 효과의 경우 제작 기법에 있어 보다 신중하고 세밀한 접근이 필요하다는 것이 전문가들의 일치된 견해다. 몽타주 기법은 기본적으로 많은 암시와 함축, 그리고 여백을 제시하게 되는데, 관객이나 시청자가 의도한 대로 따라주지 않는다면 오히려 부정적인 효과가 있을 수 있기 때문이다. 타깃의 특성과 취향, 그리고 시대사적 트렌드를 잘 반영하는 것이 크레쇼프 효과를 제대로 낼 수 있는 방법임을 잊지 말아야겠다.

왜 그녀는 드라마 〈신의 선물〉을 기다릴까?

은진 씨가 궁금해 하며 방영을 기다린 드라마는 조승우의 드라마 복귀작 〈신의 선물〉이다. 기존의 드라마 광고와는 달리 마치 영화 예고편처럼 주요 장면들을 스틸컷 형태로 내보면서 궁금증을 극대화시키고 누가 범인인지, 어떻게 사건을 해결할 것인지 등에 대해 많은 상상을 하게 만들었다. 때문에 그녀는 꼭 〈신의 선물〉을 봐야겠다고 결심한 것이다. 단순하게 드마라의 첫 장면만을 봤다면 이만큼 기대치가 높아졌을까?

34

오감으로
직접 체험한다

▶ Touchy-Feely 법칙 ◀

❝ 올해 38세의 김후영 씨는 토요일 오후 아내와 함께 상암동 CGV를 찾았다. 아이가 태어난 후 극장에는 한 번도 올 수가 없었는데 결혼 5주년 기념일을 맞아 아이를 장모님에게 맡기고 영화를 보러 온 것이다. 지난 주 어떤 영화를 볼까 아내와 상의하는데 아내는 이왕 보는 거 오감 체험을 할 수 있는 4D상영관을 이용하자고 한다. 친구들 이야기에 따르면 정말 '짜릿함' 그 자체라며 보통 영화와는 전혀 다른 경험을 선사할 것이라고 했단다.

드디어 영화가 시작됐고, 후영 씨 부부는 상영시간 내내 온몸으로 영화를 체험하는 색다른 경험을 할 수 있었다. 실제 폭발하는 장면에서는 불길이 관중석까지 다가오는가 하면, 비 내리는 장면에서는 실제로 수증기가 뿌려지고, 꽃밭이 나오는 신에서는 실제 꽃향기까지 풍겼다. 악당이 곡괭이를 내려치는 장면에서는 의자가 흔들려 간담이 다 서늘하였다. 영화를 마치고 나온 후영 씨 부부는 마치 에버랜드를 한 바퀴 돌고 나온듯한 느낌을 가지면서, 다음번 상영하는 영화를 알아보기 위해 매표소를 향했다. **"**

Touchy-Feely 법칙이란 소비자들의 오감 중에서 보다 본능적인 감각에 속하는 촉각, 후각, 미각을 자극하는 마케팅 기법을 말한다. 광고 홍수시대에 살고 있는 소비자들에 어필하기 위해서는 더 이상 시각, 청각 마케팅만으로는 부족하며, 촉각, 후각, 미각에까지 영향을 미칠 수 있어야 한다. 그런데 시각과 청각은 대중매체로 전달이 용이하지만 촉각, 후각, 미각은 실제 현장에서 추가적으로 전달해야 하는 특징을 가지고 있다. 바로 Touchy-Feely 법칙이 최근 각광받고 있는 소위 체험마케팅에서 광범위하게 활용되고 있는 이유이다.

❖ 촉각 : 하이 터치(Hi-Touch)가 하이 필링(Hi-Feeling)이다

먼저 촉각 마케팅에 대해서 알아보자. 촉각 마케팅은 제품의 형태나 표면에 대한 인간의 신체적 접촉에 따라 개인이 가지게 되는 총체적 경험을 자극하는 마케팅 기법이다. ≪메가트렌드≫(megatrends)의 저자인 존 나이스비트는 IT기술이 점차 발달하면서 차가운 하이테크(Hi-Tech)는 따뜻한 감성을 느낄 수 있는 하이터치(Hi-Touch)를 동반한다고 예측하면서 하이터치 시대에 맞는 기업의 혁신을 강조하였다.

시애틀에서 야외장비를 판매하는 REI사는 2.1에이커(약 2,570평)에 이르는 매장면적에 제품의 특성에 맞는 체험공간을 구성해 고객들이 야외활동을 즐기도록 모든 판매 제품을 직접 체험하도록 하고 있다. 산악 자전거 테스트용 산길, 아동용 캠프, 비옷을 입어보는 비 내리는 방, 하이킹 신발 테스트용 길 등으로 구성되어 있다.

Absolute 보드카는 투명하고 날씬한 병 디자인과 함께 촉각 마케팅으로 성공한 브랜드다. 기존에 주류 브랜드들은 대부분 병 표면에 종이 라벨을 부착하여 그 상품의 정보를 제공하였다. 하지만 Absolute는 유리병 자체에다가 글자를 새겨 넣음으로써 소비자가 병을 만졌을 때 특별한 감촉을 느끼게 하여 계속 병을 잡고 싶은 욕구를 느끼게 만들었다.

일본적인 여백의 정수인 '무인양품(無印良品)'의 아트 디렉터이자, 오감을 파고드는 촉각 디자인 '햅틱 이론'의 창시자인 하라 켄야는 촉각의 중요성을 무엇보다 강조하였다. 그가 주창한 '햅틱 디자인'이란 촉감(觸感)이라는 뜻의 햅틱에서 착안해, 색깔과 형태뿐만 아니라 소비자가 느끼는 촉감도 디자인의 영역으로 끌어들인 것이다. 인간은 아주 섬세한 '감각의 다발'로서 이 감각을 활용해 세상을 새롭게 느끼고 보다 풍부하게 만들어 가자는 것이다. 바나나 껍질로 포장된 듯한 바나나 우유, 두부 질감을 가시화한

왼쪽은 앱솔루트 투명 보드카, 오른쪽은 하라켄야가 디자인한 바나나 우유팩

두부 팩, 새하얀 면으로 만든 산부인과 병동 사인 등등 감각의 다발로 세상을 새롭게 인식한 전시는 많은 사람들에게 신선함과 새로움을 선사한 바 있다.

❖ 후각 : 가장 강렬하고 원초적인 유혹, 향기

후각 마케팅은 향기 마케팅, 아로마 마케팅이라고도 하며, 인간의 오감 가운데서 가장 민감한 후각을 자극하여 고객에게 유쾌한 기분을 갖도록 하는 마케팅 기법이다. 향기 마케팅은 잠재의식 유혹이라는 새로운 산업의 일환으로 볼 수 있다. 향기 비즈니스 컨설팅회사인 Min뉴욕의 CEO인 채드 무라프치크는 "향기는 아직까지도 온전히 활용되지 못한 기회다. 향기는 고객과 감정적 유대관계를 만드는 비밀스런 열쇠와도 같다. 그런데 대부분의 업체는 시각 및 청각적 이미지에만 모든 관심을 집중한다"라고 말했다. 후각 마케팅은 전통적으로 개별 상품 단위에서 제공이 되어왔지만, 최근에는 호텔이나 카지노 등 대형 장소에서 많이 사용되고 있다.

대표적인 향기 마케팅의 성공사례로 손꼽히는 싱가포르 항공의 경우, 스튜어디스인 '싱가포르걸(girl)'로 유명하지만, 기내에서 사용하는 독특한 향기도 싱가포르 항공의 체험 아이덴티티를 형성하는 데 큰 역할을 하였다.

아베크롬비 앤 피치(Abercrombie & Fitch)는 벌써 수년째 후각 마케팅을 적극 시도하고 있다. 뉴욕 5번가에 있는 아베크롬비 매장은 길 건너편부터 특유의 향이 남으로써 길거리를 지나가는 젊은이들을 유혹하고 있다.

영국의 한 대형은행은 볶은 커피를 각 지점마다 보급해 주고 있다. 은행을 찾은 고객들은 생생한 커피 냄새로 더욱 편안한 느낌을 갖게 되었으며, 이를 통해 다른 은행과 차별화함으로써, 큰 성공을 거둘 수 있었다. 미국의 향기전문 연구기관에 따르면, 1995년 라스베가스 힐튼호텔 카지노에 향수를 뿌린 다음 슬롯머신 도박액수를 그 전과 비교해본 결과 향수를 뿌린 후에 45%나 더 높았다는 결과를 얻었다. 현재 미국의 호텔, 카지노, 컨벤션, 빌딩 등에서는 대부분 다양한 향기를 사용하고 있다.

최근 국내에서도 향기 마케팅의 효과를 과학적으로 극명하게 보여준 좋은 사례가 있다. 바로 던킨도너츠가 진행한 'Flavor Radio'라는 프로모션이다. 던킨도너츠라는 브랜드를 떠올릴 때 많은 사람들은 도너츠를 대표 아이템으로 연상한다는 점을 착안하여, 던킨도너츠는 브랜드와

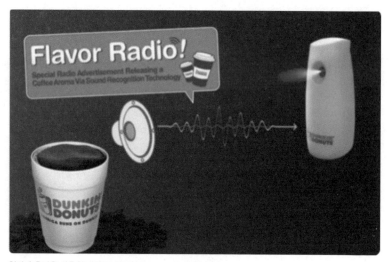

청각과 후각을 사용한 던킨도너츠의 Flavor Radio 프로모션

커피를 강렬하게 연상할 수 있는 아이디어를 기획하였다. 대중교통인 버스를 많이 이용하는 버스 승객들을 대상으로 라디오에서 던킨도너츠의 광고가 나오면 버스에 설치된 방향제에서 던킨도너츠가 판매하는 커피의 독특한 향기가 나와 강한 브랜드 연상을 통해 매장방문을 유도하였다. 그 결과 실제 버스 정류장 근처의 던킨도너츠 매장의 경우 방문자 수가 16%, 매출이 29%나 증가하는 효과를 볼 수 있었다.

❖ 미각 : 일단 먹어보면 뿌리칠 수 없다

마지막으로 미각 마케팅은 음식이나 기타 물질의 맛을 체험하게 하여 소비자의 구매를 자극하는 마케팅기법이다. 우리가 가장 흔하게 볼 수 있는 것이 바로 대형마트나 백화점 식품 매장에서 운영하는 시식코너를 들 수 있다. 많은 소비자들이 즉석에서 맛본 음식 맛에 반해 구매를 결정하는 경우를 자주 볼 수 있다.

미각 마케팅의 대표적 사례인 스타벅스는 개인별 맞춤화된 미각전략을 구사하고 있다. 스타벅스의 커피컵은 고객들의 취향에 맞게 첨가물을 선택, 조절할 수 있다. 또한 매장별로 나만의 맞춤 커피행사를 진행하여 개개인의 취향에 맞는 여러 가지 향과 저지방우유, 휘핑크림 등을 첨가해 자신만의 커피를 만들 수 있다.

❖ 시각·청각 + 촉각·후각·미각으로 토털 체험 제공이 더욱 중요

기업은 이제 소비자의 감각을 총체적으로 압박하는 Full-sensory

Branding이 필요한 시대에 들어서고 있다. 소비자들의 다양한 감각을 활용하는 일은 심지어 온라인에서조차 생존을 위한 필수적인 마케팅 기술이 되어가고 있다. 특히 과거의 마케팅과 브랜딩이 주로 시각과 청각에만 의존하였다면, 미래의 마케팅과 브랜딩에서는 촉각, 후각, 미각을 사용하는 Touchy-Feely 법칙의 사용 여부가 기업의 운명을 결정짓는 한 방의 역할을 할지도 모르겠다.

왜 그들은 CGV 를 방문했을까?

후영 씨 부부는 오감을 자극하는 4D영화관을 통해 정말 색다른 체험을 경험했다. 평소 영화를 보다가 지루한 장면만 나오면 졸기 일쑤인 후영 씨도 이번에는 정말 화끈하게 영화를 즐길 수 있었다. 실제 4D 영화관은 공간 감각을 몸으로 느낄 수 있는 기존 3D에 촉각, 후각, 미각을 추가하여 오감을 자극하는 색다른 체험을 제공하고 있다. 특수 안경을 쓰고 보는 3D 상영관에서 진일보한 셈이다. 관객들은 단순히 수동적으로 영화를 시청하는 것이 아니라 영화의 내용을 간접적으로 체험하면서 능동적으로 영화에 몰입할 수 있다. 향후 많은 영화관들이 이러한 시스템을 경쟁적으로 도입하면서, 국내 영화시장에도 오감 마케팅 경쟁이 더욱 치열해질 전망이다.

감출수록
더 궁금하다

▶ **실루엣의 법칙** ◀

66 50대인 K씨 부부. 맞벌이로 고생고생하며 큰 아들에 이어 둘째
를 올해 대학에 입학시켰다. 그동안 자녀들 학업 문제로 강남의 30평대
아파트에서 10년 이상 힘들게 살아왔다. 이제 큰 짐도 덜었고, 굳이 생활
비도 비싼 강남에 살 필요도 없고 해서, 용인이나 수지 같은 서울 외곽
지역에 좀 넓은 아파트로 이사를 가기로 마음 먹었다.

어떤 지역의 아파트로 갈지를 고민하던 K씨 부부는 일요일 저녁 TV
시청 중에 광고 한 편을 보게 되었다. 국내 굴지의 대기업 계열 건설회사
에서 새로 분양하는 아파트 광고였다. 그런데 아파트의 구체적인 모습
은 보여주지 않지만, 전체적으로 실루엣 형태로 처리된 아파트의 단지

조경과 아파트 내외부 인테리어, 그리고 단지내 시설 등이 너무 우아하고 멋있어 보였다. 마치 유럽의 궁전을 그대로 가져다 놓은 듯한 분위기의 아파트였다. 몹시도 궁금증에 빠진 K씨 부부는 인터넷으로 보다 자세한 내용을 찾아보기로 했다. **"**

여러분들은 영화 〈ET〉에서 주인공인 ET가 자전거를 타고 하늘을 날아가는 장면이 기억나는가? 커다란 달을 배경으로 ET와 소년이 함께 탄자전거가 실루엣으로 비치는 광경은 수십 년이 지난 지금까지도 관객의 뇌리에 깊게 남아 있다.

실제 우리는 주변에서 많은 실루엣적 기법을 이용한 영화나 광고 장면을 접하고 살아가고 있다. 이러한 실루엣 기법은 보는 사람으로 하여금 대상을 훨씬 더 좋게 느끼고 기대감을 갖게끔 만드는 힘을 가지고 있다. 성인영화 마니아들 가운데서도 많은 이들이 노골적인 성행위를 묘사하는 포르노보다는 적당하게 은유적인 기법을 통해 정사장면을 묘사하는 방법이 훨씬 더 자극적이고 재미있다고 솔직하게 털어놓는다. 이와 같이 우리는 많은 경우에 적당한 호기심과 상상력을 자극할 수 있는 마케팅 기법을 사용하는 것이 훨씬 효과적인 결과를 가져오는 것을 경험할 수 있다.

국내에서 fMRI(functional Magnetic Resonance Imaging ; 기능성자기공명 영상장치)를 이용한 한 연구조사 결과를 보면, 성적인 광고 중에서 노골적으로 성을 묘사하는 것보다는 은근히 신체부위를 암시하는 광고가 더 효과적이라는 사실이 증명되었다. 고려대 성영신 교수가 2006년 한국광고학회에서 발표한 연구 자료에 의하면, 성적 광고사진 100장을 명백하게 성행위를 묘사한 것, 명백하게 신체부위를 노출한 것, 성행위를 암시한 것, 신체부위를 암시한 것 등 4개 그룹으로 나누어 실험 참가자들에게 보여주고 뇌의 반응을 관찰한 결과, 소비자의 가장 강렬한 반응을 이끌어 낸 것은 바로 은유적으로 신체 부위를 노출한 광고였다. 실험 참가자들이 이 광고를 보았을 때 선두업과 함께 성적 흥분을 담당하는 영역(뇌섬엽)이 가장 활성화되었다고 한다. 이는 '성적 광고는 노골적으로 야한 장면을 보여줄수록 효과가 크다'라는 기존의 연구결과를 뒤집은 것이다.

❖ 실루엣 광고를 통해 호기심과 상상력을 자극, 브랜드 이미지를 제고

실루엣 기법을 이용한 광고 마케팅을 가장 활발히 사용하고 있는 분야가 바로 가전이나 자동차 업종이다. 디자인이나 성능 등에서 많은 차별화를 할 수 없는 제품 특성상, 티저 광고나 본 광고 등에 실루엣 기법을 사용함으로써 많은 소비자들에게 어필하고 있다.

여러분은 혁신적인 디자인과 새로운 사용방식으로 기존 제품들을 누르고 1위에 오른 애플사의 MP3플레이어 제품인 iPod을 잘 알고 있을 것이다. 그런데 iPod의 심플하고 세련된 디자인, 다운로드 소프트웨어와 셔플방식 등의 운영체제와 함께 iPod의 강력한 브랜드 형성에 큰 역할을 한 것이 바로 iPod의 광고 캠페인인 'silhouette campaign'이라는 사실을 아는 분은 많지 않을 것이다.

iPod은 2001년 출시 이후 '실루엣 광고'라는 독특한 형태의 광고 캠페인을 지속함으로써, iPod만의 독특하고 차별화된 브랜드 아이덴티티를 만드는 데 성공할 수 있었다. 이를 통해서 유사한 이미지의 광고만 봐도 소비자들이 iPod을 연상할 만큼 강력한 브랜드 이미지를 만들었다. iPod을 이어폰으로 들으면서 춤을 추는 사람의 모습을 심플한 실루엣으로 표현한 이 광고물은 2001년부터 현재까지 계속 사용됨으로써 iPod의 전형적인 이미지로 인식되고 있다.

실루엣 캠페인이 대성공을 거두자, 많은 애플의 지지자들이 실루엣 광고를 모방하여 자신의 사진을 실루엣 형태로 만들거나, 스스로 실루엣 형태의 광고를 만들어 인터넷에 올리는 등의 다양한 구전 마케팅 효과가 발생하였다. iPod의 실루엣 캠페인의 성공 원인은 바로 iPod만의 독특하고 컬트적인 브랜드 아이덴티티를 가장 효과적으로 전달한 데 있었다. 소비자들은 구체적이고 상세하게 제품을 소개하는 광고보다는 은근하면서도 상상력을 자극하는 iPod의 광고를 보면서 iPod이라는 브랜드에 대한 호기심과 애정을 보다 강하게 형성할 수 있었다.

실루엣 광고라는 독특한 광고 컨셉트를 사용중인 iPod의 2001(왼쪽), 2007(오른쪽) 광고

최근 자동차 광고들도 티저 광고 등을 통해서 실루엣 기법을 많이 활용하고 있다. 실루엣 광고들은 독자들의 호기심을 자극함과 동시에, 뭔가 모를 매력적이고 참신한 느낌을 소비자들에게 전달할 수 있다. 오른쪽 피아트사의 자동차 광고는 실루엣이 얼마나 소비자들에게 강렬한 긍정적 이미지를 전달할 수 있는지 풍자적으로 묘사하고

있다.

실제 이 광고는 피아트사의 Palio라는 자동차의 광고이다. 광고 속의 실루엣 이미지는 순서대로 안젤리나 졸리, 톰 크루즈, 보노의 실루엣인데 이를 보통 사람의 실제 모습과 대비시켜 놓았다. 광고 속에서 전달하려는 메시지는 결국 자동차를 외양, 디자인만 보지 말고, 자세하게 실제 성능과 사양 등을 따져보고 선택하라는 것이다. 하지만 우리는 이 광고 사례를 통해서 다시 한번 실루엣이 가지는 매력과 힘을 느낄 수 있다.

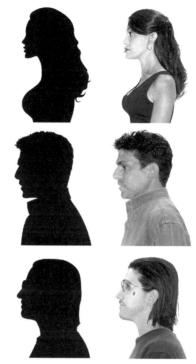

실루엣을 이용한 피아트사의 자동차 광고

많은 기업들은 실루엣 광고를 통해서 실제보다 제품을 훨씬 멋있게 보이도록 함으로써 소비자들의 기대감을 높이는 일종의 과장과대 광고효과를 노리고 있다. 하지만 실루엣 광고는 단순히 소비자를 유혹하는 마케팅 기법으로만 볼 수는 없다. 실루엣이라는 기법 자체가 가지는 은유적이고 컬트적인 매력과 힘이 또 하나의 강력한 브랜딩의 도구이기도 하기 때문이다.

왜 그는 그 아파트 에 관심을 가지게 되었을까?

　　K씨 부부는 새 아파트로 이사 가기로 결심하고 지역과 아파트 브랜드를 고민중이었다. 그러다 TV를 통해서 모 건설사에서 새로 분양하는 아파트의 광고를 보게 된다. 그런데 실루엣으로 처리된 아파트의 내외부 모습과 단지 전경 등이 너무도 아름답고 우아하다고 느끼게 되어 관심을 가지게 되었다. 아파트의 실제 모습과는 상관없이 실루엣만으로 그 아파트에 대한 강렬한 느낌을 받아서 호기심과 함께 왠지 모를 호감을 가지게 된 것이다. 우리는 주변에서 실루엣으로 처리된 광고나 영화 장면을 보면서, 평균보다 훨씬 높은 평가를 하게 되는 경우를 종종 경험한다. 이는 일부분만 공개하는 것이 전체를 다 공개하는 것보다 훨씬 사람들에게 자극적이고 기대감을 가지게 하는 효과가 있기 때문이다.

49가지
마케팅의
법칙

비쌀수록 더 팔린다

▶ 베블런 효과 ◀

❝ 중소기업에 다니는 스물일곱 살의 김미연 씨.

회사에서 일한 지가 3년이 넘었지만 보험, 적금 등으로 그렇게 갖고 싶어 하는 마크제이콥스 백 하나 사지 못했다. 하긴 마크제이콥스 백이 한두 푼 하는 것도 아니고 백만 원이 훌쩍 넘으니 도무지 살 엄두가 나지 않는다. 신용카드로 12개월 할부로 질러버리고 싶지만 역시 수수료와 매달 몇십만 원씩 되는 할부금을 갚아나갈 자신이 없다. 그렇다고 중국에서 건너온 짝퉁을 사려니 자존심이 허락하지 않는다. 맨날 백화점 쇼윈도에서 바라만 볼 뿐이다.

그러던 그녀에게 명품브랜드에 정통한 친구가 희소식을 전해주었다.

마크제이콥스가 기존의 가격대에서 낮은 가격대로 세컨드 라인 '마크 바이 마크제이콥스'를 런칭한다는 것이다. 김미연 씨는 당장 '마크 바이 마크제이콥스'가 입점되어 있는 백화점을 찾아 가격대를 알아보니 60만 원 정도만 있으면 꽤 마음에 드는 백을 살 수 있었다. 퇴근시간이 되자마자 김미연 씨는 백화점으로 달려가 마크제이콥스 백의 반도 안 되는 돈 으로 '마크 바이 마크제이콥스' 백을 샀다. **99**

    루이뷔통의 '3초백' 이야기를 들어본 적이 있는가? 길거리에 다니면 서 3초마다 루이뷔통을 하나씩 볼 수 있다고 해서 붙은 별칭이다. 이처 럼 최근 국내에서는 사회적 이미지를 의식한 소비자들이 외부에 직접적 으로 노출되는 패션 상품 등을 중심으로 고가 명품형 소비를 하는 경향 이 심화되고 있다. 국내 주요 명품 업체들의 매출 추세를 보면, 2000년 부터 2010년까지 10년 동안 국내 명품 시장은 약 10배 가까이 성장했다 고 한다. 한국 특유의 '대중형 명품 소비'에는 소비를 통해 사회적 지위 와 부, 권력을 표현하고자 하는 과시욕과 소득 규모에 비해 과도한 지출 을 통해서라도 명품만이 지닌 희소성을 통해 자신을 차별화하고자 하 는 비교심리와 열등감 등이 내재되어 있는 것으로 풀이된다.

    현대 소비자는 단순히 생활에 필요하니까 상품을 구매하지는 않는 다. 우리는 '어떤 사람이 어디에서 소비를 하는지' '어떤 브랜드를 소비하 는지'를 보고 그 사람의 부와 지위, 그리고 품격 등을 판단한다.

    길을 건너려고 횡단보도 앞에 서 있는데 BMW와 소나타가 나란히 지 나가는 모습을 보았다. 사람들은 순간적으로 그 차를 보면서 BMW를 운전하는 사람은 부유한 사람, 소나타를 운전하는 사람은 평범한 중산층일 것이라고 생각한다. 20대 여성이 백화점 파우더 룸에서 파우치를 열어 화장을 고치려는 순간, 바로 옆의 여성의 화장품을 슬쩍 보았다. 자신은 더 페이스 샵에서 산 5,000원도 안 되는 립스틱을 바르는데 옆의 여성은 디올 어딕트를 바르는 걸 보는 순간, 여성은 왠지 모를 위축감이 들어 얼른 립스틱을 집어넣는다.

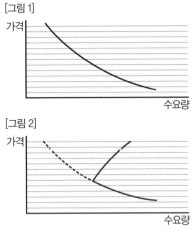

[그림 1]은 가격이 오르면 수요량이 감소하고 가격이 내려가면 수요량이 증가하는 일반적인 수요곡선이다. 그러나.

[그림 2]는 가격이 오름에도 불구하고 수요량이 증가하는 가수요곡선으로 베블런 효과가 발생할 때의 수요 상황을 보여준다.

❖ 비판적 시각에도 불구하고, 과시적 소비풍토는 인간의 본성

미국의 사회학자이자 평론가인 베블런은 1899년 출간한 ≪유한계급론≫에서 '상류계층의 두드러진 소비는 사회적 지위를 과시하기 위하여 자각 없이 행해진다'라고 주장하면서 '과시적 소비'가 인간의 본능이라고 이야기하였다. 베블런은 '과시하라. 그러면 사회의 존경이 뒤따를 것이다'라는 표현으로 현대사회의 물질만능주의를 조롱하며 자신의 성공을 과시하고 허영심을 만족시키기 위해 사치를 일삼는 상류사회를 비판하였다. 지금도 가격이 오르면 오를수록 구매가 더욱 활발히 이루어지는 소비 행태를 놓고 비판적 시각이 많다. 실제로 어떤 수입 제품은 생각보다 판매량이 저조하여 가격을 높였더니 판매량이 늘어났다고 한다. 비록 베블런 효과에 의한 소비가 사회적 비판의 대상이 되고는 있지만, 자신이 입고 있는 옷, 가방, 시계 등에 의해 그 사람의 이미지나 품격이 결정되는 사회적 풍조로 인해 100년이 지난 지금도 베블렌 효과는 여전히 건재하다.

과거 왕권시대를 살펴보면, 아무나 옥비녀를 쓸 수 없고 아무나 챙이 넓은 고급 갓을 쓸 수 없었다. 옷의 색깔과 문양에도 규칙이 있어 보통 용을 무늬로 장식한 옷이나 장신구는 왕만이 입을 수 있었다. 아무리 돈이 많아도 아흔아홉 간을 넘는 집을 지으면 대역 죄인이 되고, 왕비의 헤어스타일이 아무리 멋져 보여도 따라 할 수 없었다. 즉 예전에는 왕, 왕족, 귀족을 백성이나 평민, 천민과 구분 지어주던 것이 옥비녀, 황룡포, 붉은 비단, 가마, 궁전이었던 것이다. 하지만 현대사회에서는 부자, 나, 우리를 부자가 아닌 사람, 너, 너희들과 구분 지어 주는 것이 바로 소비행

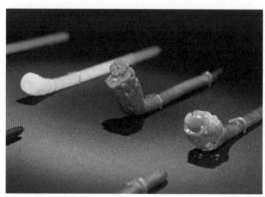

왕이나 귀족들의 전유물이었던 옥비녀와 황룡포

태다. 현대의 소비자에게 제품 구매는 자신의 위치와 부를 보여주는 수단의 역할을 한다. 사람들은 자신이 남들과 다르다는 것을 드러내고, 남들과 다른 대우를 받기를 끊임없이 원하고 있다.

❖ VIP 고객을 차별 관리하는 기업의 마케팅 전략 확산

기업에서는 남들과 다르게 소비하고 대우받기를 원하는 소비자의 심리를 이용하여 귀족 마케팅, VIP 마케팅 등에 심혈을 기울이고 있다. 특히 백화점, 호텔, 고급 승용차 등에서 이런 마케팅이 활발히 이루어지고 있는데 요즘은 병원, 은행 등으로 점차 확대되고 있다.

세계적 명차인 롤스로이스는 극소수를 위한 비밀주의 마케팅을 고수하는 것으로 유명하다. 매년 4차례씩 런던의 최고급 호텔에서 극소수 고객들이 참석하는 오찬을 주최하며, 뉴욕의 고급 백화점에서도 런던처럼 디너파티를 열고 있다. 국내에서도 롤스로이스는 VIP만을 위한 개인화된 응대방식인 '원 온 원'을 실시한다. 사전에 예약된 고객에 한해서만 방문을 허락하고, 방문객과 전담 딜러가 1대1로 오직 하나의 팬텀에만 집중하는 롤스로이스만의 특별한 고객서비스다. 전시장 중앙에 마련된 대형 LCD 모니터를 통해 다양한 옵션으로 '나만의 팬텀'을 만들 수 있다. 고객 면담 중에는 전시장의 모든 유리창에 블라인드를 내려 방문객의 프라이버시를 보호하고, 입구에는 '정중한 거절'의 의미를 담은 블루 바리케이트를 세워 다른 고객의 방문에 대비한다.

최근에는 병원에서 건강검진을 받는 소비자들을 위하여 좀 더 편안하고, 개인별 맞춤 서비스를 제공하는 병원들이 증가하고 있다. 서울대학교병원, 세브란스 병원, 성모 병원 등 대형 병원들은 건강검진을 받으려는 소비자들을 위하여 호텔급 시설 병동을 갖추고, 건강검진을 받기위해 병원에 머무는 동안 호텔처럼 편안하게 검진을 받도록 별도의 공간에서 차별적인 서비스를 제공한다. 가격은 일반 건강검진보다 몇 배나 비싸지만 차별화되고 개인화된 서비스 때문에 많은 소비자들이 이용하고 있다. 소문이 나면서 일부러 지방에서 서울까지 올라와 건강검진을 받는 소비자들도 있다고 한다.

일반 소비자들이 부담 없는 가격에 즐길 수 있는 영화 관람, 만 원 정도면 영화 한 편 관람에 간식까지 해결할 수 있는 경제성 덕분에 최근에 너나 할 것 없이 주말이면 극장을 찾는다. 하지만 CGV 골드클래스는 일반 표 값의 4배 정도에 다양한 서비스를 제공하는 특별한 영화 관람권이다. 기본 스낵 음료 외에 고급 음식 주문이 가능하고 전용 화장실이 따로 준비되어 있으며 영화를 편하게 누워서도 볼 수 있다. 영화를 좋아하고 극장을 자주 찾는 마니아 고객들에게 특별한 기회를 제공하고자 하는 의도에서 기획하였지만, 극장 입장에선 수익성이 높아 일석이조의 효과를 거두고 있다고 한다.

향후에도 대중적 서비스를 제공하는 기업들의 다양한 VIP 마케팅 기법들은 더욱 발전할 전망이다. 기업들의 특별한 고객을 위한 특별한 마케팅 전쟁은 이제 시작이다.

CGV 골드클래스 내부 모습

[○]**왜** 그녀는 마크 바이 마크제이콥스백 을 선택했을까?

그녀가 갖고 싶어하는 백은 백만 원을 호가하는 소위 명품백이다. 대부분의 여성들은 진짜인지 가짜인지 정확히 구별은 잘 못하지만, 명품 브랜드 백의 가격이 어느 정도인지 알고 있으므로 명품백 소유의 여성들을 만나면 부러운 시선을 보낸다. 그래서 요즘 너나 할 것 없이 모두 가짜라도 명품백을 들고 다니는 것이다.

김미연 씨도 마찬가지다. 그녀 역시 직장인이다 보니 사회적 이목도 중시되고 보이는 것에 더욱 신경이 쓰인다. 다른 동료들은 다들 명품백 하나씩은 갖고 있는데 자신만 없어, 괜히 남들보다 없어 보이고 주눅이 든다. 그녀는 가짜보다는 마크제이콥스 브랜드의 하위 브랜드를 선택했다. 왜인가? 자존심 때문이다. 비록 가격은 더 싸지만 어쨌든 마크제이콥스 브랜드가 아닌가? 굳이 가짜를 구입하지 않고, 세컨드 라인을 산 것은 마음껏 과시하고 싶었기 때문이다. 명품을 소비하고는 싶지만 그렇지 못한 소비자들을 위해 명품 브랜드들은 친절히 하위 브랜드를 런칭하고 있다. 명품 브랜드의 세컨드 라인은 메스티지 브랜드라고도 불리며, 결국 베블런효과를 이용하여 과시하고픈 소비자의 욕구를 채워주고 있다.

37

남들과 똑같은 건 싫다

▶ 스놉 효과 ◀

❝ 한혜진 씨의 남편이 드디어 ○○은행 대치동 지점장이 되었다. 차장에서 오랫동안 승진이 되지 않아 몇 년간 마음고생을 많이 한 내조의 여왕 한혜진 씨는 지점장이 된 남편을 위해 정장 한 벌을 구입하러 백화점에 갔다. 대치동 지점이라는 특성상 돈이 좀 있는 고객들을 만날 기회가 많을 것 같아 화려하지는 않지만 고급스러운 느낌이 나는 스타일을, 와이셔츠와 타이는 특별히 명품 브랜드를 살 계획이다.

매장에 들어가려고 하는데 문화센터에서 같이 베이킹 수업을 듣는 민준이 엄마를 만났다. 만준이 엄마는 무얼 사러 왔냐고 반갑게 인사를 하며 묻는다. 남편이 승진한 것과 옷가지를 사러 왔다는 이야기를 전해

주자, 민준이 엄마가 반색을 한다. "대치동 정도면 돈도 있는 지식인이 많은데, 명품 브랜드도 좋지만 맞춤 양복, 맞춤 와이셔츠가 어때요? 우리 아빠도 최근에 한 벌 했는데, 남들과 다르면서 튀지 않고 고급스러워서 너무 좋아해요"라고 한 곳을 추천해준다. 특히 와이셔츠 소매에는 이니셜까지 넣어준다고 한다. 한혜진 씨는 고민하다 민준이 엄마와 한번 가보기로 하고, 백화점을 다시 나왔다. 🙴

한혜진 씨는 명품 브랜드의 와이셔츠보다는 소매에 이니셜을 새겨주는 맞춤 와이셔츠를 선택하였다. 그녀는 왜 이니셜이 새겨진 와이셔츠를 선택한 것일까? 많은 사람들이 구매하지 않는, 그리고 이니셜이 새겨져 세상의 단 하나뿐인 제품이라는 점 때문에 맞춤 와이셔츠를 선택한 것이다.

한혜진 씨처럼 남들과 다른 소비를 하는 것을 스놉 효과(Snob Effect)라고 한다. 스놉 효과는 특정 상품에 대한 소비가 증가하면 그에 대한 수요가 오히려 줄어드는 소비현상을 뜻한다. 즉 많은 소비자들이 구매하고 이용하는 제품은 사지 않는 것이다. 스놉 효과는 주로 남들이 구매하기 어려운 고가의 제품, 명품을 구매하는 소비자의 심리를 대변해준다. 그러나 상류층의 소비를 모방하는 베블런 효과와는 좀 다르다. 스놉 효과는 무조건적으로 상류층의 소비를 모방하는 것이 아니라 남들과 달라야 하는 것이 우선이다. 스놉 효과는 고가의 제품을 아무나 살 수 없기 때문에 구매하고 싶어지는 속물근성이 나타나 속물(俗物) 효과라고도 불리며, 소비자가 제품을 구매할 때 자신은 남과 다르다는 생각을 갖는 것이 마치 고고한 백로 같다고 하여 백로 효과라고도 한다.

❖ 밴드웨건 효과와 정반대로 가는 스놉 효과

스놉 효과는 유행을 추종하지 않고 남들과 다른 것을 구매하는 것이 특징으로, 유행을 추종하여 소비하는 밴드웨건 효과의 반대 개념으로 볼 수 있다. 하지만 스놉 효과도 특정 상품에 대한 사람의 소비가 다른 사람들의 소비에 의해 영향을 받는다는 측면에서는 밴드웨건 효과와 동일한데, 이러한 현상을 네트워크 효과라고 한다. 네트워크 효과는 1950년 미국의 하비 라이벤스타인(Harvey Leibenstein)이 발표한 경제이론으로, 사람들이 일종의 네트워크를 형성해서 다른 사람의 수요에 영향을 준다는 의미에서 이름 붙여졌다.

집단소비(밴드웨건 효과)	개인소비(스놉 효과)
유행을 쫓는 모방심리. "남들이 하면 나도 한다"	개성과 차별화를 추구. "남과 달라야 한다"

벤드웨건 효과와 스놉 효과의 차이

스놉 효과는 명품 브랜드 소비에서 흔한 현상이지만, 명품 소비가 대중화되고 있는 현대에서는 명품 브랜드 소비에 일률적으로 적용하기에 무리가 있다. 명품 브랜드에서도 한정판이나 쉽게 구할 수 없는 제품, 국내에서 런칭되지 않은 생소한 명품 브랜드를 소비하는 것을 스놉 효과로 설명할 수 있다. 스놉 효과는 집단주의가 강하고 유행 추종 현상이 심해 밴드웨건 효과가 강하게 나타나는 한국 사회보다는 개인적인 성향이 강하여 남들과 똑같은 것을 싫어하는 미국이나 유럽 소비자들에게 보다 보편적인 현상이다. 그러나 우리나라의 소비자들도 점차 자신만의 개성을 표출하는 제품을 선호하는 소비자가 증가하면서 스놉 효과가 부각되고 있다.

최근에 대중화된 명품 브랜드에 대한 반발로, 소위 '노노스족(No logo, No brand)'에 해당하는 소비 추이가 나타나는 것이 대표적인 현상이다. 이는 겉으로 드러나는 로고나 브랜드보다 자신만의 스타일로 차별화하고자 하는 소비행태로 볼 수 있으며, 신진 디자이너들이나 중소 유통업체들이 내놓은 독특한 제품들이 인기를 끌고 있다. 특히 패션업계에서는 20~30대 여성들을 중심으로 나타나고 있는 '프루브족'(Proud Realisers of Added Value) 트렌드가 인상적이다. 합리적인 소비를 중시하며 부가가치가 높은 제품을 찾아 나만의 멋을 찾는 사람들을 가리키며, 남이 모르는 브랜드나 알아도 쉽게 구하기 힘든 브랜드로 자신의 능력이 발휘됐을 때 만족감을 얻는 특징을 가지고 있다. 이들은 단순히 다른 소비자보다 싼 가격으로 명품을 찾아내는 것에 그치지 않고, 평범한 가격대의 제품일지라도 아직 국내에 소개되지 않은 미유통된 해외 브랜드들을 찾아 구매했을 때 진정한 만족을 느낀다고 한다.

최근 국내에 프리미엄 생수가 인기를 끌고 있는데, 프리미엄 생수에는 칼슘이나 마그네슘 함량이 일반 생수보다 많은 것으로 알려져 가격이 2~5배나 높다. 그럼에도 불구하고 국내 프리미엄 생수 시장 규모는 약 1,500억 원대로 매년 20~30%씩 성장하고 있다. 그런데 국내에서 시판 중인 프리미엄 생수 중 특별히 외국산 제품들이 최근 소비자의 호응을 얻고 있다. 국내 브랜드 전문잡지인 '페이퍼비'(paper B)에 따르면, 지난해

대표적인 프랑스 생수 에비앙과 페리에

1~7월까지 관세청에서 외국 생수 수입량을 조사한 결과 프랑스 생수 브랜드가 전체 수입량의 80%를 차지했다. 대표적인 프랑스 생수는 에비앙(evian), 페리에(Perrier) 등으로, 특히 국내 수입 브랜드 중 에비앙이 차지하는 비율은 70%를 넘나들 정도로 독보적이다. 프리미엄 생수의 주타깃층인 젊은이들이 프랑스산 고급 생수를 구입하는 이유는 물 하나라도 다른 사람들과 다른 나만의 선호와 개성을 마음껏 발휘하고 싶은 스놉 심리가 작동한 것이 아닐까?

❖ 개인별 맞춤 제품과 서비스를 제공하는 기업 증가

전 세계적으로 가장 유명한 스포츠 용품은 무엇일까? 많은 사람들이 나이키를 지목할 것이다. 물론 소비자가 선호하는 스포츠 용품 브랜드는 각자 다르겠지만, 나이키는 전 세계적으로 가장 유명하고 강력한 스포츠 브랜드이다. 나이키는 인터브랜드에서 조사한 '2013년 베스트 글로벌 브랜드'에서 24위에 랭크되었다. 전 세계적으로 유명한 브랜드라고 하니 얼마나 많은 소비자들이 같은 운동화를 신고 다니겠는가? 그렇다면 스놉 효과에 지배받는 소비자들은 당연히 나이키를 구매하지 않을 것이다. 그래서 나이키는 나이키 아이디(NIKE ID) 주문형 맞춤 제작 서비

개인별 맞춤 디자인 주문이 가능한 Nike의 사이트

스를 시작했다.

　나이키 아이디는 자신이 원하는 스타일의 운동화를 골라 자신이 원하는 색상으로 디자인할 수 있다. 나이키 매장의 아이디 스튜디오와 www.nikeid.nike.com 홈페이지에서 주문하면 자신이 직접 디자인한 제품을 받아 볼 수 있다. 아이디 스튜디오는 스놉 효과가 강한 미국, 도쿄, 런던, 파리 등의 유럽에 위치하고 있으며, 아직까지 국내에는 나이키 아이디 스튜디오가 오픈되지 않았다. 최근의 국내 소비시장의 트렌드를 감안하면 조만간 국내에서도 나이키 아이디 스튜디오를 만날 수 있을 것 같다.

　우리나라는 유독 아파트에 거주하는 사람들이 많다. 2008년 주거실

태조사에 따르면 아파트 평균 거주 비율은 43.89%이며, 고소득층은 68.1%, 중소득층은 50.2%, 저소득층은 25.9%가 아파트에 거주한다는 결과가 발표됐다. 우리나라에서는 아파트 거주비율이 갈수록 높아지고 있고, 특히 고소득층일수록 아파트에 거주하는 비율이 높음을 알 수 있다. 아파트는 시공사가 다르더라도 비슷한 스타일의 내부 형태로 대한민국 가구의 절반 가까이가 비슷한 구조에서 살고 있는 셈이다.

그러나 최근에 아파트의 차별화를 위해서 건설회사들이 소비자에게 맞춤 아파트 서비스를 제공하고 있다. 남들과 다르게 자신이 원하는 구조와 형태로 바꿀 수 있는 이 서비스는 국내 소비자들의 많은 관심을 받았다. 벽산 블루밍은 업계 최초로 'Self Design Project'를 선보였는데, 소비자가 내부 구조 변경은 물론 모던, 클래식, 유럽피안 스타일로 전체 인테리어를 선택할 수 있고, 컬러 조명까지도 원하는 대로 선택할 수 있다. 'Self Design Project'로 획일적인 아파트를 탈피한 블루밍은 실제 일산 식사지구에서 다른 인근의 아파트 보다 인기가 더 높았다.

최근 셀프형 맥주 주점이 등장해 인기를 끌고 있다. 점원에게 주문하는 대신 소비자가 직접 쇼핑을 하듯이 세계 각지에서 들여온 맥주들을 골라서 마시는 모델로, 종업원 관리와 인건비 부담 감소로 최대 40%까지 저렴하게 맥주를 제공하고, 안주 가격 부담 역시 줄여줌으로써 소비자에게 큰 호응을 얻고 있다. 셀프형 주점 브랜드 중 하나인 '맥주마켓'은 '안주를 사와도 되고(Go), 배달시켜도 되고(Go), 안 시켜도 되고(Go), 맥주마켓 것을 먹으면 땡큐고(Go)'라는 슬로건으로 소비자들이 안주 가격 부담 없이 맥주를 즐길 수 있도록 하고 있다. 맥주 한 잔 마시는 것도 이제는 소비자 개인의 개성과 취향대로 골라서 마시는 시대가 된 것이다.

국내 소비자들도 점점 획일적 소비행태를 벗어나 자신만의 개성을 드러내는 소비가 증가하고 있으며, 이러한 트렌드는 향후 기업과 산업뿐만 아니라 우리 사회의 문화와 라이프스타일을 크게 변화시킬 메가톤급 동인이 될 수 있을 것이다.

왜 그녀는 이니셜을 새긴 와이셔츠 를 구매했을까?

한혜진 씨는 지점장으로 승진한 남편을 위하여 정장과 와이셔츠 등을 구매하러 백화점에 들렀다. 그녀는 지점장이라는 남편의 사회적 지위상 고급 브랜드 매장에서 구매를 할 결심이었지만, 잘 아는 지인으로부터 개인 이니셜까지 새길 수 있는 맞춤 정장, 맞춤 와이셔츠에 대한 정보를 듣고 마음을 바꾸었다. 고급 브랜드도 좋지만, 요즘 같이 빨리 변하는 세상에서 남들처럼 똑같이 입고 먹고 자는 것보다는 자신만의 개성을 살려보는 것도 새로운 시도라고 생각했기 때문이다. 특히 대치동처럼 부유층과 지식인이 많은 지역에는 뭔가 남들과는 다른 매력이 있어야 영업도 잘 될 거라는 생각까지 더해졌던 것이다.

감정이입으로
소통하라

▶ 동일시 효과 ◀

" 여행 작가를 꿈꾸는 23세 권시후 군은 우리나라는 물론 해외에서도 자전거 여행을 즐기는 자전거 마니아다. 여행 작가를 꿈꾸는 사람으로서 기록이 중요하다는 것은 당연한 일. 권시후 군은 매번 여행 때마다 수첩을 가지고 다니며 여행일지를 기록하며, 나름대로의 노하우를 쌓아가고 있다.

그런데 그는 항상 동일한 수첩을 사용한다. 제주도 자전거 여행에서도 기록은 몰스킨, 도쿄 여행에서도 몰스킨, 이제 몰스킨은 여행의 필수품이자 동반자다. 이번 겨울에는 호주 여행을 계획하고 있다. 처음으로 호주를 방문하게 된 권시후 군은 세부 여행 계획을 세우기 전에 먼저 몰스킨을 사기 위해 문방구를 찾는다. **"**

≪사람의 마음을 움직이는 설득심리≫(이현우, 더난출판사, 2002)라는 책에서 저자는 동일시 효과(Identity Effect)란 아름다운 사람과 동일시되고 싶어 하는 내부적인 동기에서 발생한다고 설명한다. 자신을 다른 사람과 동일시하는 것은 물론이고, 자신을 브랜드와 제품이 갖고 있는 개성과도 동일시하는 현상을 가리킨다.

❖ 소비자는 자신이 원하는 이미지와 개성을 가진 제품을 선호

자동차 정비공이 손님이 맡긴 벤츠를 수리하고, 잘 나가는지 동네를 한 바퀴 운전해 본다. 벤츠를 타면서 운전하는 순간, 자신은 자동차 정비공이 아닌 실제 벤츠를 몰 수 있는 재력가라는 상상에 빠진다. 푸드 스타일리스트인 조세라 씨는 어제 밤 드라마를 보다가 주인공 전지현이 엣지 있는 하이힐을 신고 나온 모습을 보면서 자신이 그 하이힐을 신은 모습을 상상했다. 결국 수소문 끝에 어느 브랜드인지 알아보고는 하이힐을 구매했다. 동창회에 나간 조세라 씨는 하이힐을 신으면서 자신이 전지현과 같이 자신감과 당당함이 있는 여성으로 보이는 것 같아 매우 흡족한 마음이 들었다.

자동차 정비공은 벤츠를 타면서 자신이 재력가와 동일시되는 기분을 느꼈고, 조세라 씨는 전지현이 신었던 하이힐을 신고서 자신이 전지현과 같이 당당하고 멋진 여성이 된 것 같은 마음이 들었다. 결국 소비자

기능보다는 혁신적인 스타일로 구매 욕구를 자극한
iPod

들은 이런 기분을 느끼고 싶기 때문에 남들이 갖고 싶어 하고 부러워하는 워너비 제품들을 구매하는 것이다.

우리가 왜 삼성의 Yepp보다 애플의 iPod을 더 갖고 싶어하는 것일까? 삼성의 Yepp이 기능이 떨어지기 때문에? 그건 결코 아니다. 삼성은 세계에서 인정받는 브랜드가 아닌가? iPod을 갖고 싶어하는 소비자는 아마도 iPod의 개성과 스타일 있는 디자인 때문일 것이다. iPod은 혁신적인 디자인으로 mp3시장을 석권했다고 해도 과언이 아니다. iPod의 디자인 때문에 iPod을 들고 있는 사람들은 왠지 더 스타일 있게 느껴질 정도이다. 바로 그런 분위기, 느낌을 갖고 싶어서 소비자들은 mp3를 구매한다면 이왕이면 스타일 있는 iPod을 구매한다.

성공한 남자의 상징이라 불리는 몽블랑 만년필. 루츠베이커 몽블랑 회장은 "몽블랑은 단순한 펜이 아니라, 중요한 계약이나 문서를 서명할 때의 힘과 성공, 그리고 소중한 사람을 위해 편지를 쓸 때의 마음과 정성을 의미합니다"라고 말했다. 이러한 가치관이 상품과 디자인, 인테리어, 광고에 전달되어 결국 몽블랑이라는 고품격의 전설적인 브랜드가 만들어진 것이다. 몽블랑은 고객이 만년필 본연의 사용가치보다는 소유가치에 더 만족할 거라는 확신을 가지고 있었으며, 필기도구로서의 몽블랑보다는 소유한 사람의 신분과 품격을 나타내는 코드로 소비자에게 어필하고자 하였다. 이를 통해 몽블랑의 '블랙'은 몽블랑이 그동안 쌓아온

왼쪽은 몽블랑 만년필, 오른쪽은 아디다스 F50 제품

권위와 명성을 나타내는 상징이 되었으며, 오늘도 몽블랑을 쓰는 사람들은 자신이 성공한 사업가나 상류층이 된 것과 같은 느낌을 가지는 것이다.

최근 글로벌 스포츠 브랜드 아디다스가 세계 최고의 축구 선수 리오넬 메시를 내세워 개발한 축구화 '아디제로 f50'이라는 제품이 있다. 메시가 경기에 나설 때 직접 신고 등장하는 이 축구화를 보면서 국내의 수많은 중고등학생들이 이 제품을 안 사고는 못 배긴다고 한다. 왜 그런가? 자신의 축구 실력과는 상관없이 이 축구화를 신는 순간 자신도 스페인 프로축구 리그에서 뛰고 있는 최고 선수 메시가 된 것과 같은 환상을 가질 수 있기 때문일 것이다.

❖ 기업은 독창적이고 매력적인 브랜드 개성을 만들기 위해 노력 중

소비자들의 동일시 효과 때문에 많은 기업들은 브랜드의 개성을 만들기 위해 상당히 공을 들인다. 데이비드 아커(DAVID A. AAKER) (1997)는 '브랜드 개성은 브랜드에 부여된 인간적 특성으로 그 제품이 내포하고 있는 인간적 특성을 의미한다'라고 했다. 케빈 켈러(Kevin Keller) (1993) 역시 브랜드 개성은 상징적이거나 자아표현의 이익을 제공해 준다고 주장하였다. 어떤 소비자가 역동적인 느낌의 나이키 맥스 운동화를 샀다면, 나이키 운동화를 신은 자신 또한 역동적인 느낌이 들 것이다. 즉 자신과 나이키 운동화가 동일한 개성을 가진 것처럼 일체감을 느낄 수 있다.

현대차와 기아차도 각자의 브랜드 개성을 만들기 위해 많은 노력을 기울이고 있다. 현대차는 좀 더 세련되고 보수적인 느낌의 개성을 추구하며, 기아차는 좀 더 박진감 넘치고 다이내믹한 개성을 추구하고 있다. 이를 통해서 30대 이상의 중장년층에게는 현대차가 보다 어필하고, 20~30대 젊은 층에게는 기아차가 보다 어필하는 효과를 보고 있다.

몰스킨(Moleskine)은 수첩, 다이어리 브랜드로서 컴퓨터를 이용하는 사람들이 많아지면서 수첩과 다이어리를 사용하는 사람이 줄어들 것이라는 통념을 깨버릴 정도로 대단한 브랜드이다. 몰스킨은 200년의 역사를 갖고 있으며 빈센트 반고흐, 파블로 피카소, 어니스트 헤밍웨이 등의 세계적으로 유명한 예술가들이 사용한 전설적인 노트로 알려져 있다. 몰스킨은 단순한 검은 색상의 노트북 디자인을 가지고 있으며, 수첩 치고는 2만 원이 넘는 고가를 자랑한다. 하지만 예술가들의 스케치와 메모들이 위대한 작품으로 탄생할 수 있도록 도와준 노트로, 지금까지도 광고, 문학, 예술 등 크리에이티브한 일을 하는 사람들로부터 많은 사랑을 받고 있다. 몰스킨은 실제 사용했던 몰스킨 다이어리를 회수한 후

우수 디자인을 선별하여 전시한
다. DeTour라고 불리는 이 전시
는 2006년에는 런던, 2007 뉴욕,
2008년 파리, 베를린, 2009년 이
스탄불과 도쿄에서 개최되었다.

막강한 파워를 자랑하는 다이어리 브랜드 몰스킨

몰스킨 시용지는 위대한 예술가들이 몰스킨으로 위대한 작품들을
탄생했던 순간을 떠올리며 자신도 그러한 작품을 만들고 있는 듯한 착
각에 빠지는 것이다.

왜 그는 몰스킨 을 고집할까?

여행작가를 꿈꾸는 권시후 군은 유독 여행 기록을 담는 노트북으로 몰
스킨을 고집한다. 몰스킨은 앞서 말한바와 같이 반고흐, 피카소 등이 사
용한 노트북으로 유명한 브랜드다. 광고나 예술 등 크리에이티브한 작업
을 해야 하는 사람들에게는 몰스킨이 마치 자신을 위대한 예술가가 된 것
과 같은 느낌을 갖도록 만들어 준다. 권시후 군 역시 몰스킨을 사용하면
서 이러한 느낌과 기분을 가질 수 있었기 때문에 몰스킨을 계속 구입해서
사용하고 있다.

39

전문가의 신뢰를 팔아라

▶ 보증 효과의 법칙 ◀

> 직장 때문에 독립을 하게 된 28세의 민지호 씨는 돌아오는 주말에 침구류를 새로 장만하기로 했다. 이마트에 들러 침구류 코너에 가보니 이마트 PB(Private Brand) 제품들이 눈에 들어온다. 가격이 상대적으로 저렴하여 둘러보다가 아직까지 PB제품에 대한 믿음이 가지 않아 망설이고 있다. 그러다가 디자이너 이상봉 씨가 디자인한 PB제품이 눈에 띄었다. PB제품이지만 저렴하지는 않다. 그러나 지호 씨는 이상봉 씨가 디자인했다는 점만으로 PB제품에 대한 불안감이 사라져 '이상봉 메종' 침구 세트를 구입하였다.

≪한국형 마케팅 불변의 법칙 33≫(여준상, 더난출판사, 2003)에서 저자는 보증 효과의 법칙을 소개하면서 우리나라는 보증에 의존하는 경향이 그 어느 나라보다 강하다고 밝혔다. 전문가, 유명인, 원산지를 이용한 보증 마케팅은 기본이며, 앞으로는 소재 브랜딩을 통한 보증 마케팅이 유망할 것으로 전망하였다. 실제로 우리나라에서는 해당 분야의 전문가, 권위자가 제품을 제조하는 데 참여했다면 그 제품의 신뢰도는 다른 비교 제품에 비해서 월등히 높다. 단지 전문가, 권위자가 제품을 사용했다는 것만으로도 신뢰감이 형성되기도 한다.

심리학자 빅맨은 권위적인 복장만으로 사람들을 순한 양처럼 만드는 것이 얼마나 쉬운지 증명하였다. 빅맨은 평상복과 경찰복을 입은 실험보조자를 내세워 행인들에게 쓰레기를 줍거나 잠깐 서 있으라는 지시를 내리도록 했다. 이 실험에서 평상복을 입고 지시를 하는 경우는 대부분의 사람들이 지시를 따르기는커녕 오히려 이상한 사람 취급을 했다. 그러나 경찰복을 입은 실험보조자의 지시에는 놀랍게도 많은 행인들이 지시에 순순히 따랐다. 이처럼 권위를 상징하는 복장에 따라 사람들의 태도나 행동이 달라지는 것을 심리학에서는 권위의 효과(Authority Effect)라고 한다.

예를 들어 엄마가 5살 딸아이에게 요즘 신종 플루가 유행이니까 항상 손을 깨끗이 씻으라고 말해준다. 그러나 5살 딸아이는 엄마의 말에 시큰둥 한다. 그러다 텔레비전에서 흰 가운을 입은 의사선생님이 나와 손을 깨끗이 씻으면 신종 플루 예방에 상당히 도움이 된다고 말하는 모습을 보게 된다. 5살 딸아이에게도 의사선생님은 병을 고쳐주는 사람으로 인지되어 있기 때문에 엄마의 말보다는 확실히 의사선생님의 말이 더 효과가 있다. 엄마의 말은 한귀로 흘려보내던 아이가 손을 닦으려고 화장실로 달려가는 것이다.

❖ 권위자의 명성이 신제품의 성공에 크게 기여

권위의 효과는 그 사람의 직업이나 외모 등으로 인해 그 사람의 말과 행동에 신뢰감이 더해지는 현상이다. 우리나라에서는 특히 이런 권위의 효과가 더 잘 통하는데, 다양한 마케팅 현장에서 권위의 효과를 이용하여 소비자에게 제품에 대한 신뢰감을 형성시키고 있다.

대표적인 예가 지난 2000년 한국야쿠르트에서 위에 좋다는 발효유 '윌'을 출시할 때이다. 위에서 기생하는 헬리코박터균을 억제시킬 수 있다는 점을 내세워야 했는데 소비자에게 한 번에 인식시키기에는 다소 어려운 감이 있었다. 당시 소비자에게는 헬리코박터균이 너무나 생소했기 때문이다. 한국야쿠르트는 위에서 병을 일으키는 헬리코박터 파일로리균을 억제할 수 있는 윌의 효능을 입증하기 위하여 실제로 파일로리균을 배양하는 데 성공한 베리 마샬 박사를 광고 모델로 내세웠다. 소비자들은 광고를 통하여 헬리코박터균이 위에 치명적임을 알았고, 그때까지 장을 위한 기능성 음료가 대부분이었던 상황에서 위까지 보호해준다는 사실에 감탄하였다. 또한 헬리코박터 파일로리균은 술잔을 돌려 마시고 찌개 냄비에 모든 사람이 숟가락을 같이 넣어 먹는 우리 사회의 습관 때문에 더욱 쉽게 감염된다는 사실이 알려지면서, 윌은 하루에 80만 병을 판매하는 성과를 거두었다. 더욱이 윌의 광고 모델인 베리

노벨상 수상자인 베리 마샬 박사가 등장한 '윌' 광고

마샬 박사가 2005년에 노벨 생리의학상 수상자로 선정되면서 하루에 100만 병이 넘게 팔려나가기도 했다.

소비자는 세계에서 가장 권위 있는 상으로 인정받고 있는 노벨상을 수상한 박사가 모델로 등장하고, 야쿠르트와 헬리코박터균을 공동 연구한다는 광고를 보면서 윌을 마시면 정말 위가 보호될 수 있다는 신뢰감을 갖게 되었다. 소비자는 권위 있는 박사의 말을 믿고 윌을 선택한 것이다.

최근에는 멜라닌 파동이 큰 파장을 일으키면서 안전한 먹을거리에 관한 관심이 커졌다. 특히 아이들이 즐겨 먹는 과자에 멜라닌 성분이 다량 검출되어 아이들에게 과자를 먹지 못하도록 하는 엄마들이 많아졌다. 이런 불안감 속에서 소비자에게 안심을 주고 신뢰를 얻으면서 인기를 얻은 제품이 바로 오리온에서 출시한 '닥터유'이다. 서울대학교병원 가정의학과 유태우 박사가 연구하고 개발한 과자로서 포화지방, 콜레스테롤, 트랜스 지방 등 건강에 나쁜 것들은 빼고, 건강에 좋은 식이섬유, DHA 등을 더 많이 함유하여 만든 제품이다. 건강을 생각하는 소비자들이 증가하자 건강을 책임지는 의학박사와 함께 연구하여 건강에 좋지 않다는 인식이 박혀있는 과자 제품을 건강에 좋은 제품으로 만들었다.

닥터유 제품들은 2008년 출시된 후, 많은 소비자들에게 호응을 얻으며 약 400억 원의 매출을 기록하였다.

닥터유 성공의 가장 큰 원동력은 유태우 박사가 과자 개발 과정에서 건강에 대한 연구를 하였다는 사실을 소비자들에게 알린 것이다. 유태우 박사의 권위가 제품까지 영향을 미쳤고, 소비자들은 권위 효과로 인해 제품을 안심하고 구매하게 되었다.

❖ 제조국 원산지가 브랜드 원산지보다 더욱 중요해지는 추세

우리나라에서 보증 효과의 영향이 강하게 나타나는 또 하나의 현상이 원산지 효과(Country of Origin Effect)이다. 원산지 효과는 말 그대로 어느 국가나 지역에서 그 제품이 제조됐느냐에 따라 구매 영향이 달라짐을 의미한다. 우리의 의식 속에는 여러 국가의 이미지가 각각 다르게 형성되어 있다. 예를 들어 같은 가격의 골프채가 있다. 그런데 하나는 'made in Italy'이고, 다른 하나는 'made in China'이다. 그렇다면 당신은 어느 골프채를 구매할 것인가? 아마도 모든 소비자는 'made in Italy' 골프채를 구매할 것이다. 우리 의식에 형성되어 있는 국가 이미지가 제품에 작용한 결과이다. 우리 의식 속에서 이탈리아라는 국가는 명품을 만들어 내는 국가이고, 중국은 저가의 질적으로 낮은 제품을 만들어내는 이미지가 강하다. 그렇기 때문에 중국산 제품보다는 이탈리아 제품의 선호도가 강하다.

원산지 효과는 여러 연구를 통해서 입증되고 있다. 최근에는 많은 기업들이 노동비 절감을 위해 중국, 멕시코, 인도 등의 저가노동 집약국가로 이동하여 제조하기 때문에 브랜드 원산지와 제조국 원산지가 일치하지 않는 경우가 많다. 이 경우에는 소비자에게 제조국 원산지가 브랜드 원산지 보다 강하게 영향을 미치고 있음이 입증되고 있다. 텁스트라(Terpstra)는 다국적 제품을 평가할 때 원산지 이미지가 브랜드 이미지보다 강하게 영향을 미친다는 연구 결과를 내놓았고, 켈러(Keller)는 브랜드와 원산지가 일치할 때 브랜드에 대한 평가가 높아진다고 주장함으로써 제조국 원산지 효과를 입증하였다.

시계하면 스위스다. 1541년 '장 칼뱅 보석금지령'으로 제네바의 보석세공인들이 시계 제작으로 대거 전업하면서 스위스의 '워치 밸리'가 태동하게 된다. 스위스에서 생산되는 시계는 연간 3천만 개 규모로 전 세계 생산량의 약 2.6%에 불과하나 금액으로는 약 54%에 해당하며, 2012년 스위스의 시계 수출액은 25조 원으로 스위스 총수출의 11.7%에 달한다. 스위스 시계산업은 그동안 일본 등의 고성능 기계와 스마트워치 등의 끊임없는 위협을 받아왔으나 여전히 고급스런 예술시계로서의 독보적 지위를 유지하고 있다.

파텍 필립, 브레게, 오데마 피게 등 최고급 시계 공방에는 1마이크로미터(0.0001mm)의 오차를 놓고 벌이는 명장들의 사투가 존재한다. 디자인 및 무브먼트 개발, 부품 제작, 조립이 모두 이들의 손끝에서 이루어지며 시력을 보호하기 위해 TV와 PC를 멀리하고, 작업 중 미세한 흔들림까지 막아내고자 작업대를 깨물고 숨을 참는다고 한다. 신제품의 개발과 제작에는 평균 5년이 소요되며, 장인 한 명이 생산하는 최고급 시

파텍 필립 시계 '스카이 문'

계는 일 년에 4~5개에 불과하나, 수천만 원에서 수억 원을 호가한다. 이러한 고행을 통해 태어난 시계는 종종 생명체이자 소우주에 비교된다. 스위스는 Swiss Made란 제조 기준을 강화하여 스위스 시계의 독보적인 위치를 더욱 견고히 다지려하고 있다. 스위스 시계에 대한 선망이 사라지지 않는 이상 스위스 시계업계는 다른 국가들이 따라올 수 없는 이미지와 실력을 계속 유지할 것이다.

소비자들의 신뢰를 가장 빨리 얻을 수 있는 방법은 그 분야의 권위 있는 사람, 전문가를 내세우거나 원산지 효과를 이용하여 이미 소비자에게 검증된 사실을 제품으로 전이시키는 것이다.

왜 그는 이상봉 메종 을 구매한 것일까?

민지호 씨는 분명히 PB에 대한 인식이 긍정적이지 않았다. PB제품은 제조업체를 거치지 않기 때문에 유통경비를 줄여 가격이 상대적으로 저렴한 것이 장점이다. 하지만 소비자 입장에서는 품질이 보증되지 않기 때문에 제품에 대한 신뢰도가 부족하다. 예를 들어 이마트에서 이마트 라면

49가지 마케팅의 법칙 플러스

을 출시했다. 소비자는 이마트 라면이 오랫동안 라면을 만들어온 농심이 라는 제조업체의 신라면, 안성탕면 등과 같은 품질일 것이라고는 생각하지 않는다.

소비자에게는 PB제품의 품질에 대한 보증이 필요하다. 민지호 씨 같은 경우는 유명 디자이너 이상봉 씨가 침구 세트를 디자인했다는 것을 알고 이상봉 디자이너의 권위가 침구류로 전이되었다. 그렇기 때문에 이상봉 메종 침구류에는 PB제품에 대한 부정적인 인식이 들지 않고, 오히려 일반 제품보다 더 뛰어날 것이라는 생각하여 구매하게 된 것이다.

40

웬만하면
대세를 따른다

▶ 사회적 증거의 법칙 ◀

❝ 둘째 아들의 고등학교 졸업식을 마친 주부 장수경 씨는 남편과 논의 끝에 2박 3일간의 여행을 떠나기로 결정했다. 대학입시 준비로 고생했던 아들에게 바깥바람도 쐬어줄겸 오랜만에 가족여행을 떠날 생각을 하니 가슴이 벅차 오른다. 그러나 여행지를 고르는 것도 고민이었다. 인터넷으로 이곳저곳을 알아보던 중 이런 기사가 눈에 띄었다.

'올 겨울 가장 인기 있는 여행지는 제주도인 것으로 조사됐다. 관계자의 전언에 따르면 연초 각 항공사에서 제주도행 항공권 프로모션을 활발하게 진행한데 이어 한라산의 눈꽃 경관이 방송을 통해 알려졌고, 이슈가 됐던 AI와 2월 초 내륙지방에 내린 폭설로 인해 국내여행지에 대한

관심이 제주도로 모아진 것으로 보인다.'

그러고 보니 얼마 전 방송에서 한라산의 기막힌 눈꽃을 본 기억이 나는데다, 마음 한 편에 두었던 강원도는 폭설로 인해 교통도 염려되었다. 이왕이면 많은 사람들이 선택한 곳이 낫겠지라는 생각으로 수경 씨는 여행사에 전화를 건다. **"**

설득에 관한 분야에서 최고의 전문가로 불리는 로버트 치알디니는 그의 저서 ≪설득의 심리학≫(로버트 치알디니, 21세기북스, 2013)에서 대부분의 사람들이 무엇이 옳은지 결정하기 위해서 사용하는 방법 중의 하나가 다른 사람들이 옳다고 생각하는 것을 알아내는 것이라고 말했다. 일반적으로 다른 사람들이 하는 대로 행동하게 되면 실수할 확률이 줄어들기 때문이다.

예를 들어 스탠드 바의 바텐더들이 영업시작 전에 팁을 담는 유리병에 미리 1달러짜리 지폐를 몇 장 넣어둔다. 이런 행동은 바텐더에게 팁을 남기는 것이 적절한 행동이라는 인상을 손님에게 심어줌으로써 사회적 증거 효과를 이용하여 팁의 수입을 높인 경우이다.

펭귄 효과라는 것을 들어본 적 있는가? 펭귄들은 바다 속에 들어가야만 먹이를 구할 수 있다. 하지만 대다수의 펭귄들은 선뜻 차가운 바다 속에 들어가지 못한다. 바다에 들어가자마자 천적들에게 잡혀먹을 것을 염려하기 때문이다. 많은 펭귄들이 우물쭈물 망설이고 있을 때, 어느 펭귄이 용기 내어 바다 속으로 들어간다. 그 모습을 보고 비로소 많은 펭귄들이 바다 속으로 들어간다. 이 이야기는 첫 번째로 뛰어든 펭귄 때문에 모두 괜찮을 것이라는 안심을 하게 됨으로써 행동을 결심하는 모습을 보여준다. 이 모습은 흡사 제품을 살까 말까 망설이는 소비자가 다른 소비자가 그 제품을 구매하는 것을 목격하고 구매를 결정하는 모습과 동일하다. 이 심리는 단순 모방을 하는 것과는 다르다. 남들이 하기 때문에 무조건 따라하는 그런 심리보다는 그들의 선택과 결정이 자신의 구매 결정에 영향을 미친 것이다.

❖ 다수가 선택했다는 사실이 소비자에게는 가장 확실한 보증수표

2014년 외화 최고 흥행기록을 세운 영화 〈겨울왕국〉의 모바일 홍보페이지

많은 사람들은 사회적 증거 효과의 영향으로 베스트셀러 제품들을 선택한다. 많은 사람들이 선택한 베스트셀러는 그 자체만으로 믿음이 간다. 그래서 베트스셀러들은 더욱더 팔려나간다. 어떤 영화를 볼지 고민하는 사람들에게 가장 확실한 영화 선택의 기준은 바로 사람들이 가장 많이 본 영화로 결정하는 것이다. 또한 뉴스나 신문에서 최근 관객 수가 가장 많은 영화를 알게 되면 다음에 영화관을 갈 때는 꼭 봐야

겠다는 생각을 하게 된다. 대부분의 사람들이 본 영화를 나만 못보고 있다고 생각하면 왠지 나만 소외되는 것 같고 트렌드에 뒤처질 수 있다는 기우에 빠지는 것이다. 그래서 영화사들은 대부분 박스오피스 몇 주간 1위, 예매율 1위, 관람객 평가순위 1위 등의 지표를 내세우며 상영작들을 홍보하곤 한다.

지하철에서 제품을 판매하는 상인들은 바람잡이라는 사람들과 같이 다니면서 먼저 구매하는 모습을 사람들에게 보여준다. 물론 바람잡이는 사람들과 섞여있고, 일반 소비자인척 한다. 제품을 구매하는 매장이 아닌 지하철에서 선뜻 사기가 망설여지던 사람들은 어느 누군가가 구매하는 모습을 목격하고 자신도 구매한다.

김민종 씨는 홍천에서 스키를 타고 서울로 돌아오는 길에 배가 너무 고파 식당을 찾았다. 그런데 초행길이라 어느 식당으로 들어가야 할지 고민이다. 그래서 이왕이면 식당 주차장에 차가 많은 곳으로 들어가기로 했다. 맛있는 곳에는 손님이 많을 거라고 생각했기 때문이다. 결국 주차장에 차가 빼곡히 들어선 설렁탕 집으로 들어갔다. 설렁탕 국물이 고소하다. '역시 사람이 많은 곳이 음식도 맛있구나'하고 만족해한다. 이런 경우는 모두 경험해 보았을 것이다. 왜 사람들이 몰려있는 식당에 들어간 것일까? 많은 사람들이 선택한 곳은 맛있는 음식점이라는 증거가 되기 때문에 사람들이 몰려있는 곳을 선택한 것이다.

^o**왜** 그녀는 여행지로 제주도 를 선택했을까?

　　장수경 씨는 간만에 떠나는 여행으로 들떠있었으나, 여행에 대한 기대가 큰 만큼 잘못된 선택에 대한 두려움도 커지게 되었다. 선택에 대한 리스크를 피하기 위한 가장 일반적인 선택은 다수의 선택을 따라가는 것이고, 방송에서 올 겨울 가장 많은 사람들이 선택한 곳이 제주도라는 것을 알게 되었다. 한마디로 제주도가 올겨울 여행지의 '대세'였던 것이다. 게다가 대안으로 생각했던 강원도는 기록적인 폭설로 자칫 고생만 하다 끝나버릴 수 있다는 걱정까지 들었다. 때문에 한편으로는 리스크를 줄이고 한편으로는 무난하게 즐길 수 있을 것으로 보이는 제주도를 선택했던 것이다.

41

똑같은 상황
그러나 다른 선택

▶ 프레이밍 효과 ◀

" 리바이스 청바지를 사고 싶은 고등학생 배동건 군. 그러나 자신이 살고 있는 곳에는 리바이스 매장이 없어 서울로 가야한다. 혼자 가기는 심심할 것 같아 친구들한테 같이 가자고 했는데, 모두들 이런 저런 사정으로 어렵다고 말한다. 아빠한테 차로 데려다 달라고 하면 분명 청바지를 사러 서울까지 간다고 혼날게 뻔하다.

청바지를 직접 본 후에 사고 싶지만 할 수 없이 인터넷 쇼핑몰을 이용하기로 했다. 특별히 정한 스타일이 없어 마음에 드는 걸로 고르는데 두 개 중 어떤 걸로 해야 할지 고민이다. 스타일은 둘 다 마음에 들어 가격을 보고 최종 결정하기로 했다. 하나는 172,000원이고 다른 하나는

169,000원이다. 조금 더 싼 169,000원짜리로 결정하고, 인터넷으로 결제를 하게 됐다. 어, 그런데 이게 왠 일! 결제과정에서 169,000원에 3,000원 배송비가 붙어 172,000원을 무통장 입금하게 되었다. 결제를 다시 물리기도 귀찮고 해서 그냥 결제를 했다. 좀 기분이 나빠 172,000원짜리 청바지도 확인해보았더니 이 제품은 배송비가 포함된 가격이었다. **"**

미국의 코미디언 조지 칼린은 "똑같이 물이 담긴 컵을 보면서 물이 반이나 들어 있다고 생각하는 사람도 있고 물이 반밖에 없다고 생각하는 사람도 있다. 나는 컵이 너무 크다고 생각한다"는 유명한 말을 남겼다. 프레이밍 효과는 똑같은 내용임에도 불구하고 사람들이 상황에 따라서 다르게 받아들이는 현상을 말한다. 일반적으로 인간의 의사결정은 질문이나 문제의 제시 방법에 따라 달라질 수 있다는 것이다.

경제학자 카너먼과 심리학자 아모스 트버스키(Amos Tversky)는 이런 사실에 착안하여 문제의 표현방법을 판단이나 선택에 있어서의 프레임(frame)이라 부르고, 프레임이 달라지는 것에 따라 판단이나 선택이 변하는 것을 프레이밍 효과라고 정의하였다.

예를 들어 암이 발병되어 수술을 하려는 환자에게 의사가 말한다. "수술이 성공적으로 된다면 당신이 살 수 있는 확률은 70%입니다"와 "당신이 수술을 받으면 죽을 수 있는 확률은 30%입니다" 중 여러분은 어떤 말이 더 희망적인가? 분명 환자가 수술을 받는다면 살 수 있는 확률은 70%, 죽을 수 있는 확률은 30%다. 하지만 같은 이야기라도 환자가 70%의 살 확률이 있다는 이야기를 듣는다면 좀 더 희망을 가지지 않겠는가?

　또 다른 사례가 있다. 대학을 졸업하고 취업을 준비중인 민수 군은 최근에 두 군 데서나 최종 합격을 통지받았다. 그런데 A기업은 기본급에 인센티브까지 합해서 200~300만 원이라고 하고, B기업은 기본급에 실적부진시 벌금 등을 고려해서 200~300만 원이라고 급여 가이드라인을 제시한다. 기본급은 B기업이 많은 것 같은데, 왠지 실적에 대한 염려도 있고 급여가 깎일 우려가 있다는 생각에 민수 군은 A기업을 최종적으로 선택한다. 이왕이면 조금 더 주는 기업이 자신에게 유리한 것도 같고 마음이 더 갔기 때문이다.

❖ 프레이밍의 구조(틀)에 따라 구매선택의 결과가 달라진다

　사람들은 긍정적·부정적 프레이밍에 따라 인식되는 이익과 손실의 준거점이 달라지기 때문에 판단을 달리하게 된다. 사람들이 긍정적 프레이밍을 보았을 경우에는 이익의 준거점에 근거를 두고 판단하기 때문에 위험성을 회피하는 방향으로 행동한다. 반면에, 부정적 프레이밍을 강조하는 경우에는 손실에 준거점을 두어 위험을 모색하게 된다. 긍정적 프레이밍과 부정적 프레이밍에 대하여 어떤 프레이밍이 더 효과적인지 명확히 판단할 수는 없지만, 상황과 여건에 따라 그 효과는 다르게 나타날 수 있다.

　제품 역시 긍정적 프레이밍이냐 부정적 프레이밍이냐에 따라서 소비자의 선택이 달라진다. 제품의 성질에 따라서 효과가 다르게 나타나기 때문이다. 예를 들면 물비누의 판매를 높이기 위해서는 부정적 프레이밍이 더 효과적이다. '물비누를 사용하면 손의 청결을 유지할 수 있습니다'와 '물비누를 사용하지 않으면 손에 몇만 마리의 세균이 살아있고, 그 손으로 음식을 먹게 됩니다'라는 광고 메시지 중에서 소비자는 어느 것에 더 민감하게 반응하겠는가? 당연히 후자일 것이다.

그와 반대로 햄을 구매하려는 소비자는 다르게 반응한다. '이 햄은 살코기 함량이 90%입니다'라는 긍정적 메시지와 '이 햄은 지방이 10% 들어있습니다'의 부정적 메시지를 전달하게 된다면, 대부분의 소비자는 살코기 함량이 90% 들어있는 햄을 선택한다. 왜냐하면 소비자에게 살코기는 긍정적으로 인식되고, 지방은 부정적으로 인식되어 있기 때문이다. 소비자는 살코기 함량이 많은 햄을 사야지만 더 이익이 될 것 같은 생각이 들기 때문이다.

최근 시중에 저지방 우유를 표방하는 제품들이 많이 출시되었다. '저지방 우유'란 유지방 함량이 2.6% 이하인 우유를 뜻하는데, 일반 우유에는 유지방이 4% 정도 들어 있다. 건강과 다이어트에 대한 관심이 높은 젊은 여성을 핵심 타깃으로 저지방을 강조함으로써, 대대적인 판매 증가를 가져올 수 있었다. 이에 따라 저지방 우유 비중은 전체 흰 우유 시장에서 20%대까지 올랐다. 4%대였던 2008년의 5배 수준이다. 매일유업이 내놓은 한 제품을 보면, 유지방 비율을 전체의 0.8%로 낮추고 칼로리는 38Cal(100mL 기준)로 낮춘 반면, 뼈를 튼튼하게 하는 칼슘은 일반 우유의 2배 수준으로 높였음을 강조함으로써 소비자들의 긍정적 프레이밍을 유도하고 있다.

이렇듯 동일한 상황과 제품을 가지고도 표현하는 방식과 내용에 따

프레이밍 효과를 노린 햄과 우유 광고 사례

라서 소비자들이 다르게 반응하는 것을 프레이밍 효과라고 한다. 여기에는 사람들의 인식과 고정관념을 적절하게 이용하는 기업들의 고도의 마케팅 전략이 숨어 있는 것이다.

❖ 결국은 가치의 차이가 관점의 차이를 만든다

사람들이 관점의 차이에 따라 반응이 달라지는 이유를 설명하는 데에 사용될 수 있는 것이 바로 카너먼과 트버스키가 제안한 전망 이론(prospect theory)이다. 전망 이론은 준거의존성, 민감도 체감성, 손실회피성의 3가지를 특징으로 하는 가치함수를 말한다.

먼저 준거의존성은 '만약 연봉 3,800만 원과 연봉 3,000만원 중 누가 더 행복한가?'라는 질문에 다들 전자라고 답하겠지만, 이 두 사람의 전년 연봉이 각각 4,000만 원과 2,800만 원이었다면 대답은 3,000만 원으로 달라진다는 것이다. 이처럼 같은 가치라도 기준점에 따라 가치판단이 달라지는 것을 준거의존성이라 한다. 민감도 체감성은 가치함수의 기울기가 점점 완만해지는 것으로 이익이나 손실의 액수가 커짐에 따라 변화에 따른 민감도가 감소하는 것이다. 즉 2만 원에서 2만 2,000원으로 인상된 경우와 20만 원에서 20만 2,000원으로 인상된 경우 전자가 후자보다 더 많이 올랐다고 느끼는 것이다. 마지막으로 손실회피성은 사람들이 같은 크기의 이익과 손실이라 해도 이익에서 얻는 효용보다 손실에서 느끼는 비효용을 더 크게 느껴 일반적으로 손실을 줄이려고 하는 성향을 말한다.

따라서 전망 이론에 따른 일반적인 선택의 규칙은 다음과 같다. 사람들은 불확실한 이익보다는 확실한 이익을 선호하고, 확실한 손실보다는 불확실한 손실을 선호한다는 것이다. 소비자는 자신들이 매우 합리적이고 이성적이라고 생각하지만, 실제 구매에서는 매우 자주 감성적이고 비합리적인 의사결정을 하기 마련이다.

왜 그는 169,000원짜리 리바이스 청바지 를 선택했을까?

배동건 군은 리바이스 청바지를 인터넷에서 구매했다. 최종적으로 두 가지를 놓고 고민하다가 결국 조금 더 싼 169,000원짜리 청바지를 선택했다. 하지만 알고 보니 169,000원 짜리는 배송비 3,000원이 붙어 결국 172,000원이었다. 사이트에서 다시 확인해 보니 대안으로 고민했던 172,000원짜리 청바지는 배송비가 무료였다는 것을 알게 됐다. 결국 가격은 같았던 것이다. 동건 군은 청바지를 구매할 때 배송비까지 고려하지 못하고 단지 제품 가격만 놓고 고민을 하였기 때문에 이와 같은 선택을 했던 것이다.

42

입소문으로 팔아라

▶ 빅 마우스 법칙 ◀

66 스물다섯 살의 대학생 이종현 군. 일주일 전에 세 살 어린 귀여운 김솜이 양과 소개팅을 통해 만났다. 여자 친구와 헤어진 지 약 2년이 지나서 한 소개팅이었다. 종현 군은 솜이 양이 마음에 들어 두 번째 만남은 어디서 무엇을 할지 고민 중이다. 두 번째 만남의 필수 코스로 일단 영화를 보기로 하고, 최신 개봉작에 대한 네티즌 평점과 이미 본 사람들의 블로그 후기를 참고하였다. 그런데 친구들이 요즘 〈호빗2: 스마우그의 폐허〉가 스케일도 크고, 볼거리도 많은 영화라고 추천을 한다. 인터넷 후기들도 대체적으로 볼만한 영화라는 평가가 많다. 솜이 양에게 한 번 물어보고는, 바로 인터넷으로 예매를 했다. 솜이 양도 마침 친구들이

재밌는 영화라고 추천하더라고 말해 영화 선택을 참 잘 했다는 생각이 들어 흐뭇하다. **99**

빅 마우스 법칙은 입소문 효과, 구전 효과로도 불리며, 이미 제품이나 서비스를 이용해 본 소비자들의 입소문에 의해서 다른 소비자들이 영향을 받아 제품을 구매하는 것을 말한다. 마케팅에서 빅 마우스 법칙은 버즈 마케팅이라고도 불리는데, 버즈 마케팅은 인적 네크워크를 통하여 소비자에게 상품정보를 전달하는 마케팅 기법이다. 버즈 마케팅은 소비자들이 자발적으로 메시지를 전달하여 상품에 대한 긍정적인 입소문을 내는 것으로서 꿀벌이 윙윙(buzz)거리는 데서 유래됐다. 소비자들 사이에서 자발적으로 나타나는 효과이기 때문에 그 파급력이 상당하다. 최근에는 기업에서 계획적으로 소비자를 선정하여 제품을 사용하게 한 뒤, 입소문을 내는 방법도 사용하고 있다.

≪입소문을 만드는 100가지 방법≫(조지 실버만, 21세기북스, 2004년)의 저자 조지 실버만은 입소문을 탄 제품은 소비자의 의사결정 속도가 상대적으로 매우 빠르다고 주장하였다. '의사결정 속도'란 소비자가 제품이나 서비스를 처음 알게 되는 순간부터 그 제품이나 서비스를 이용하고 다른 사람들에게 추천하는 데까지 걸리는 시간을 말한다. 의사결정 속도는 결정 과정이 얼마나 간단하고 빠른가에 따라 좌우된다. 입소문을 탄 제품은 그 제품을 이미 사용해 본 소비자가 제품을 보증하는 역할을 하기 때문에 의사결정이 신속하게 이루어져, 제품을 구매할 때 소비자는 망설이지 않는다.

빅 마우스 법칙은 제품을 구매하려는 소비자에게 제품이 어떠한지 보증을 줄 수 있다는 점에서 보증 효과와 비슷하다. 하지만 전문가나 원산지의 보증에 의해 구입 당시 영향을 받는 보증 효과와는 달리 빅 마우스 법칙은 구매하기 전부터 미리 제품에 대한 정보가 의식 속에 들어가 있다가 구매를 하게 된다.

구분	정의
빅 마우스 법칙	소비자들 사이에서 자발적으로 긍정적인 입소문이 나서 불특정 다수의 소비자가 영향을 받는 현상
보증 효과	유명인, 전문가, 원산지가 갖고 있는 권위, 보증이 제품 품질, 이미지 등으로 전이되는 현상

빅 마우스 법칙과 보증 효과의 차이

❖ 영화, 공연 등 분야에서 핵심적인 마케팅 도구로 활용

우리나라에서는 특히 영화에서 빅 마우스 법칙이 큰 영향력을 발휘되는데, 때문에 입소문을 내기 위해 개봉 전 시사회를 여는 것이 관례화되어가고 있다. 시사회에서는 제작과정의 에피소드, 출연 배우들의 재치 있는 입담, 예고편 등을 보여주면서 소위 빅 마우스 고객들에게 구전거리를 제공한다. 또 인터넷에서 사전예고편 등을 상영하여 네티즌들의 입소문도 유도하고 있다.

공연도 입소문에 상당히 민감한 분야다. 공연은 영화만큼 소비자가 자주 이용하는 서비스도 아니며 가격 또한 매우 높다. 따라서 소비자들은 공연을 선택하기 위해 다양한 정보를 얻으려고 노력하는데, 가장 믿을만한 건 역시 잘 아는 사람으로부터의 추천일 것이다.

아는 사람들은 다 아는 유명한 공연 〈피아노와 이빨〉은 피아노 전공을 하지 않은 피아니스트 윤효간 씨가 편곡하고 작곡한 곡들을 피아노 연주로 들을 수 있는 공연이다. 또한 공연 제목에 '이빨'이라는 표현을 사용한 것처럼 이빨 게스트가 참여하여 문화 멘토링 역할을 해주고 윤효간 씨가 직접 입담을 들려준다. 이빨 게스트는 비음악인으로서 다양한 분야에서 열심히 살고 있는 사람들이 초대되어 관객들과 소통한다. 〈피아노와 이빨〉은 2005년을 시작으로 현재 830회가 넘는 공연 기록을 갖고 있으며, 2007년에만 320회의 공연을 했다. 관객은 10대부터 70대까지 다양하며, 회를 거듭할수록 입소문을 타고 공연장을 찾는 관객이 늘어났다. 2009년 4월 미국 투어, 12월 시드니 오페라 하우스에서의 공연과 맬버른, 브리즈번 등의 도시에서 호주 투어 공연을 했다. 그리고 2010년부터는 세계 투어를 예정하고 있다.

1999년 초연 이후 13년 동안 매진 세례를 잇고 있는 대한민국 대표 연극 〈라이어〉. 이 연극의 기획사에서는 온라인 커뮤니티와 블로그, SNS를 통해 새로운 형태의 친목 관계를 형성하고 있는 30~40대 주부들을 주목했다. 주 관객층인 20대의 젊은이들 외에도 다채로운 관객층을 확보하기 위해서였다. 주부들의 커뮤니티가 활발한 네이버 카페 〈마더스〉,

연극 〈라이어〉의 주부리뷰단 토크파티 장면

〈한우리맘〉 등에서 20여 명의 참여자들을 모집, 〈라이어〉 주부 리뷰단을 발족했다. 이 30~40대 주부 리뷰단은 연극〈라이어〉 낮 공연을 관람한 후, 토크 시간을 가지고 다양한 의견과 느낌들을 쏟아내는 등 활발하게 활동했다. 이를 통해 지속적으로 〈라이어〉의 개선방향을 반영하고 폭넓은 관람층을 확보하는 데 성공할 수 있었다.

❖ 기업 분야에서의 구전 마케팅도 더욱 확산 예상

사실 구전 마케팅으로 대박을 이룬 대표적인 상품은 바로 '딤채'(김치냉장고)와 '쿠쿠'(전기밥솥)다. 만도가 1995년에 처음 출시한 딤채는 사실상 대형가전사들이 시도하지 않은 새로운 카테고리를 개척한 모험상품이었다. 하지만 '김치 저장엔 딤채가 그만이다'라는 가정주부들의 입소문이 확산되면서 불티나게 팔려나가기 시작했다. 나중에는 삼성, LG 등 대형가전사들이 시장에 뛰어들었지만 지금도 김치냉장고는 딤채라는 방정식이 흔들리지 않고 있다. 전기밥솥인 쿠쿠도 마찬가지다. 중소업체가 생산하였지만 고장수리는 물론 집안의 전압이나 전류치가 밥솥 작동에 영향을 주지 않는지를 체크하는 세심한 서비스로 고객의 마음을 사로잡았고 이에 감동한 고객들이 입소문을 내면서 대박 상품이 될 수 있었다. 사실 유통망이 없고 자금력이 부족한 중소기업에게 구전 마케팅은 매우 효율적인 도구가 아닐 수 없다. 지금도 많은 중소기업들이 구전 마케팅에 열을 올리고 있는 이유다.

빅 마우스 법칙은 전통적인 4대 매체를 포함한 대중매체의 홍수시대를 맞아, 소비자들이 사람으로부터 입수한 정보를 더욱 귀하고 믿을만

하게 여기면서 발생하고 있는 현상으로 볼 수 있다. 향후 기업은 소비자들 중에서도 영향력이 큰 빅 마우스 층에 대한 홍보와 관리가 신제품 출시와 이벤트 흥행의 성공을 결정짓는 요소임을 명심해야 한다. 하지만 이와 함께 구전 마케팅의 부정적인 측면도 늘 경계해야 한다. 빅 마우스에 지나치게 의존하는 것은 곤란하며, 소비자들이 보다 능동적인 구매 욕구를 가질 수 있도록 유도할 필요가 있다. 결국은 기업의 주도적 마케팅과 소비자들의 자연스러운 호감이 결합될 때 최선의 마케팅 효과를 낼 수가 있기 때문이다.

왜 그는 〈호빗 2〉를 예매했을까?

이종현 군은 영화를 예매하기 위하여 현재 개봉중인 영화들을 블로그와 네티즌 평점 등을 참고하며 둘러보고 있었다. 왜냐하면 이종현 군은 영화를 예매하기 전에 영화의 재미를 보증해 줄만한 타당한 근거를 찾고 있었기 때문이다. 그래서 쉽게 입소문 정보를 얻을 수 있는 영화 리뷰를 작성해 놓은 블로그나 네티즌 평점 등을 참고하고 있었는데, 마침 친구들이 〈호빗 2: 스마우그의 폐허〉를 추천하였다. 확인한 결과 블로그나 네티즌에서도 긍정적 평가 일색이었다. 결국 이종현 군은 오프라인과 온라인 양쪽으로 입소문 효과를 통한 보증 덕분에 큰 고민 없이 〈호빗 2〉를 예매할 수 있었다.

43

한 번 고객은
영원한 고객이다

▶ **자물쇠의 법칙** ◀

" 올해 스물두 살의 여대생 김민주 양. 평소 옷이나 화장품, 구두 등을 살 때 주로 인터넷 쇼핑몰을 이용한다. 가장 많이 이용하는 사이트가 G마켓이다 보니, G마켓의 이머니가 상당하다. 그녀는 이번 겨울에 부츠를 하나 장만하기로 결심한다. 친구 하나가 자기는 대기업에서 운영해 사후관리가 철저한 11번가를 이용해서 샀다면서, 11번가를 한번 이용해보라고 추천한다. 11번가 사이트에 들러본 김민주 양은 전체적으로 상품 종류와 제품의 질 등은 G마켓과는 크게 다르지 않은 것 같다고 생각한다. 다만 교환, 환불 서비스가 좀 더 좋은 듯했다. 그러나 지금까지 모아놓은 G마켓 이머니로 좀 더 저렴하게 살 수 있다는 점 때문에 결국

G마켓에서 부츠를 구매하였다. **"**

한번쯤은 남산에 있는 서울 N타워에 가본 경험이 있을 것이다. 언제부터인가 타워 아래 철조망이 쳐져 있는 곳이 커플들의 사랑의 맹세를 하는 상징적인 장소가 되었다. 시작이 누구인지 모르겠지만 그들의 이름을 각각 자물쇠에 써서 철조망에 걸어두는 것이 급속도로 번져 앞이 안보일 정도로 자물쇠가 빼곡히 채워져 있다. 이것은 자물쇠가 풀어지지 않는 것처럼 그들의 사랑도 영원하리라는 맹세를 보여준다.

❖ 신규 고객 유치보다는 기존 고객 유지가 기업에 더 유리

자물쇠는 이렇게 무언가를 묶어두는 물건이다. 마케팅에서 자물쇠 법칙이란 소비자를 묶어 둘 수 있는 그 무엇을 제공한다는 의미이다. 기업은 계속해서 신제품을 출시하면서 새로운 고객을 창출하는 데 주력한다. 하지만 새로운 고객 한 명을 유치하는 것보다는 기존 고객 한 명을 계속 유지하는 것이 비용적인 면에서 더 유리하다라는 주장이 있다.

세계적인 컨설팅기업 맥킨지는 기존고객 유지는 1달러가 들지만 신규 고객을 창출하는 데는 5달러가 든다고 주장한다. 즉, 신규 고객 창출 비용은 기존 고객유지 비용의 약 5배에 달하는 비용이 든다는 것이다. 실제로 신용카드 회사의 경우 신규고객을 유치하는 데 들어가는 비용은 기존고객을 유지하는 데 들어가는 비용에 비해 약 3배가 더 크다고 한다. 이런 현상은 특정 산업에 두드러지는 경우도 있지만 전반적으로 모든 산업에 나타나는 현상이다. 이런 사실이 밝혀지면서 기업은 새로운 고객 창출 못지않게 기존 고객 유지를 위한 마케팅에 힘쓰고 있다. 즉, 소비자를 떠나지 못하게 발목을 붙잡는 것이다.

❖ 포인트 제도로 고객 이탈 방지와 반복 구매 유도

자물쇠 법칙을 이용하고 있는 것들 중 가장 대표적인 것은 바로 포인트 제도이다. 지갑을 열어보면 쓸데없는 카드가 너무 많다고 생각이 들지 않는가? 파리바게트, 베스킨 라빈스 31 등에서 사용할 수 있는 해피 포인트 카드, 투썸플레이스, 뚜레쥬르, VIPS 등의 CJ에서 운영하는 곳에서 적립·할인이 가능한 CJ푸드빌 패밀리 포인트 카드, OK cashbag 카드, 교보문고 카드 그리고 그 밖의 한 번 이상 방문했던 곳에서 발행해준 포인트 카드들이 쌓여있다.

포인트 제도는 원래 항공사에서 사용했던 마일리지 제도에서 유래됐다. 마일리지 제도는 1980년 캘리포니아 소재의 항공사 웨스턴 에어라인이 샌프란시스코와 로스앤젤레스 구간을 이용하는 승객을 대상으로 '50달러 Travel Pass'라는 서비스 쿠폰을 발행하면서 시작되었다. 항공사에서 시작된 마일리지 제도는 불과 20여년 만에 항공사뿐만 아니라 모든 업종에 확대되어 사용되고 있다.

그런데 왜 포인트가 자물쇠 역할을 하는 것일까? 쉽게 예를 들어보자. '커피빈'은 커피 한 잔당 스탬프를 찍어주는 핑크카드 제도를 사용하고 있다. 소비자는 12개의 스탬프를 모으면 커피 한 잔을 공짜로 마실 수 있다. 9개의 스탬프가 찍혀있는 핑크카드를 갖고 있는 여성이 있다. 그녀의 회사 옆에 스타벅스가 새롭게 생겼다. 그러나 여성은 3번만 더

스탬프를 찍으면 공짜커피를 마실 수 있기 때문에 스타벅스를 가지 않는다.

대한항공 마일리지를 꽤 많이 모은 여행객이 있다고 하자. 그 마일리지를 이용하기 위해 비행기를 탈 일이 있다면 이왕이면 대한항공을 이용할 것이다. 자가용 운전자라면 주유하는 데 꽤 많은 돈을 소비해야 한다. 그렇기 때문에 주유소에서도 적립제도를 사용하여 소비자의 재방문을 유도한다. 만약 운전자가 SK주유소를 주로 이용하는 소비자라면 이용한 만큼 적립금도 쌓였을 것이다. 이런 상황이라면 정말 급하지 않은 이상 소비자는 SK주유소가 아닌 다른 주유소를 이용하지 않을 것이다.

대부분의 포인트는 일반적으로 구매금액의 몇 %를 적립하는 방식으로, 적립금이 쌓이면 현금처럼 사용할 수 있다는 점이 장점이다. 즉 소비자는 포인트를 돈으로 생각하기 때문에 payback 개념이 강하다. 최근에는 포인트 제도를 사용하는 곳이 너무 많기 때문에 자물쇠 효과가 이전만큼 효력이 줄어들어, 기업별로 브랜드를 통합하여 포인트 제도를 이용하는 대기업들도 늘어나고 있다.

≪실전에 강한 MBA 마케팅≫(다카세 히로시, 원앤원북스, 2008)에서는 포인트 제도 도입에 의한 고객 유지 효과를 잘 설명하고 있다. 포인트 제도는 기존 고객의 반복구매를 늘리기 위함이 목적이며, FSP(Frequent Shoppers Program)에 의해 단골 고객을 식별하고 관리하기 위한 프로그램으로 설명할 수 있다. 포인트 제도는 고객들이 이익을 얻는 만족감으로 인해 반복구매를 하게 하는 데 효과적이라고 할 수 있다.

왜 그녀는 11번가가 아닌 G마켓 을 선택했을까?

　김민주 양은 평소 G마켓을 이용하여 옷, 구두 등을 구입해 왔다. 구매한 금액이 이머니로 적립되는 제도를 통해 이머니를 상당히 많이 모아놓은 상태다. 이머니는 현금처럼 쓸 수 있는 포인트의 일종으로 어떤 제품을 샀을 경우, 결제할 금액에서 자신이 모아 놓은 이머니를 차감한 금액으로 구매할 수도 있다. 김민주 양 역시 G마켓의 이머니 때문에 굳이 다른 인터넷 쇼핑몰에서 구입하지 않은 것이다. 결국 G마켓의 이머니는 그녀가 다른 쇼핑몰로 가지 못하도록 자물쇠 역할을 했다고 볼 수 있다.

44

기억에 남는
'한방'의 힘

▶ 유사차별화 효과 ◀

" 50대의 박태환 씨가 퇴근해서 집으로 가는데 아내가 전화해서 마트에 들러 샴푸를 사오라고 말한다. 박태환 씨는 아내에게 집에서 뭐 했냐며 투덜대면서 어떤 브랜드를 사야 되는지 되묻는다. 아내는 "맨날 우리가 쓰는 것으로 사와요"라고 말한다. 박태환 씨가 마트에 들러 샴푸 코너로 가보니 종류가 한두 가지가 아니다. '맨날 쓰던 것이 뭐였지?'라고 생각하며 샴푸를 찾아보지만 도무지 뭐가뭔지 알 길이 없다. 그러던 중 '실크성분 함량'이라고 쓰여 있는 샴푸가 머릿결에 좋을 것 같아서 집어 들었다. 그리고 '머리가 빠지시는 분들 써보세요. 효과가 다릅니다'라는 광고 문구가 눈에 들어와 한방 샴푸도 하나 구입하였다.

아내가 왜 샴푸를 두 개씩이나 사왔냐고 묻자 "요새 머리가 빠지는데 한방 샴푸가 효과가 좋다고 해서 사왔어"라고 하면서, "이거 비싼 거니까 다른 사람들은 절대 쓰지 마"라고 가족 모두에게 이야기한다. **"**

이 이야기에서 우리는 박태화 씨가 구매한 샴푸의 특징이 '실크'와 '한방'이라는 것을 알 수 있다. 수많은 샴푸가 놓여있는 매대 앞에서 특정 샴푸를 선호하는 소비자가 아니라면, 어떤 샴푸가 머릿결에 좋을 것인가를 생각하고 선택할 것이다. 박태화 씨 역시 실크와 한방이라는 단어 때문에 그 성분들이 머릿결에 더 좋을 것이라고 생각하고 구매를 결정했다.

❖ 사소한 차별화도 소비자 입장에선 구매의 명분

《소비의 심리학(Why They Buy)》(로버트 B. 세틀, 파멜라 L. 알렉 지음, 세종서적, 2003)에서는 '차별화되는 단서들을 만들어내야 한다. 단서는 차별화 될수록 더 효과가 있다'라는 내용이 있다. 소비자들은 차별적인 그 무엇으로 인해 제품을 구매한다는 것이다. 브랜드와 제품이 차별적인 그 무엇을 갖고 있지 못하다면 소비자에게 선택받을 수 없다. 소비자는 필요한 한 가지를 사기 위해 그 많은 브랜드 제품을 다 알려고 하지 않는다. 다만 소비자에게 인지된 것 중에서 선택한다. 어떻게 소비자에게 인지될 수 있을까? 그것은 바로 다른 브랜드와 다르다는 차별적인 그 무엇을 소비자에게 어필하면 된다.

미국 노스웨스턴대 켈로그 스쿨의 그레고리 카펜더 교수 등은

1994년에 〈의미 없는 차별화가 낳은 의미 있는 브랜드〉라는 논문을 발표했다. 이 논문에 의하면 전통적인 차별화는 경쟁 제품에 없는 차별적인 속성을 추가함으로써 소비자에게 더 큰 혜택을 제공하는 것을 목적으로 하는데, 아무런 영향을 줄 수 없는 속성을 추가할 경우에도 효과적인 제품 차별화가 가능하다고 밝혔다. 예를 들면 소비자에게 샴푸에 실크 성분을 첨가해도 머릿결이 좋아지지 않는다고 알려줘도, 소비자들은 실크 성분이 함유돼 있는 샴푸를 구매하게 된다는 것이다. 소비자들에게는 '실크'라는 것이 여전히 '부드러움'이라는 의미를 내포하고 있기 때문에 유사차별화 효과를 낼 수 있는 것이다.

실제로 한방 샴푸의 성공사례를 보자. 댕기머리 샴푸는 두리 화장품이 1998년 개발한 한방 샴푸 브랜드이다. 댕기머리 샴푸는 약 12년 동안 국내 한방 헤어제품 시장을 주도했다는 평가를 받고 있다. 댕기머리 샴푸는 한방 추출물을 주원료로 사용하며 색소를 전혀 사용하지 않기 때문에 소비자들에게 건강하고 풍성한 머릿결을 만드는 데 효과적이라고 인식되었다. 스트레스로 인한 탈모증세가 남성과 여성 모두에게 증가하는 추세에서, 이처럼 '한방'이라는 차별적인 요소는 히트 상품의 주요한 요인이 되었다.

댕기머리 샴푸는 화학 샴푸가 주도해 온 샴푸 시장에서 큰 인기를 끌면서 2006~2008년 3년 연속 시장점유율 1위라는 성과를 거두었고, 최초의 한방 샴푸라는 인식으로 소비자에게 더욱 우수한 제품으로 인식되고 있다. 하지만 한방 샴푸가 효능이 없다고 말하는 소비자들이 증가하고 있으며, 경희대학교 동서신의학병원 피부과 심우영 교수는 "탈모

'한방'이라는 차별화 포인트로 성공한 댕기머리 샴푸

방지에 효과가 있는 샴푸는 없다. 탈모 예방에 약간의 도움은 될지 모르지만 그다지 큰 효과는 없다"고 말한다. 그러나 소비자에게는 여전히 일반 화학 샴푸보다는 한방 샴푸의 인식이 더 좋기 때문에 '효과가 미미하다'라는 주장이 구매율에는 큰 영향을 미치지 않고 있다.

화장품업계에서 신생 회사인 '스킨푸드'는 사람들이 먹을 수 있는 설탕, 꿀, 와인, 우유, 초콜릿, 쌀, 콩 등의 음식을 강조한 마케팅으로 소비자의 고정관념을 깨뜨리며 차별화에 성공한 사례이다. 스킨푸드는 아토피, 여드름, 노화 등 피부 고민에 따라 푸드 컨셉트를 적용해 쌀, 콩, 와인, 홍삼, 꿀 등의 푸드 성분에 따라 각 라인을 구성했다. '맛있는 화장품, 스킨푸드'라는 슬로건에서도 잘 나타나듯이, '화장품은 화학물질로 만들어진다'라는 고정관념을 탈피해 먹어도 좋은 음식들을 주재료로 '푸드 코스메틱'이라는 차별화된 컨셉트를 내세워 성공할 수 있었다.

　소비자들의 친환경 상품에 대한 선호도가 증가하면서 스킨푸드는 점점 더 인기를 끌고 있다. 특히 스킨푸드는 고가와 저가로 양분되는 화장품 시장에서 합리적인 소비를 추구하는 스마트 웰빙족을 타깃으로 고급스러운 패키지와 믿을 수 있는 좋은 재료로 만든 합리적인 가격임을 내세워 초저가 제품들 속에서 당당하게 차별화할 수 있었다.

왜 그는 실크와 한방샴푸 를 구매한 것일까?

　박태화 씨는 실크와 한방이라는 단어 때문에 일반 샴푸와는 다른, 뭔가 차별화된 샴푸로 인지했기 구매하게 된 것이다.

　일반적으로 소비자들은 제품을 구매할 때 정보처리 능력을 최소화 하는 경향이 있다. 그렇기 때문에 눈에 띄는 특정 속성을 근거로 제품의 품질을 추론하여 구매하게 된다. 즉 다른 제품들과 차별화되는 특징적인 속성 하나만 제대로 갖춘다면, 여러 가지 속성을 두루 갖춘 평범한 제품들보다 훨씬 나을 수 있는 것이다.

45

짧지만 강력하게
어필한다

▶ 비교 효과의 법칙 ◀

“ 학원이 끝나고 급격하게 허기가 몰려오던 17세의 최민수 군. 간만에 햄버거를 먹기 위해 친구들과 '맥도날드를 갈까, 버거킹을 갈까? 아니면 KFC를 갈까?'를 고민한다. 그런데 저 멀리 전광판에서 버거킹 광고가 보인다. 낯익은 모습의 맥도날드 아저씨가 자신의 매장이 아닌 버거킹에 줄 서있는 장면이다. "어? 맥도날드 아저씨도 버거킹에서 먹네?"라며 친구들과 웃으며 버거킹 매장에 들어선다. ”

'비교 효과의 법칙'은 우리나라 소비자에게 상당히 자극적이고 강렬한 인식을 심어주는 마케팅 기법이다. 우리나라에는 전통적으로 서열의

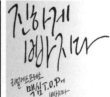

뽀뽀와 키스의 비유로 제품을 특징을 잘 전달한 T.O.P 광고

식이 존재하기 때문에 남과의 비교는 유독 자극적인 반응이 나타난다는 것이다. 그렇기 때문에 비교는 논란의 소지가 많고, 그로 인해 파급력 또한 상당하다. 그래서 직접적 비교를 사용하여 제품 광고를 하는 경우는 소비자에게 거부감을 들게 하지만 그만큼 소비자들의 관심과 반응을 크게 일으킬 수 있어 계속해서 사용되고 있다.

얼마 전 화제가 된 광고가 있다. 그 광고로 인해 소비자들이 당장 제품 구매를 하지 않았더라도 분명 제품의 인지도는 많이 올라갔을 것이다. 바로 'T.O.P.' 커피 광고이다. 이 광고를 언급하는 순간 배우 원빈과 신민아가 키스하는 장면이 떠오를 것이다. 동서식품의 커피 브랜드 맥심은 인스턴트 커피에서 벗어나 카페에서 마시는 것과 같은 에스프레소의 맛을 가진 캔 커피를 2008년 출시했다. 출시 이후 100% 아라비카 원두만을 이용해서 만들었다는 점을 강조해 에스프레소의 맛과 향이 풍부하다는 점을 부각시켰다. 그러나 소비자에게 T.O.P.를 인식시키기 위해서는 좀 더 강한 자극이 필요했다. 좋은 재료를 사용했다는 것만으로는 크게 어필이 되지 않았다. 모든 커피 브랜드들이 그렇게 말하고 있기 때문이다.

맥심 T.O.P.는 비교 효과를 통해서 그 맛을 확실하게 소비자에게 전달하기로 하고 기존의 모델인 원빈과 새로운 모델 신민아를 등장시켰다. 신민아에게 원빈은 리얼 에스프레소가 무엇인지 뽀뽀와 키스의 비교로 설명해준다. 이마의 가벼운 입맞춤은 그냥 커피이고, 키스가 리얼 에스 프레소라고 원빈이 직접 행동으로 보여주는 것이다. 키스는 단어만으로도 자극적이다. 그런데 소비자들은 그것을 화면에서 직접 본다. 여성 소비자들은 그 자극적인 모습을 이렇게 기억하지 않을 수 있겠는가? 이 광고가 나가자 맥심 T.O.P.의 판매량은 급증하기 시작했고, 패러디까지 만들어지면서 화제가 되었다.

❖ 비교란 결국 누구와 비교되느냐가 중요한 상대적 개념

히시와 로클레르(Hsee and Leclerc, 1998)의 연구에서, 개별적으로 평가를 하면 우수하게 지각되던 제품이 비슷하게 매력적인 제품과 비교하게 되면 덜 우수하게 지각되는 현상이 발견되었다. 그와는 반대로 개별적으로 평가할 때 열등하게 지각되는 제품이 다른 열등한 제품과 비교될 경우 더 매력적인 것으로 지각되는 현상도 발견되었다. 이런 현상의 원인은 소비자가 다른 준거 정보(reference information)을 이용하기 때문이라고 볼 수 있다. 어떤 상품들과 비교되는가가 결국 그 상품의 가치를 돋보이게도 하고 얕보이게도 할 수 있는 것이다.

T.O.P.의 광고에서는 다른 경쟁 제품과 비교를 하여 자사 브랜드의 매력도를 높이지는 않았다. 하지만 만약 일반 커피의 설명 없이 키스로 리얼 에스프레소만 설명했다면, 아마도 지금과 같은 광고 효과를 소비자에게 전달할 수 없었을 것이다. 치열한 경쟁 상황에서 경쟁 제품과의 비

교를 통해 자사의 브랜드가 월등히 낫다는 것을 입증하는 것은 전통적으로 매우 효과적인 비교를 통한 설득 방법으로 인식되고 있다.

비교 광고하면 코카콜라와 펩시를 빼놓을 수 없다. 콜라시장의 영원한 라이벌인 코카콜라와 펩시. 펩시는 블라인드 테스트에서 코카콜라보다 맛이 더

비교 광고의 대명사 코카콜라와 펩시

좋다고 자주 평가되지만 만년 2등이다. 펩시는 코카콜라와의 경쟁상황에서 매번 직접적 비교 광고를 통해 승부를 건다. 하지만 소비자에게 언짢음 보다는 재미로 승화시켜 펩시 브랜드를 인식시키고 있다. 'Joy of Pepsi'라는 브랜드 슬로건처럼 말이다.

해외의 경우 우리나라보다 기발한 아이디어를 통해 비교 효과를 노리는 광고들이 다양하게 선보이고 있으며 소비자들의 많은 관심을 받고 있다. 우리나라도 과거에 비해서는 비교 광고들이 점점 많아지고 있으며, 대부분의 비교 광고는 풍자와 유머로 소비자를 즐겁게 한다.

LG 패션의 Hazzys 브랜드는 자사 브랜드의 인지도를 높이기 위하여 폴로와 빈폴을 상징하는 말과 자전거를 Hazzys 광고에 등장시켰다. Hazzys의 광고에서 말과 자전거를 탔던 사람들이 Hazzys의 매장을 방문하는 모습을 보여주면서 Hazzys 브랜드가 폴로와 빈폴의 경쟁 상대

가 될 수 있음을 인식시켰다. 거부감 없는 비교 광고를 통하여 소비자에게 인지도를 높이는 데 성공했다는 평가를 받고 있다.

[○]왜 그는 버거킹 으로 결정한 것일까?

최민수 군은 어떤 브랜드의 햄버거를 먹을까 고민하던 중에 버거킹의 광고를 보았다. 바로 햄버거의 절대강자 맥도날드와의 비교 광고였다. 누구나 맥도날드 하면 노란 아치형의 M자 로고와 맥도날드의 아저씨가 떠오를 것이다. 맥도날드 아저씨가 버거킹의 매장에서 햄버거를 주문하기 위해 줄을 서 있는 모습, 웃음이 나올 수밖에 없다. '맥도날드 아저씨도 찾아가는 버거킹이라니…. 버거킹의 햄버거가 맛있긴 맛있는 가 보네'라는 생각이 들 수도 있을 것이다. 이 광고를 본 적지 않은 소비자들도 한번쯤 버거킹의 맛을 떠올리며 버거킹 매장으로 향하지 않을까?

46

기발한 아이디어 하나가
죽은 기업을 살린다

▶ **역발상의 법칙** ◀

❝ 박진영 씨는 요즘 '미국, 어디까지 가봤니?'라는 대한항공의 광고가 계속 눈에 띈다. 아마도 미국 여행을 갈까 말까 고민 중이기 때문일 것이다. 석사 논문이 통과되고, 박사 과정에 들어가기까지 생각보다 여유가 꽤 많이 남았는데 비용이 상당할 것 같아 선뜻 결정을 하지 못하고 있는 중이다. 하지만 앞으로 미국 여행을 할 시간이 없을 것 같아 마침내 미국행 항공권을 구매했다.

미국을 한 번도 가보지 않은 그는 우선 서점에 가서 각종 미국 여행책을 샀다. 가장 가보고 싶었던 뉴욕, LA, 라스베가스를 가려고 하니 동선이 상당하다. 그래도 꼭 가보고 싶었던 곳이라 비용이 많이 들더라도 가

보려고 계획을 잡았다. 시간을 단축하기 위해서는 미국 내에서도 비행기를 이용해야만 했다. 미국에서 이용할 항공을 알아보다가 예약좌석도 없고, 복잡한 절차도 없이 인터넷으로 간편하게 티켓을 끊을 수 있는 사우스 웨스트 항공을 알게 됐다. 사우스 웨스트 항공에 대해서는 인터넷을 통해 쉽게 정보를 얻을 수 있었다. 마케팅, 경영 분야에서는 상당히 성공적인 기업으로 평가받고 있는 항공사였다. 특히 박지영 씨는 승무원들이 바니 복장, 할로윈 데이 등에 그에 맞춰 복장도 입는다는 것을 알게 되니 이용하지 않을 수가 없었다. **"**

발상이란 것은 아이디어를 창출하는 것이다. 반대로 발상의 반대 개념인 역발상은 고정관념을 탈피하여 발상의 전환을 일으킨다는 뜻으로 사람들이 아무 의심 없이 자연스럽게 생각하고 행동하는 것을 변화시키는 사고이다.

얼마 전 서울우유는 우리가 별다른 생각 없이 마셔 왔던 우유에 대한 생각을 근본적으로 바꾸게 만들었다. 우리는 생선을 고를 때, 고기를 고를 때, 빵을 고를 때 언제나 판매원에게 "언제 들어왔어요? 신선해요?"라고 묻는다. 소비자는 제품이 언제 들어왔는지를 확인하고 제조일이 얼마 되지 않았다는 사실을 유추한다. 금방 만든 빵, 금방 잡은 생선은 곧 '신선하다'라는 말과 동일하다. 그러나 우유를 고를 때는

서울우유는 제조일자 표기라는 혁신적인 마케팅 기법으로 시장의 패러다임을 전환했다

어떠한가? 어머니들은 항상 우유를 고를 때 유통기한을 확인하라고 가르쳤고, 우리는 유통기한을 보고 사는 것이 습관이 되었다. 기껏해야 매대 뒤편에 있는 것이 유통기한이 좀 더 길 것이라는 생각에 뒤편에 있는 우유를 고르며 만족해했다. 하지만 서울우유는 유통기한만 적어놓았던 패키지에 획기적으로 제조일자까지 적어놓았다. 제조일자까지 따져서 더욱 신선한 서울 우유를 마시라는 이야기다. 소비자는 서울우유 때문에 제조일자까지 따져 우유를 고르는 새로운 습관이 생겼다.

매일유업의 '바나나는 원래 하얗다'는 바나나 우유가 노란색이라는 고정관념을 깨뜨린 역발상 아이디어로 소비자들로부터 큰 주목을 끌었다. 바나나 껍질은 노랗지만 속살은 하얀 점에 착안해 만든 이 제품은 색소를 전혀 사용하지 않아 우유색이 노랗지 않다는 점을 강조하면서, 노란색 일색이었던 기존 바나나우유에 대한 상식을 무너뜨렸다. 특히 우유병 용기 역시 투명 재질로 사용, 제품의 트레이드마크인 흰색을 강조하였고, 극장 및 온라인, 케이블TV를 통해 방영되는 동영상 광고 역시 제품의 컨셉트처럼 기존 CF의 형식을 벗어나는 몰래카메라 형식의 파격적인 내용으로 소비자들의 관심을 끌어 모았다.

역발상 아이디어로 성공한 매일유업의 '바나나는 원래 하얗다'

이처럼 평범함을 거부하는 제품 컨셉트와 이름, 독특한 광고기법으로 '바나나는 원래 하얗다'는 고객들 사이에서 좋은 반응을 얻으며 판매가 꾸준히 증가하고 있다.

❖ 기발한 역발상 아이디어 하나가 죽어가는 기업을 살릴 수 있다

역발상 제품이 소비자의 관심을 끌고 구매를 유도하는 것은 너무나 당연하다. 인간이라면 언제나 같은 것 보다는 새롭고 신기한 것에 끌리기 마련이기 때문이다. 그래서 기업인들은 역발상 제품은 기업을 살릴 수도 있다고 말한다. 그만큼 역발상은 쉽게 창출되지 않을 뿐만 아니라, 실제 소비자의 익숙한 습관과 시고를 새롭게 바꾸는 것은 더욱 어렵기 때문이다.

맥도날드를 먹어 보지 않은 세계 인구는 몇 명이나 될까? 맥도날드는 1955년 미국에서 세워진 이래로 119개국에 진출했고, 하루에 약 5,400만 명 이상이 맥도날드 햄버거를 먹는다. 맥도날드는 패스트푸드의 최강자로 불리며, 맥도날드가 팔리지 않는 국가는 이젠 찾기조차 힘들다. 그러나 전 세계적으로 그런 바람이 불면서 소비자는 패스트푸드가 건강에 좋지 않다는 사실을 깨닫고 패스트푸드를 멀리하기 시작했다. 비만의 상징이 되어버린 맥도날드 역시 매출이 감소하기 시작했고, 이 상황을 뚫고나가기 위해 역발상이 필요했다.

2002년 프랑스 맥도날드는 '어린이들은 일주일에 한 번만 맥도날드에 오세요'라는 광고를 시작했다. 이게 무슨 말인가? 매일 오라는 것도 아니고 일주일에 한번만 오라니. 이 광고의 전략은 '여러분들이 알다시피 햄버거를 많이 먹으면 살이 쪄요. 그러나 일주일에 한 번 맥도날드 햄버거를 먹는 것은 괜찮아요'라는 뜻이 숨겨져 있다. 어린이들은 햄버거가 먹고 싶지만 부모님의 만류로 갈 수가 없다. 그러나 이 광고는 맥도날드도 어린이의 건강을 생각하고 있는 듯한 느낌을 소비자에게 전달한다. 소비자는 건강에 좋지 않아 발을 끊은 맥도날드에 일주일에 한 번은 괜찮겠다는 생각으로 다시 방문하게 되었다.

현대자동차의 제네시스 광고 역시 역발상을 이용하여 성공한 사례다. 현대자동차는 럭셔리 브랜드로 도약하기 위해 2008년 고급세단 제네시스를 출시하였다. 그러나 우리나라 소비자는 무조건 외제라면 국산보다 좋을 것이라는 고정관념이 뿌리 깊게 박혀 있다. 특히 전자제품, 자동차 같은 하이테크 제품에서는 '외제가 더 좋다'라는 인식이 더욱 강하다. 최근 우리나라 자동차나 전자제품이 세계적으로 인정받고 있지만 소비자의 고정관념은 아직도 여전하다.

현대차동차는 소비자들이 비싼 국산차를 타느니 조금 레벨이 다운되더라도 외제차를 타야겠다는 고정관념을 탈피하도록 하기 위해서 마케팅 전략을 고민하였다. 세계의 자동차들 중 국내 소비자가 최고라고 생각하는 차는 역시 독일차다. 벤츠와 BMW의 나라 독일은 자동차의 명성으로는 세계 최고이며, 그 다음이 일본, 미국 등의 순서이다. 그리고 아직도 국산차는 인식상 중하위권이다. 따라서 분명 소비자들은 제네시스를 보고, 일본차인 렉서스 정도의 자동차를 경쟁자로 인식할 것이다. 성적이 3, 4등하는 아이는 1등이 아닌 2등과 먼저 경쟁을 해야

역발상 아이디어로 성공한 제네시스 광고

한다는 것이 일반적인 고정관념이기 때문이다. 그러나 현대차는 제네시스를 2등이 아닌 1등인 독일차와 바로 경쟁하는 구도를 만들어 냈다. 즉 제네시스의 광고 슬로건을 'Progress over the German Luxury'로 설정함으로써, 제네시스가 독일 명차들과 어깨를 견줄 수 있는 정도의 고급차로 성장했음을 표현했다. 광고에서도 제네시스가 독일차와 충돌하는 장면을 내보냄으로써 소비자들에게 신선한 충격을 주었다. '국산차는 일본차보다도 한수 아래나'라는 소비자의 고정관념을 한순간에 날려 보낸 역발상 아이디어였다. 이후 제네시스는 2009 북미 국제오토쇼(North American International Auto Show)에서 한국 자동차 회사로는 처음으로 '북미 올해의 차'로 선정되는 등 현대자동차의 브랜드 가치를 한 단계 높이는 데 계속 기여하고 있다.

❖ 혁신적인 신제품으로 성공하는 기업들

최근 자동차업계의 애플로 떠오른 테슬라모터스는 대표적인 혁신의 아이콘이다. 미국 자동차 전문잡지 〈모터트렌드〉가 2013년 올해의 차로 선정한 '모델S'는 바로 테슬라의 단일 차종이다. 출시 1년 만에 미국 캘리포니아 지역 프리미엄 자동차 시장에서 점유율 10%대를 달성했다고 한다.

이런 테슬라의 성공은 몇 가지의 혁신에서 비롯된다. 먼저 경쟁사와 차별화되는 핵심기술이다. 테슬라는 기존업체들처럼 전기차 전용 배터리 대신에 IT용 소형배터리를 적용하여 긴 주행거리를 확보하고 제작비용을 절감할 수 있었다. 또 일반적으로 사용되는 영구자석형 모터 대신 출력이 더 높은 유도형 모터를 자체 개발하였다. 두 번째는 설계와 디자인의 혁신으로, 무게중심과 공기저항계수를 낮추기 위해 차량에서 가장 큰 무게를 차지하는 배터리팩을 차량 바닥 아래에 배치하고, 차체에 고가의 탄소복합소재와 알루미늄합금 등을 적용하였다. 또한 과감하고 도전적인 디자인을 시도하였는데 외관을 컨셉트카 수준으로 하고 내부에 17인치 대형터치스크린을 탑재해 다양한 IT기기를 사용가능하도록 하였다. 마지막으로 마케팅 측면을 살펴보면 테슬라는 기존의 딜러방식을 버리고 대형쇼핑몰 등에 고급 체험매장을 개설함으로써, 개성 있는 소비자들을 불러 모으고 이를 통해 브랜드를 소개하고 체험하는 새로운 판매 방식을 도입했다. 결국 테슬라는 기존업체가 전기차의 경제성에 몰두해 있는 사이, 전기차가 가진 고유의 장점을 극대화하는 역발상으로 성공할 수 있었던 것이다.

금융업에서도 역발상과 혁신은 가장 중요한 경쟁요소다. 최근 현대라이프는 복잡하고 어렵다는 보험상품에 대한 선입견을 없애기 위해 혁신적인 상품을 출시하였다. 현대라이프ZERO는 기존 보험 상품의 관행과 보험은 어렵고 복잡하다는 부정적인 고정관념에 대해 문제를 제기하면서 과감하고 혁신적인 상품에 대한 니즈를 자극해 성공을 거뒀다. 일단 고객이 쉽게 이해하고 쉽게 설계 가입할 수 있는 웹사이트를 운영하면서 보험료는 만기 시까지 인상이 없도록 단순화했고, 불필요한 특약 없

왼쪽은 테슬라의 모델S, 오른쪽은 현대라이프 ZERO

이 10년과 20년 두 가지 보장 기간에 대해 저렴한 보험료로 가입할 수 있
도록 핵심 보장에만 집중했으며, 어떤 경로로 가입해도 보험료 차이가
없도록 했다. 현대라이프는 인상ZERO, 특약ZERO, 보험료차이ZERO
라는 단순화, 표준화 전략으로 판매 보름 만에 4천 건을 돌파하는 등 신
생회사로써 급성장을 거듭하고 있다.

왜 그는 사우스웨스트 항공 을 이용할까?

박진영 씨는 미국 여행중 꼭 가고 싶은 뉴욕, LA, 라스베가스에 가기 위
해서 미국 내 항공을 이용해야 했다. 그는 미국의 국내 항공사들을 알아
보다가 사우스웨스트 항공사에 대해 알게 됐다. 사우스웨스트 항공사는
1973년 창립 이래 계속해서 흑자 경영을 하는 것으로 유명하다. 이미 사
우스웨스트 항공사의 경영 전략은 세상에 많이 알려져 있다. 사우스웨스
트 항공은 타 항공사와의 경쟁이 아닌 버스, 기차, 자동차 등과 경쟁한다
는 생각으로 비행지연, 복잡한 절차 등을 없애는 데 주력하였다. 사우스

웨스트 항공은 저렴한 가격에 정확한 시간에 도착지에 도착한다는 장점으로 고객들의 선택을 받았다. 또한 특별한 날에 맞춰 승무원들이 바니걸 복장, 할로윈 파티 복장으로 고객들에게 웃음을 주는 것은 물론 비행기 내에 금연 문구도 "손님께서 담배를 피우로 싶다면 날개 위에 마련된 특별석으로 자리를 옮겨 저희가 특별히 준비한 〈바람과 함께 사라지다〉를 즐기시기 바랍니다"와 같은 방식으로 고객에게 유머를 제공한다. 사우스웨스트 항공은 기존 항공사들과는 다른 역발상 경영으로 고객은 물론 직원들의 사랑을 받고 있다.

의식과 믿음이
행동을 지배한다

▶ 플라시보 효과 ◀

❝ 일곱 살과 네 살 난 딸을 키우는 슈퍼맘 이현영 씨. 직장에 다니
다 보니 아이들 챙기랴 직장일 하랴 하루가 어떻게 지나가는지 모를 정
도다. 요즘은 아이들 유치원 보내기부터가 전쟁으로, 아침은 스크램블,
토스트, 과일주스로 대신한다. 아이들은 유치원에서 맛 본 콜라와 사이
다에 맛이 들려 자꾸 청량음료를 달라고 하지만 건강에 좋지 않다고 한
사코 말려 건강에 좋은 과일주스를 고집한다. 오렌지 100%, 포도 과즙
100%를 보면서 냉장고에 떨어지지 않도록 사다놓고 있다. 아침에 마시
면 좀 더 신선하고, 상쾌한 하루를 시작할 수 있고, 요즘 건강에 부쩍 신
경 쓰는 웰빙 식단에도 적합하다고 생각한다.

그러나 인터넷 뉴스를 보다가 깜짝 놀랄만한 기사를 보았다. 과일주스가 청량음료 못지않게 당분이 많고, 칼로리 또한 높다는 것이다. 아이들에게 건강에 좋다고 자주 마시게 했는데 오히려 아이들의 건강을 해쳤던 습관이었다. 집에 남아있는 과일주스를 아이들에게 더 이상 마시게 할 수는 없다는 생각이 들었다. 버리기가 아까워 이현영 씨가 마시는데, 그동안 잘 마셨던 주스인데도 높은 칼로리가 부담돼서 그런지 기분이 별로다. **"**

이현영 씨와 같이 꾸준히 소비해 오던 것, 긍정적으로 생각하고 있던 것을 구매하지 않는 경우가 있다. 이와 같은 심리는 소비에서만 나타나는 것이 아니라 일상적인 생활에서도 자주 나타난다. 어릴 적에 처음 계란 프라이를 먹을 때가 문득 생각난다. 10살 때쯤이었을까? 배가 고픈데 집에 엄마가 없어 혼자서 계란 프라이를 직접 하게 되었다. 프라이팬에 기름을 두르고 계란을 깨뜨려 넣고, 맛소금을 살짝 뿌려서 맛있게 먹었다. 너무 맛있어서 하나를 더 해서 먹었다. 그때 엄마가 들어와서는 "맛소금 대신 미원을 넣었네"라고 말하는 것이다. 그 말을 듣는 순간 그 맛있던 계란 프라이가 더 이상 맛있지 않았다. 먹기도 싫었을 뿐 아니라, 이미 먹은 것까지도 이상했던 것처럼 느껴진다. 이와 같은 심리를 플라시보 효과, 우리말로는 가짜약 효과라고 한다.

플라시보 효과는 약효가 전혀 없는 약을 먹고도 약효 때문에 병이 나은 것 같이 느끼는 것을 말한다. 플라시보란 생물학적으로 아무런 효과가 없는 중성적인 물질이지만 그것이 효과가 있다고 믿는 사람들에게는 실제 효과가 나타나는 약물이나 물질을 의미한다. 미국 브라운대학의 월터 브라운 교수는 플라시보 효과란 실제로는 효과가 없는데도, 사람들이 기대함으로써 있을 것이라고 생각하여 효과가 진짜로 나타나는 효과라고 정의했다. 또한 하버드대학의 허버트 벤슨 교수는 플라시보 효과를 환자가 기대하는 효과, 환자가 상대방을 믿는 효과에서 비롯되기 때문에 '기억된 건강함'이라고 말 하기도 했다.

플라시보 효과는 사람들의 의식과 믿음이 우리 생활에 얼마나 큰 영향을 미치는지에 대해서 알려준다. 소비자의 의식적인 믿음으로 소비행위가 일어날 수 있고, 반대로 그것이 거짓임이 밝혀졌을 때, 분명 효과가 있다고 느꼈음에도 불구하고 소비행위를 하지 않기 때문이다. 플라시보 효과는 가짜약이라는 말 그대로 신체적, 건강상의 효과에서 유독 강하게 작용하고 있으며, 약이나 건강식품 등에서 이 효과를 통한 소비가 강하게 나타난다.

❖ '비타민=건강'으로 전 국민을 비타민 신자로 개종

몇 년 전, 우리나라에 비타민 음료 열풍이 불었던 때가 있었다. 그 열풍의 주인공은 비타민 음료의 대명사가 되어버린 '비타 500'이다. 비타 500은 광동 제약에서 2001년에 출시한 제품으로 사과 35개에 해당하는 비타민 500mg을 건강 음료 '비타 500' 100ml에 담았다는 내용으로 출시되었다. 비타민은 피로 회복, 면역 증진 등에 효과적인 성분으로 비타 500은 무카페인 음료로 출시되어 약국뿐만 아니라 편의점, 슈퍼 등에서도 쉽게 구매할 수 있어 소비자들에게 큰 인기를 끌었다. 소비자는 사과 35개에서 얻을 수 있는 비타민을 비타 500 한 병으로 얻을 수 있기 때문에 필수 영양소 비타민을 섭취하고자 비타 500을 구매하였다. 특히 가장 큰 인기를 끌고 있었던 가수 비와 이효리가 광고 모델로 등장하여 그 인기는 계속해서 이어졌고, 40년의 역사를 가진 드링크의 최강자 박카스의 아성을 물리치는 판매량을 기록했다. 비타 500은 2008년 기준으로 누적 20억 병을 판매한 기록을 갖고 있다.

비타 500의 큰 인기로 다른 기업에서도 속속 비타민 음료를 출시하였고, 현재 약 40개가 넘는 비타민 음료가 유통되고 있다. 소비자는 무조건 비타민 음료 한 병이면 충분한 비타민을 섭취할 수 있다는 생각에 비타민 음료를 구매하였다. 그러나 식약청이 시중에 유통되고 있는 43개 비타민 음료의 비타민 함량 검사 결과, 비타민 성분이 부족한 제품들이 무려 23개나 된다고 발표하였다. 소비자는 평소에 비타민 음료하면 마시기만 하면 조금은 피로 회복이 되는 효능을 느꼈겠지만 이 소식을 듣고 나서는 비타민 함량이 기준에 통과한 제품이라도 그 효능을 의심하게 되었다. 이런 소비자의 심리를 잘 알기에 비타민 기준 함량에 적합 판정을 받은 비타 500은 자신의 제품이 비타민 성분 함량이 충분함을 다시 대대적으로 홍보해야 했다.

왜 그녀는 과일주스 를 꺼려하게 됐을까?

평소 이현영 씨는 과일주스는 과일이라는 이미지 그대로 건강에 좋은 식품이라고 생각해 왔다. 그렇기 때문에 아이들의 건강을 생각해서 아침 식사에 오렌지 주스나 포도 주스 등의 과일주스를 꾸준히 먹였던 것이다. 특히 일곱 살, 다섯 살 나이 또래에는 청량음료를 좋아하기 때문에 음료수를 완전히 마시지 못하는 것보다 건강에 유해하지 않다고 생각한 과일 주스를 마시게 한 것이다. 그러나 그녀는 과일주스의 당도가 청량음료와 비슷하고, 칼로리 또한 높은 고칼로리 음료였다는 사실을 접하게 되었다. 이 사실로 과일주스를 마시면서 실제 건강에 유해함을 한 번도 느끼지 않았음에도 불구하고, 과일주스를 먹기를 꺼려하게 된 것이다.

이와 같은 경우는 과일 음료가 건강 음료라고 믿어 꾸준히 소비한 경우로, 실제 효과가 없음에도 효과가 있다고 믿은 플라시보 효과의 일종으로 이해할 수 있을 것이다.

48

외양간 잘 고치는 기업이
성공한다

▶ 사후관리의 법칙 ◀

" 홍콩으로 해외 출장을 간 김진표 씨. 오랜만에 해외 출장이라 마치 여행을 온 것 같다. 아침 회의에 참석한 후 출국 시간까지 여유가 생겨 쇼핑할 시간이 생겼다. 와이프가 지금이 홍콩은 대대적인 세일 기간이라고 샤넬백을 사오라고 당부한 사실이 기억났다.

김진표 씨는 회의를 마치고 쇼핑의 천국이라 불리는 하버시티로 향했다. 복잡한 것은 싫지만 그래도 거리에서 돌아다니는 것보다는 편하게 쇼핑할 수 있을 것 같아서 하버시티로 정했다. 와이프의 백을 사고, 딸의 선물도 하나 사기로 했다. 시계를 사 주려고 월트디즈니 매장에 갔더니 한국에서는 A/S가 안 된다는 사실을 알고 구입을 포기했다. 어린 아이들 장난감은 고장이 잦아 A/S가 확실해야 할 것 같아서였다. 옆 매장에 바로 스와치가 있어 가보니, 스와치는 한국에서도 A/S가 확실하다고 한다. 미키마우스만큼 귀엽지는 않았지만 그래도 핑크색 무늬가 들어간 귀여운 젤리형 스와치 시계를 샀다. **99**

소비자들이 너 산깐해졌다. 구매 시점의 서비스뿐만 아니라 이제는 구매 후 제품/서비스를 이용하면서 고장이나 불편사항을 어떻게 처리하는지까지 철저히 검토하여 제품을 구매한다. 특히 전자제품이나 보험 서비스 같은 경우는 오랜 기간 동안 한 제품/서비스를 이용해야 하다 보니 사후 관리가 매우 중요해 꼼꼼히 따져보고 구매하게 된다.

우리가 흔히 말하는 A/S(After-sales service)는 가장 일반적인 사후관리 법칙의 예이다. 애프터서비스는 상품 판매를 효과적으로 하기 위한 것으로써, 소비자 중심주의의 대두에 직접적인 영향을 끼친 서비스이며, 소비자의 재구매를 증가시키기 기업 전략의 일환으로 볼 수 있다.

❖ 사후관리는 필수적 서비스로 재구매에 큰 영향을 준다

일반적으로 소비자가 제품·서비스를 이용한 후, 아무런 문제를 느끼지 못했다 하더라도 다시 재구매를 할 의향은 약 10%에 그친다. 그러나 소비자가 제품을 이용하는 도중 불만 사항을 느끼고, 기업 측에서 그것을 적절히 해결해 준다면 문제가 없을 때보다 만족도는 더 올라간다. 그래서 소비자의 불만을 적절히 해결한 기업의 재이용률은 65% 이상으로 높게 나타난다. 이것은 고객 불만과 고객 충성도의 상관관계를 설명해주는 '존 구드만의 법칙'이다. 존 구드만의 법칙은 고객에게 사후관리를 어떻게 해주느냐에 따라서 재구매율이 높아진다는 사실을 설명해주는 이론이다.

이제 우리는 클릭 한 번으로 자신이 원하는 제품을 자기가 원하는 곳에서 받아 볼 수 있는 전자상거래 시대에 살고 있다. 그러나 인터넷 쇼핑이나 홈쇼핑 같은 전자상거래를 꺼려하는 소비자들도 아직까지 상당하다. 전자상거래를 꺼려하는 이유는 간단하다. 눈으로 직접 보지 않고 제품을 구매하는 것이 만족스럽지 못한 것이다. 마음에 들지 않는 경우는 기본적으로 교환이나 환불이 되지만 제품을 다시 택배로 보내고, 교환·환불을 하는 과정이 여간 번거롭고 신경 쓰이는 것이 아니다. 이런 문제만 해결된다면 소비자는 전자상거래를 보다 많이 이용하게 될 것이다.

여러분이 가장 많이 이용하는 쇼핑 사이트는 어디인가? G마켓, 옥션, 인터파크? 어디를 이용해도 상관은 없다. 그러나 왜 그 사이트를 이용하는가? 대부분 G마켓, 옥션같은 유명한 쇼핑 사이트가 안전할 것이라는 생각 때문일 것이다. 또한 같은 사이트를 이용하다 보면 포인트 적립 등의 자물쇠 효과가 발생하여 다른 사이트를 이용하지 않게 된다. 그런데 왜 계속 같은 오픈마켓을 이용하던 소비자가 후발업체인 11번가를 이용하게 됐을까?

11번가는 우리나라의 이동전

다양한 사후관리 제도로 조기에 시장에 안착한 11번가

49가지 마케팅의 법칙 플러스

화 가입자 2,300만 명을 확보하고 있는 SK텔레콤에서 운영하는 오픈마켓이다. 2008년에 사업을 시작한 후발주자이지만 현재 G마켓, 옥션 다음으로 3위를 달리고 있다. 11번가는 기존의 오픈마켓이 '다른 어느 곳보다 싸다'라는 점을 내세워 성공했다면, '위조품 110% 보상제', '고객실수보상제', '24시간 콜센터 운영', '판매자 공인 인증제', '최저가 110% 보상제' 등 다양한 사후 관리 제도를 집중적으로 마케팅하여 소비자의 신뢰를 구축하여 성공할 수 있었다. 소비자는 '보상'하면 11번가가 떠오르면서 그 동안 신뢰가 부족하여 이용하지 않던 오픈마켓을 이용하고, 다른 오픈마켓을 이용하던 소비자도 철저한 사후 보상제를 실시하는 11번가를 이용하게 되었다.

보험 상품은 가입 즉시 보험료를 매달 지불하지만 믹싱 사고나 병원 신세를 지지 않으면 보험 혜택을 받을 수 없다. 보험은 가입 즉시 혜택을 받는 것이 아닌 미래 대비형 상품이기 때문에 '보상 서비스' 의미가 강하다. 그래서 보험은 어떻게 얼마나 보상을 받을 수 있는지가 가장 중요하며, 사후관리 효과가 가장 강한 상품 중 하나로 볼 수 있다.

자동차 보험 중 업계 1위는 삼성화재 애니카이다. 삼성화재 애니카는 한국서비스품질지수 7년 연속 1위, 국가고객만족도(NCSI) 8년 연속 1위를 지키고 있다. 현대해상의 '하이카', 동부화재 '프로미' 등 다른 기업의 자동차 보험 브랜드가 많이 있지만 다수의 소비자는 애니카를 선택하고 있다. 애니카는 고객 연령대별로 상품을 분류하여 세대별로 원하는 보상 서비스에 세심하게 차이를 두었고, 온라인 자동차 보험이 등장하여 가격 경쟁력이 생겼지만 보험 상품의 가격을 내리기 보다는 보상 서비스에 더 신경을 썼다. 또한 매달 보험료는 지불하지만 무사고인 고객들은 보상 서비스를 받지 못해 돈이 아깝다는 마음을 헤아려, 무사고인 고객들을 위하여 평상시에 예방진단 서비스, 무료 차량안전정밀진단을 받을 수 있는 서비스를 제공한다. 애니카는 보험료의 가격 경쟁보다는 철저한 보상 서비스로 소비자에게 선택받고 있는 것이다.

왜 그는 스와치 시계 를 구매했을까?

김진표 씨는 홍콩 출장에서 딸을 위한 시계 선물을 고르기 위해 월트 디즈니 매장에 들어갔지만 한국에서는 A/S가 되지 않는다는 말을 듣고 구매를 포기하였다. 어린 아이들은 고장을 자주 내기 때문에 A/S가 확실해야 한다고 생각했기 때문이다. 그래서 한국에서도 A/S가 확실한 스와치를 구매하게 된 것이다.

49

아까워서 다시 산다

▶ 디드로 효과 ◀

❝ 이번 주말에 친구 결혼식이 있는 33세 정주리 씨. 친구가 골드미스라 언제 결혼하나 했더니, 특급 호텔에서 결혼할 만큼 돈 많은 남자랑 결혼을 한다고 한다. 그냥 호텔도 아니고 특급 호텔에서 결혼을 한다고 하니 옷차림에 괜히 신경이 쓰인다. 정주리 씨는 자신은 집에서 애기만 보고 있으니 다른 친구들과 비교가 될 것 같아 더 신경이 쓰여 남편을 졸라 옷을 사러 갔다.

남편과 정장 매장에 들어간 정주리 씨는 원래 원피스만 사려고 했기 때문에 마음에 드는 원피스를 여러 벌 입어 보았다. 남편이 골라 준 리본 장식이 있는 원피스가 가장 자신에게 어울리는 것 같아 구매를 결정했다. 그런데 다음날 결혼식 당일 날씨가 다소 쌀쌀하다는 일기예보를 보게 되었다. 아무래도 볼레로를 입어야 할 것 같아 집에 있는 볼레로와 원피스를 매치해 보지만 영 아니다. 날씨 때문에 볼레로는 입어야 하고, 집에 있는 볼레로를 입자니 원피스와 너무 어울리지 않는다. 정주리 씨는 할 수 없이 원피스를 산 매장에 다시 가서 원피스에 어울리는 볼레로를 구매했다. **99**

옷이 너무 마음에 들어 한 벌 샀는데, 집에 어울리는 옷이 없어서 입지 못하다가 매치할 만한 옷을 추가로 산 경험이 있을 것이다. 마치 무슨 법칙처럼 너무 마음에 들어서 산 단품 옷들은 대개 집에서 매치할 옷이 없다. 거울에서 이 옷 저 옷 매치해보지만 옷을 살 때의 그 느낌이 나질 않는다. 그러다 결국 새로 산 옷과 어울릴만한 것을 다시 구매하고서야 자신이 원하던 옷 스타일을 찾게 된다.

이런 현상을 디드로 효과(Diderot Effect)라고 한다. 디드로 효과는 하나의 제품을 구매함으로써 그 제품과 연관된 제품을 연속적으로 구매하게 되는 현상을 일컫는다. 디드로 통일성(conformity)이라고도 불리며 디드로 효과는 18세기 프랑스 철학자 디드로가 서재용 가운을 선물 받은 뒤 가운에 맞춰 책상을 교체한 일화에서 유래됐다. 디드로의 수필 〈나의 옛 실내복과 헤어진 것에 대한 유감〉에서 디드로는 친구에게 선물로 가운을 받으면서 연속적으로 다른 것들도 다 바꾸게 된 일화를 소개한다. 새로운 가운을 입게 된 디드로는 새로운 가운에 맞춰 책상을 바꾸고 싶어졌고, 책상을 새로 바꾸니 서재를 새로 단장하게 되었고, 서재를 바꾸니

방 전체를 바꾸게 되었다. 이 일화는 한 가지의 제품에 맞춰서 다른 제품까지 바꾸고 싶어지는 소비 심리를 대표하면서 디드로 효과가 되었다.

❖ 소비자는 제품의 기능적, 심미적 보완·확장을 위해 추가 구매

디드로 효과는 단순히 기능이 필요해서 연속적으로 소비가 발생하는 것뿐만 아니라 제품과 제품 사이의 정서적, 심미적 동질성 때문에도 나타날 수 있다. 특히 남들에게 보이게 될 확률이 높은 제품이나 소비자가 중요하게 생각하는 제품에서 디드로 효과는 더욱 두드러진다. 디드로 효과는 필요에 의해서만 소비하는 것이 아니라 심미적 추구를 위해서도 소비를 한다는 것을 다시 한 번 깨닫게 해준다. 특히 현대 사회에서는 디드로 효과가 강하게 나타나고 있으며, 인간의 이런 심리를 간파한 기업은 소비자가 하나를 사면 다른 하나를 사고 싶도록 제품을 생산한다.

어느 소비자가 자신이 너무 갖고 싶어 했던 아이팟을 구매했다면 아이팟에 상처가 나지 않도록 케이스가 갖고 싶을 것이다. 또 아이팟 리모컨이 갖고 싶을 것이고, 모두 함께 들을 수 있는 아이팟 스피커도 욕심이 날 것이다. 소비자는 마음만 먹으면 이렇게 관련된 제품들을 언제든지 구매할 수 있다. 디드로 효과에 의해 소비자는 제품에 대해 더욱 만족하게 되며, 기업은 연관 상품의 판매로 더욱 많은 매출을 올릴 수 있다.

할리 데이비슨은 할리 데이비슨 오토바이를 타는 바이커들의 커뮤니티 동호회 H.O.G.(Harley Owners Group)가 128개국에서 운영될 정도로 마니아층이 형성된 명품 오토바이 브랜드이다. H.O.G.에 참여하는 사람들

할리 데이비슨의 오토바이와 연관 상품들

은 130만 명이 넘으며 우리나라에서도 약 1,200명이 H.O.G.에 참여한다. 할리데이비슨은 교통수단으로서의 오토바이 그 이상이다. 할리 데이비슨을 타는 소비자는 오토바이를 자신의 분신과도 같이 생각하며 자신을 꾸미듯 할리데이비슨도 꾸민다. 할리 데이비슨은 소비자의 이런 마음을 알고 소비자 개개인의 개성을 표출할 수 있도록 파츠(Parts)과 액세서리를 판매한다. 파츠는 안장, 핸들, 발판, 바퀴 힐 등 각종 부품을 뜻하고, 액세서리는 바람막이, 안장 옆 가방 같은 여러 장식 용품이다. 소비자는 자신이 원하는 대로 오토바이를 꾸밀 수 있고, 파츠와 액세서리를 바꾸면 또 다른 것을 바꾸고 싶어지는 디드로 효과가 강하게 작용한다. 디드로 효과 때문에 할리 데이비슨은 파츠와 액세서리가 전체 매출의 20%을 차지한다.

요즘 골프가 대중화되면서 골프를 즐기는 마니아들이 무척이나 늘었다. 그런데 골프에 입문하려면 초기비용은 얼마나 들까? 백화점 골프용품점, 골프샵 등에 가서 골프채, 골프백, 골프화 등 기본적인 장비, 용품

골프채 세트와 골프장갑, 골프화 등 연관된 골프 장비들

을 갖추는 데는 최소 100~150만 원이 필요하다. 그런데 대부분의 소비자들이 골프채를 사러갔다가 결국은 매장직원의 권유에 의해 옷가방, 골프웨어, 모자, 장갑 등을 구입하게 되어 쉽게 200만 원 가까이를 지불하고 만다. 여기서 끝나는 것이 아니다. 장비를 갖춰 필드에 나가려면 3개월가량 연습하며 레슨을 받아야 하는데 보통 연습장 월 등록비는 15만~20만 원이 들고, 여기에 레슨을 받으면 레슨비로 월 15만~25만 원 가량이 지출된다. 결국 골프를 시작하려면 아무리 검소하게 잡아도 최소 200~300만 원은 드는 셈이다. 골프 초보들의 입장에선 이왕 시작한 골프이니 남들에게 기죽지 말고 이 정도는 해야지 하는 심리가 결국 이런 종합구매를 불러오는 것이다.

❖ 소비자들의 디드로 심리는 기업의 중요한 마케팅 소구점

디드로 효과는 소비자들의 낭비를 부추긴다는 부정적인 비판도 일부 있다. 그러나 인간은 본능적으로 아름다움을 추구하며 자신이 좋아하는 것을 마음껏 하기를 원한다. 어린아이들이 유희왕이라는 카드를 모으는 것을 본 적이 있는가? 요즘 아이들은 어떤 유희왕 카드를 가지고 있는가가 곧 친구들에게 자신을 나타내는 수단이라고 생각한다. 그래서 날마다 엄마를 졸라 새로운 유희왕 카드를 사 모으는 것이다. 새로운 타입의 카드가 나와도 여태껏 모은 유희왕 카드가 아까워 계속해서 유희왕 카드만 산다.

아이들뿐만이 아니다. 최근 아웃도어 열풍이 불면서 캠핑족들이 폭발적으로 늘고 있다. 그런데 캠핑도구를 장만하는 비용이 장난이 아니다. 적게는 수백만 원에서 많게는 수천만 원이 들어가는 캠핑도구를 꾸준히 늘여가는 아빠들의 심리는 무얼까? 그건 아마도 남에게 지기 싫어하는 마음, 이왕 사기 시작했으니 제대로 완성을 해보자는 심리 등이 작용하지 않았을까?

기능적 소비가 아니라 상징적, 심미적 소비가 계속해서 인기를 구가하는 한, 앞으로도 디드로 효과는 기업들의 좋은 마케팅 도구로 계속 활용될 것이 분명하다.

왜 그녀는 볼레로를 구매했을까?

정주리 씨는 친구 결혼식에 입고 갈 원피스를 새로 샀다. 하지만 집에 돌아와 보니 새로 산 원피스에 맞춰 입을 볼레로가 마땅치 않아 다시 원피스를 구매했던 매장에 찾아가 볼레로를 추가로 구입했다. 새로운 가운 때문에 책상을 바꾼 디드로와 같이, 정주리 씨도 새로 산 원피스 때문에 집에 볼레로가 있지만 새로운 원피스에 어울리는 새로운 볼레로를 추가로 구입한 것이다.

49가지 마케팅의 법칙 ●

1판 1쇄 인쇄 | 2014년 3월 28일
1판 3쇄 발행 | 2016년 6월 15일

지은이 정연승
펴낸이 김기옥

프로젝트 디렉터 기획1팀 모민원, 권오준
커뮤니케이션 플래너 박진모
영업 김선주
경영지원 고광현, 이봉주, 김형식, 임민진

디자인 네오북, 투에스
인쇄 서정문화인쇄 | 제본 서정바인텍

펴낸곳 한스미디어(한즈미디어(주))
주소 우편번호 121-839 서울특별시 마포구 양화로 11길 13(서교동, 강원빌딩5층)
전화 02-707-0337 | 팩스 02-707-0198 | 홈페이지 www.hansmedia.com
출판신고번호 제 313-2003-227호 | 신고일자 2003년 6월 25일

ISBN 978-89-5975-601-8 13320